# NEW TESTAMENT WORD LISTS

NEW TESTAMENT

# WORD LISTS

FOR RAPID READING OF

## THE GREEK TESTAMENT

COMPILED AND EDITED BY

## CLINTON MORRISON

*AND*

## DAVID H. BARNES

WILLIAM B. EERDMANS PUBLISHING COMPANY
GRAND RAPIDS, MICHIGAN

*Reprinted, October 1981*

Library of Congress Catalog Card Number, 64-22031.

ISBN 0-8028-1141-8

To

THE ALUMNI

of

McCORMICK THEOLOGICAL SEMINARY

θαρσεῖτε

# PREFACE

The following word lists are a revised and supplemented edition of lists prepared by Mr. Morrison some years ago to encourage summer reading in the Greek New Testament by seminary students. The original lists were mimeographed a number of times, chiefly for the benefit of McCormick Seminary students, but they were also used by other seminaries that requested them from time to time.

Mr. Barnes brought the work to completion by supplying lists for Acts and Colossians through Second Peter; Mr. John R. Porter, Jr. co-operated in the preparation of the lists for James. Mr. Barnes has carried virtually the full burden of checking the lists against the Moulton-Geden concordance for completeness and the Arndt-Gingrich lexicon for accuracy. He has also corrected the proof.

The lists will provide, it is hoped, a basic minimum of help to the student and pastor, as set forth in the introduction that follows. Here it should be stated that the lists have been compiled and checked with every precaution for accuracy; but inasmuch as works of this kind are exceptionally prone to error, the editors will appreciate being informed of any inaccuracies or omissions.

We gratefully acknowledge the permission of the University of Chicago Press to use definitions from their publication: *A Greek-English Lexicon of the New Testament and Other Early Christian Literature*, by William F. Arndt and F. Wilbur Gingrich (Chicago, 1957).

CLINTON MORRISON
*McCormick Theological Seminary*

DAVID H. BARNES
*Tainan Theological College*

# INTRODUCTION

Because the seminary student may sense that these word lists are just what he needs to get through an exegesis course, it must be noted at the first that such is not their primary function. The slower, more careful, and more exacting the particular course, the less adequate are these word lists. Exegesis requires a full lexicon, a critical commentary, and a concordance — nothing less.

These lists are for rapid reading. One cannot study a particular passage at his best until he has a broad acquaintance with the whole New Testament. Likewise, the careful study of one verse loses considerable if the parallels and other references are read only in English. Slow and careful study requires not only a broad experience but the ability to consult in the original Greek a number of passages economically. To study everything in depth all the time is impossible. Rapid reading is in the background and at the left hand of careful exegesis.

The lists serve other purposes as well. They were originally designed to encourage "extracurricular" reading of the Greek Testament. The initial impulse was more utilitarian than devout : because it is easy to lose much of one's grasp of Greek in the summer between the first and second years of study, nothing is more reasonable than a little planned reading during the vacation. An inadequate grasp of the Greek language is a discouragement to its use, and the less one reads the less adequate he becomes ; this downward cycle leads rapidly to inability and frustration. The lists have encouraged a number of students to start an upward cycle toward competence and increasing benefit through regular reading in the Greek Testament.

From the viewpoint of language learning, early exposure in large quantities is important. Whatever "method" is to win out at the elementary stage of learning New Testament Greek, it appears more and more clear that the secondary stage, before the systematic study of the reference grammar, should be wide reading. Needless to say, the "intermediate" reader will run into a number of things he never dreamed of — some so odd that he must consult a reference work. But he will acquire in the course of his reading invaluable experience for advanced work in syntax and exegesis.

The lists are quite simple to use. They provide briefly what one may expect to find in a large lexicon as the meaning of a particular word for a particular passage. What might be overlooked is the significance of *not* finding a certain word in the lists. An unknown and unlisted word is also a word that should be learned — and the sooner the better. The student should keep a record of the unlisted words he encounters and review them.

Until he learns them he may expect to have to look them up again and again. In the first appendix we provide a check list of these common words. A small dash will easily identify new acquisitions, and a periodic review of the list will help strengthen an increasing vocabulary.

Why did we not provide meanings in the check list ? We believe it is well for the student to see the scope of meaning of each word he is about to memorize. The lexicon is more adequate for this purpose than a simple one-word definition. Furthermore, the most natural way to learn words is not from a list but in a meaningful context. Between the context and the lexicon he will gain an understanding of the word that is impossible to gain from a simple list of words and meanings. It is usage that shapes the dictionary, not the other way around. While the student is busy acquiring a basic vocabulary and becoming familiar with idiom, it is our hope that these lists will boost him along over the less common terminology that may wait for investigation and learning.

We have also decided against syntactical comments, which would have to be too brief to be edifying and might well become a debilitating crutch. The Arndt-Gingrich lexicon leans over backward to render difficult idioms, and it refers frequently to Robert W. Funk (Blass-Debrunner): *A Greek Grammar of the New Testament and Other Early Christian Literature* (Chicago : 1961) on syntactical matters. The latter's full indices should make available the fuller understanding required in difficult passages.

The beginner should not be deceived : there are no aids likely to be prepared on his level that will guarantee a perfect understanding of the New Testament the first time through. Understanding requires experience, and experience comes from reading. It is the purpose of the lists to encourage this reading by removing much of the tedium, and yet not allow one with shoddy elementary learning to perpetuate his deception.

The following lists comprise words, exclusive of proper nouns, that appear fewer than ten times in the text of the Greek New Testament. They are arranged alphabetically according to the chapters or synoptic sections in which they appear. The definitions, with few exceptions, are from the *Greek-English Lexicon of the New Testament* of William F. Arndt and F. Wilbur Gingrich, the latest and most fully informed work of its kind in English.

Inasmuch as many Greek words have more than one English significance, we have indicated as much by including the number of the definition taken from the *Lexicon*. Space allowing, the common or basic meaning of a word is supplied as well as its particular significance for the passage at hand. More than one definition may also indicate that the word is used with more than one meaning in the particular passage. The significance of a number of words is disputed or uncertain, and further information may be had where desired by consulting the *Lexicon*. This circumstance is indicated by "(cf. AG)." Alternate spellings are provided where appropriate.

The lists should prove adequate for most New Testament texts. They are based upon the Nestle edition and the Huck-Lietzmann synopsis of the

Gospels. Readings peculiar to Tischendorf, Westcott and Hort, or the Revisers have been supplied by consultation of the Moulton-Geden concordance.

Because there are many benefits in studying the Gospels in parallel, we have provided the lists for the first three Gospels according to (the Huck-Lietzmann) synoptic sections. The advantages more than compensate for the inconvenience of having to consult the index of passages (p. XIII). This index does not list every printing of a particular passage but locates the section that provides the passage in the sequence of its own Gospel. The lists, however, include words for all passages in a section, whether in parallel or in the margin.

Users of the Aland *Synopsis Quattuor Evangeliorum* will find a table (p. 123) designating the appropriate section in the vocabularies for Aland's arrangement. These sections have been supplemented to provide for all of the "leading texts" and primary parallels of the first three Gospels as given by Aland, with words peculiar to the "leading text" of John appended and marked by an asterisk. The vocabulary to John is not provided where it is the only "leading text"; the vocabularies for this Gospel must be consulted in these cases. A section C has been added at the beginning for Johannine prologue material and a section D has been added at the end for the "intermediate ending" of Mark; neither of these have a correspondance in Huck but relate to Aland material. If the Aland text becomes the standard text, and if these vocabularies prove useful, a future edition will provide vocabularies for the many passages in Aland from literature outside the New Testament.

The second appendix presents a table of the principal parts of common verbs that occasionally perplex readers of the Greek New Testament. The vast majority of these verbs also have compound forms (and a few are found only in compound form). To avoid needless repetition, we have provided only the simple form of the verbs, but have included variations used by the compounds as well.

The index is formed largely of these principal parts. The reader must bear two things in mind in order to make efficient use of the compact table and index. (a) *Allow for compound prefixes,* which are not included here. For example, in seeking to identify περιέδραμον one ought to set aside the περι for the moment and look up -εδραμ-. He will quickly find this form to be the second aorist of τρέχω, or more properly, περιτρέχω. (b) *Allow for the loss of augment by verbs in nonindicative moods of secondary tenses.* For example, the quick identification of εἰσελθόντος requires that one first set aside momentarily the εἰς, as explained above. Secondly, by noting from the ending and accent that the verb is a second aorist participle, the reader will not look for -ελθ- but will restore the augment and seek out -ηλθ- and soon arrive at the second aorist of ἔρχομαι. By replacing the preposition εἰς he may be assured that the word he did not recognize is to be found in his lexicon under εἰσέρχομαι.

A few words or fragments, marked †, have been included in the index, although they are not principal parts, because of their irregularity and no convenient way for the reader to trace their origin to a principal part.

We have presented this information in this way for a number of reasons. (a) It is compact and provides a means of identifying hundreds of verb forms. (b) It will not encourage the user to become a grammatical cripple, as does a fully analytical dictionary or list. Yet the analysis required of the user of the list is only the minimal equipment of every reader. (c) The parallel listing of principal parts is the best form for learning the characteristics of particular verbs and for comparing forms of similar words. (d) We have purposely refrained from providing further information, which would necessarily have to be too brief and general to be helpful. The lexicon and grammar are the best resources for understanding irregular forms and particular meanings.

Finally, we should note that while we have provided alternate spellings in a number of places, we have not attempted to take account of all dialectical peculiarities. Experience will accustom the reader to such things as first aorist endings on otherwise second aorist forms, or to exceptional augmentation. It should not be assumed that either the simple verb or any of its compounds use all the forms listed in the principal parts. We have listed, however, only (with three exceptions, marked *) such forms as appear one way or the other in the New Testament.

# INDEX OF THE SYNOPTIC PARALLELS

XV

# VOCABULARIES TO THE SYNOPTIC GOSPELS
## (Sections according to Huck)

## INFANCY NARRATIVES

### A. ACCORDING TO MATTHEW 1-2

ἀκριβόω ascertain (exactly)
ἀκριβῶς accurately, carefully
ἀνακάμπτω return
γαστήρ, τρός, ἡ 2. womb, ἐν γ. ἔχειν be pregnant
γένεσις, εως, ἡ 1. birth, 3. history (of origin), genealogy
δειγματίζω expose, make example of
δεκατέσσαρες fourteen
διετής, ές two years old
ἐνθυμέομαι reflect on, consider
ἐξετάζω examine, search, inquire
ἐπάν when, as soon as
θνήσκω die
θυμόω make (pass.: become) angry
κατωτέρω lower, under
κλαυθμός, οῦ, ὁ weeping, crying
λάθρᾳ secretly
λίβανος, ου, ὁ frankincense
μάγος, ου, ὁ 1. a Magus
μεθερμηνεύω translate
μετοικεσία, ας, ἡ deportation (exile)
μνηστεύω pass.: be betrothed
ὀδυρμός, οῦ, ὁ lamentation, mourning
ὄναρ, τό dream, κατ' ὄ. in a dream
οὐδαμῶς by no means
προστάσσω command, order
σμύρνα, ης, ἡ myrrh
τελευτή, ῆς, ἡ end, death
ὕπνος, ου, ὁ sleep
χρηματίζω 1. impart revelation or warning

### B. ACCORDING TO LUKE 1-2

#### Luke 1:1-4

ἀκριβῶς accurately, carefully
ἀνατάσσομαι draw up (in order)
ἀσφάλεια, ας, ἡ 1. b. certainty, truth
αὐτόπτης, ου, ὁ eyewitness
διήγησις, εως, ἡ narrative, account
ἐπειδήπερ inasmuch as, since
ἐπιχειρέω set one's hand to, attempt
καθεξῆς in (correct chronol.) order
κατηχέω teach, instruct
κράτιστος, η, ον most noble, excellent
παρακολουθέω follow, 3. trace
πληροφορέω fulfill, accomplish

#### Luke 1:5-25

ἀγαλλίασις, εως, ἡ exultation
ἄμεμπτος, ον blameless, faultless
ἀπειθής, ές disobedient
γένεσις, εως, ἡ 1. birth
διαμένω remain
διανεύω nod
εἰσακούω 2. hear
ἔναντι before, in the eyes
ἐναντίον before, in sight of
ἐπεῖδον look (with favor) upon
ἐφημερία, ας, ἡ class, division
θυμίαμα, ατος, τό incense (offering)
θυμιάω make an incense-offering
ἱερατεία, ας, ἡ priestly office
ἱερατεύω serve as a priest
καθότι 2. because
λαγχάνω 2. be chosen by lot
λειτουργία, ας, ἡ service (as priest)
ὄνειδος, ους, τό disgrace, reproach
ὀπτασία, ας, ἡ vision
περικρύβω hide, conceal
πρεσβύτης, ου, ὁ old man
προβαίνω go on, 2. be advanced in years
σίκερα, τό strong drink
στεῖρα, ας, ἡ barren
τάξις, εως, ἡ 1. fixed order
φρόνησις, εως, ἡ way of thinking
χρονίζω take time, delay, stay long

#### Luke 1:26-38

ἀδυνατέω be impossible

1

γαστήρ, τρός, ἡ 2. womb, ἐν γ. ἔχειν
  be pregnant
γῆρας, ως (-ους), τό old age
διαταράσσω confuse, perplex
δούλη, ης, ἡ female slave, bondmaid
ἐπέρχομαι come over, upon
ἐπισκιάζω overshadow, cover (cf. AG)
μνηστεύω *pass.*: be betrothed
ποταπός, ή, όν of what sort, how great
στεῖρα, ας, ἡ barren
συγγενίς, ίδος, ἡ kinswoman
χαριτόω bestow favor upon, bless

### Luke 1:39-56

ἀγαλλίασις, εως, ἡ exultation, joy
ἀναφωνέω cry out
ἀντιλαμβάνω 1. come to aid of, help
βραχίων, ονος, ὁ arm
βρέφος, ους, τό embryo, unborn child
διασκορπίζω scatter
δούλη, ης, ἡ female slave, bondmaid
δυνάστης, ου, ὁ 1. ruler, sovereign
ἐμπί(μ)πλημι fill, satisfy
ἐπιβλέπω look at, consider, care about
καθαιρέω 1. take, bring down
κραυγή, ῆς, ἡ 1. a loud cry
μακαρίζω call, consider blessed
μεγαλύνω enlarge, magnify, 2. praise
ὀρεινός, ή, όν hilly, *fem. subst.*: hill
  country
σκιρτάω leap, spring about
ταπεινός, ή, όν low, poor, lowly
ταπείνωσις, εως, ἡ 2. humble station
τελείωσις, εως, ἡ perfection, fulfillment
ὑπερήφανος, ον arrogant, proud

### Luke 1:57-80

ἀνάδειξις, εως, ἡ commissioning
ἀφόβως without fear
διαλαλέω discuss, talk about
ἐννεύω nod, make signs
ἐπιφαίνω show (oneself)
εὐλογητός, ή, όν blessed, praised
κατευθύνω make straight, lead, direct
κραταιόω strengthen, *pass.*: grow strong
λύτρωσις, εως, ἡ ransoming, redemption
μεγαλύνω magnify
ὄγδοος, η, ον eighth
ὀρεινός, ή, όν hilly, *fem. subst.*: hill
  country
ὁσιότης, τητος, ἡ devoutness, piety

περιοικέω live around (in neighbor-
  hood)
περίοικος, ον *pl. subst.*: neighbors
πινακίδιον, ου, τό little tablet
προπορεύομαι go on before
σκιά, ᾶς, ἡ shade, shadow
συγγένεια, ας, ἡ kinship, relatives
συγχαίρω rejoice with, congratulate
ὕψος, ους, τό height (heaven)

### Luke 2:1-20

ἀγραυλέω live out of doors
αἰνέω praise
ἀνακλίνω lay, put to bed
ἀνευρίσκω look, search for
ἀπογραφή, ῆς, ἡ list, census
ἀπογράφω register, record
βρέφος, ους, τό 2. baby, infant
δή indeed, 2. now, then, therefore
δόγμα, ατος, τό 1. decree, ordinance
ἔγκυος, ον pregnant
ἐξαίφνης suddenly, unexpectedly
εὐδοκία, ας, ἡ 1. good will, 2. favor
ἡγεμονεύω be leader, rule
κατάλυμα, ατος, τό inn, lodging
μνηστεύω betroth
οὐράνιος, ον heavenly
πατριά, ᾶς, ἡ family, clan
περιλάμπω shine around
ποίμνη, ης, ἡ flock
πρωτότοκος, ον firstborn
σπαργανόω wrap (up) in
σπεύδω hurry, make haste
στρατιά, ᾶς, ἡ army, host
συμβάλλω 1. converse, consider, ponder
συντηρέω protect, 3. hold, treasure
φάτνη, ης, ἡ manger, stall, stable

### Luke 2:21-40

ἀγκάλη, ης, ἡ arm
ἀνθομολογέομαι praise, thank
ἀντιλέγω 2. oppose, refuse
ἄρσην, εν male
διανοίγω 1. open
ἐθίζω accustom
εὐλαβής, ές devout
ζεῦγος, ους, τό yoke, pair
καθαρισμός, οῦ, ὁ purification
κραταιόω strengthen
λύτρωσις, εως, ἡ ransoming, redemp-
  tion
μήτρα, ας, ἡ womb

2

νηστεία, ας, ἡ fasting
νοσσός, οῦ, ὁ young
ὀγδοήκοντα eighty
ὀκτώ eight
παρθενία, ας, ἡ virginity
προβαίνω go ahead, 2. be advanced in
  years
προφῆτις, ιδος, ἡ prophetess
πτῶσις, εως, ἡ falling, fall
ῥομφαία, ας, ἡ sword
σωτήριος, ον neut. subst.: salvation
τρυγών όνος, ἡ turtledove
χρηματίζω 1. impart revelation or
  warning

**Luke 2:41-52**
ἀναζητέω look, search for
ἀπόκρισις, εως, ἡ answer

διατηρέω keep, treasure
ἡλικία, ας, ἡ 1. age, bodily stature
καθέζομαι sit
ὀδυνάω cause pain, be anxious
προκόπτω go forward, progress
σύνεσις, εως, ἡ intelligence
συνοδία, ας, ἡ caravan, group of trav-
  elers

## C. ACCORDING TO JOHN 1

* ἐξηγέομαι explain, report
* κόλπος, ου, ὁ bosom
* μονογενής, ές only (begotten),
  unique
* πώποτε ever, never
* σκηνόω dwell, live

# GALILEAN AND JUDEAN PERIODS

**Section 1**
ἄγριος, ία, ον found in open field, wild
ἀκρίς, ίδος, ἡ grasshopper, locust
βουνός, οῦ, ὁ hill
δερμάτινος, η, ον leathern
ἔνδυμα, ατος, τό garment, clothing
ἐπιτροπεύω be procurator
εὐθύς, εῖα, ὑ straight, upright
ζώνη, ης, ἡ belt, girdle
ἡγεμονεύω be leader, rule, command
ἡγεμονία, ας, ἡ chief command
κάμηλος, ου, ὁ, ἡ camel
λεῖος, α, ον smooth, level
μέλι, ιτος, τό honey
ὀσφῦς, ύος, ἡ waist, loins
πεντεκαιδέκατος, η, ον fifteenth
περίχωρος, ον fem. subst.: neighborhood
σκολιός, ά, όν crooked
σωτήριος, ον neut. subst.: salvation
τετραρχέω be tetrarch
τραχύς, εῖα, ὑ rough, uneven
τρίβος, ου, ἡ beaten path
φάραγξ, αγγος, ἡ ravine, valley
* ἀπόκρισις, εως, ἡ answer
* εὐθύνω make straight

**Section 2**
ἀξίνη, ης, ἡ ax
γέννημα, ατος, τό offspring, brood
ἔχιδνα, ης, ἡ viper
ὑποδείκνυμι show, indicate

**Section 3**
ἀρκέω pass.: be satisfied, content with
διασείω extort money by violence
μεταδίδωμι impart, share
ὀψώνιον, ου, τό pay
στρατεύομαι serve as a soldier
συκοφαντέω slander, harass, oppress

**Section 4**
ἄλων, ωνος, ἡ threshing floor
ἀποθήκη, ης, ἡ storehouse, barn
ἄσβεστος, ον 1. inextinguishable
ἄχυρον, ου, τό chaff
διακαθαίρω clean out
διακαθαρίζω clean out
ἱμάς, άντος, ὁ strap, thong
κύπτω bend down to the ground
πτύον, ου, τό winnowing shovel

**Section 5**
ἀποτίθημι 2. put away
κατακλείω shut up, lock up
τετράρχης, ου, ὁ tetrarch

**Section 6**
διακωλύω prevent
εἶδος, ους, τό 1. form
πρέπω be fitting, πρέπον ἐστίν it is
  fitting, right
σωματικός, ή, όν bodily
* ἀμνός, οῦ, ὁ lamb

3

## Section 7

γένεσις, εως, ἡ 1. birth, 3. history (of origin), genealogy
μετοικεσία, ας, ἡ deportation (exile)

## Section 8

διαφυλάσσω guard, protect
ἐκπειράζω put to test, try, tempt
ἐντεῦθεν from here
προσκόπτω 1. strike
πτερύγιον, ου, τό end, edge, summit
στιγμή, ῆς, ἡ point, moment
συντελέω bring or come to end, complete
ὕστερος, α, ον neut.: then, later

## Section 9

ἀνατέλλω rise, spring up
παραθαλάσσιος, ία, ον by the sea
περίχωρος, ον fem. subst.: neighborhood
σκιά, ᾶς, ἡ shade, shadow
φήμη, ης, ἡ report, news
* καίτοι and yet
* πατρίς, ίδος, ἡ homeland

## Section 10

αἰχμάλωτος, ώτου, ὁ captive
ἀνάβλεψις, εως, ἡ recovery of sight
ἀναπτύσσω unroll
ἀνατρέφω bring up
ἄρρωστος, ον sick, ill
ἄτιμος, ον unhonored, dishonored
δεκτός, ἡ, όν acceptable, welcome
εἵνεκεν on account of
εἴωθα be accustomed, neut. subst.: custom
θραύω break, weaken, oppress
ἰατρός, οῦ, ὁ physician
κατακρημνίζω throw down (from) cliff
λεπρός, ά, όν leprous, subst.: leper
μεταίρω go away
ὀφρῦς, ύος, ἡ eyebrow, brow, edge
πάντως 1. by all means, doubtless
πατρίς, ίδος, ἡ homeland, hometown
πτύσσω fold up, roll up
τέκτων, ονος, ὁ carpenter, builder
τρέφω nourish, 2. rear, bring up
χρίω anoint

## Section 11

ἁλιεύς, έως, ὁ fisherman
ἀμφιβάλλω cast (a net)
ἀμφίβληστρον, ου, τό casting-net

μισθωτός, οῦ, ὁ hired man
προβαίνω go ahead, advance

## Section 12

ἀνακράζω cry out
βλάπτω harm, injure
ἔα ah! ha!
ἦχος, ου, ὁ sound, report, news
θαμβέω be astounded, 2. astound
θάμβος, ου, ὁ astonishment, fear
πανταχοῦ everywhere, 2. in all directions
περίχωρος, ον fem. subst.: neighborhood
ῥίπτω throw (down)
σπαράσσω tear, convulse
συλλαλέω talk, converse with
φιμόω muzzle, pass.: be silent

## Section 13

πενθερά, ᾶς, ἡ mother-in-law
πυρέσσω suffer with a fever
πυρετός, οῦ, ὁ fever

## Section 14

δύνω go down, set
ἐπισυνάγω gather (together)
κραυγάζω cry (out)
μάστιξ, ιγος, ἡ whip, 2. suffering
προσπίπτω 1. fall down before

## Section 15

ἀλλαχοῦ elsewhere, in another direction
ἔννυχος, ον at night
καταδιώκω search for, hunt
κωμόπολις, εως, ἡ market town

## Section 16

βάσανος, ου, ἡ torment, severe pain
ἐνοχλέω trouble, annoy
μαλακία, ας, ἡ weakness, sickness
μάστιξ, ιγος, ἡ whip, torment
παράλιος, ον by the sea
περιάγω go about
περιτρέχω run around, about
περιφέρω carry about
περίχωρος, ον fem. subst.: neighborhood
σεληνιάζομαι be moonstruck

## Section 17

ἄγρα, ας, ἡ catching, catch
ἁλιεύς, έως, ὁ fisherman
ἀποβαίνω 1. go away, get out
βάθος, ους, τό depth

βυθίζω sink
διαρ(ρ)ήσσω tear
ἐπανάγω put out, go out
ἐπίκειμαι 2. b. press upon, be urgent
ἐπιστάτης, ου, ὁ master
ζωγρέω capture alive, catch
θάμβος, ους, τό astonishment, fear
κατάγω bring down, bring to land
κατανεύω signal
μέτοχος, ον sharing, *subst.*: partner
περιέχω 1. surround, come upon
πλοιάριον, ου, τό small ship, boat
πλύνω wash
προσπίπτω fall, 1. fall down before
συγκλείω enclose
χαλάω let down

## Section 18

## Section 19
γελάω laugh
εἰρηνοποιός, όν making peace, *subst.*:
   peacemaker
ἐλεήμων, ον merciful
πραΰς, πραεῖα, πραΰ humble, un-
   assuming
σκιρτάω leap, spring about

## Section 20
ἅλας, ατος, τό salt
ἁλίζω salt
ἄναλος, ον without salt
ἀρτύω prepare, season, salt
εὔθετος, ον well-placed, fit, usable
καταπατέω trample under foot
κλίνη, ης, ἡ bed, couch
κοπρία, ας, ἡ dung heap, rubbish heap
κρύπτη, ης, ἡ cellar
λάμπω shine (forth)
μόδιος, ου, ὁ a peck-measure
μωραίνω make foolish, tasteless
ὑποκάτω under, below
φέγγος, ους, τό light, radiance

## Section 21
εὔκοπος, ον easy
ἰῶτα, τό iota
κεραία, ας, ἡ serif, hook (on letters)

## Section 22
ἀντίδικος, ου, ὁ opponent
ἀπαλλάσσω 2. be released, make settle-
   ment

διαλλάσσομαι become reconciled
εἰκῆ 1. without cause
ἐργασία, ας, ἡ 5. pains
εὐνοέω be well disposed, make friends
κατασύρω drag (away by force)
κοδράντης, ου, ὁ quadrans, penny
λεπτός, ή, όν 2. small copper coin
ὀργίζω *pass.*: be angry
πράκτωρ, ορος, ὁ bailiff
ῥακά fool, empty-head

## Section 23
ἀποκόπτω 1. cut off
ἄσβεστος, ον 1. inextinguishable
ἐξαιρέω 1. take out, tear out
κυλλός, ή, όν crippled, deformed
μονόφθαλμος, ον one-eyed
σβέννυμι extinguish, put out
σκώληξ, ηλος, ὁ worm

## Section 24
ἀποστάσιον, ου, τό divorce
μοιχάω commit adultery
παρεκτός 2. apart from

## Section 25
ἐπιορκέω swear falsely, perjure self
μέλας, μέλαινα, μέλαν black
ὅλως : μὴ ὅλ. not at all
περισσός, ή, όν *comp.*: more than
ὑποπόδιον, ου, τό footstool

## Section 26
ἀγγαρεύω requisition, force, compel
ἀπαιτέω 1. ask for something back
ἀποστρέφω turn away
δαν(ε)ίζω lend, *mid.*: borrow
μίλιον, ου, τό mile
ῥαπίζω strike, slap
σιαγών, όνος, ἡ cheek

## Section 27
ἀγαθοποιέω do good
ἀνατέλλω cause to rise, rise
ἀπελπίζω despair, expect (cf. AG)
ἀχάριστος, ον ungrateful
βρέχω wet, send rain
δαν(ε)ίζω lend
ἐθνικός, ή, όν Gentile, heathen
ἐπηρεάζω threaten, mistreat
ἴσος, η, ον *neut. subst.*: equal (amount)

5

καταράομαι curse
οἰκτίρμων, ον merciful, compassionate
οὐράνιος, ον heavenly
περισσός, ή, όν 1. extraordinary, remarkable
χρηστός, ή, όν good, kind

## Section 28
ἀριστερός, ά, όν left (hand)
ῥύμη, ης, ἡ narrow street, lane

## Section 29
βατταλογέω babble
γωνία, ας, ἡ corner
ἐθνικός, ή, όν Gentile, heathen
εἰσακούω listen to, 2. hear
πολυλογία, ας, ἡ wordiness
ταμεῖον, ου, τό 2. innermost room

## Section 30
εἰσφέρω bring in
ἐπιούσιος, ον (cf. AG) 1. necessary for existence, 2. for today, 3. for tomorrow, etc.
οὐράνιος, ον heavenly
ὀφειλέτης, ου, ὁ debtor
ὀφείλημα, ατος, τό debt

## Section 31
ἀλείφω anoint
ἀφανίζω make unrecognizable, disfigure
κρυφαῖος, αία, αῖον hidden
σκυθρωπός, (ή), όν with sad look

## Section 32
ἀνέκλειπτος, ον unfailing, inexhaustable
ἀφανίζω make unrecognizable, destroy
βαλλάντιον, ου, τό moneybag, purse
διαφθείρω spoil, destroy
διορύσσω dig through, break in
θησαυρίζω store up, gather, save
παλαιόω make old, pass.: become old
σής, σητός, ὁ moth

## Section 33
ἁπλοῦς, ῆ, οῦν single, sincere, generous (cf. AG)
ἀστραπή, ῆς, ἡ lightning, light
ἐπάν when, as soon as
σκοπέω look out for, consider
σκοτεινός, ή, όν dark
φωτεινός, ή, όν shining, full of light

## Section 34
ἀντέχω 1. cling to, be devoted to
καταφρονέω look down on, scorn
μαμωνᾶς, ᾶ, ὁ wealth, property
οἰκέτης, ου, ὁ house slave

## Section 35
ἀμφιάζω clothe
ἀμφιέννυμι clothe, dress
ἀποθήκη, ης, ἡ storehouse, barn
ἀρκετός, ή, όν enough, sufficient
ἔνδυμα, ατος, τό garment, clothing
ἡλικία, ας, ἡ 1. length of life, 2. bodily stature
καταμανθάνω observe, learn
κλίβανος, ου, ὁ oven, furnace
κόραξ, ακος, ὁ crow, raven
κρίνον, ου, τό lily
μετεωρίζομαι be anxious, worried
νήθω spin
ὀλιγόπιστος, ον of little faith
οὐράνιος, ον heavenly
πῆχυς, εως, ὁ forearm, cubit
ποίμνιον, ου, τό flock
ταμιεῖον, ου, τό hidden, secret room
τρέφω feed, nourish, support
ὑφαίνω weave
χρῄζω need

## Section 36
ἀντιμετρέω measure in return
διαβλέπω 2. see clearly
δοκός, οῦ, ἡ beam of wood
κάρφος, ους, τό speck, chip
καταδικάζω condemn
κόλπος, ου, ὁ bosom, 2. fold of garment
πιέζω press
ὑπερεκχύν(ν)ω pass.: overflow

## Section 37
καταπατέω trample under foot
κύων, κυνός, ὁ dog
μαργαρίτης, ου, ὁ pearl
ῥήγνυμι tear (in pieces)

## Section 38
δόμα, δόματος, τό gift
κρούω strike, knock
σκορπίος, ου, ὁ scorpion
ᾠόν, οῦ, τό egg

6

# Section 39

# Section 40
ἀγωνίζομαι 2. b. strive, strain
εὐρύχωρος, ον broad, spacious
πλατύς, εῖα, ύ broad, wide
στενός, ή, όν narrow

# Section 41
ἅρπαξ, αγος rapacious, ravenous
βάτος, ου, ἡ thorn bush
γέννημα, ατος, τό offspring, brood
ἔνδυμα, ατος, τό garment, clothing
ἔχιδνα, ης, ἡ viper
λύκος, ου, ὁ wolf
περίσσευμα, ατος, τό 1. abundance, fullness
προφέρω bring out, produce
σαπρός, ά, όν decayed, rotten
σταφυλή, ῆς, ἡ (bunch of) grapes
σῦκον, ου, τό (ripe) fig
συλλέγω collect, gather, pick
τρίβολος, ου, ὁ thistle
τρυγάω pick (fruit)

# Section 42
ἀποχωρέω go away, depart

# Section 43
ἄμμος, ου, ἡ sand
βαθύνω make deep, go down deep
βροχή, ῆς, ἡ rain
θεμελιόω found, lay foundation
πλήμμυρα, ης, ἡ high water, flood
πνέω blow
προσκόπτω 1. strike, beat (against)
προσπίπτω 2. fall upon, strike against
προσρήσσω 1. shatter, 2. burst upon
πτῶσις, εως, ἡ fall, collapse
ῥῆγμα, ατος, τό wreck, collapse
σκάπτω dig
συμπίπτω fall together, collapse
ὑποδείκνυμι show, indicate

# Section 44

# Section 45
γονυπετέω kneel down (before)
διαφημίζω make known, spread news
ἐμβριμάομαι warn sternly, censure
καθαρισμός, οῦ, ὁ purification
λέπρα, ας, ἡ leprosy

λεπρός, ά, όν subst.: leper
ὀργίζω pass.: be angry
πάντοθεν from all directions
προστάσσω command, order
ὑποχωρέω go back, retreat, retire
φανερῶς openly, publicly

# Section 46
ἀνακλίνω pass.: recline (at meal)
ἀξιόω 1. consider worthy
βορρᾶς, ᾶ, ὁ north
βρυγμός, οῦ, ὁ gnashing
δεινῶς fearfully, terribly
διασῴζω bring safely through, cure
δυσμή, ῆς, ἡ (setting), west
ἔντιμος, ον honored, valuable
ἐξώτερος, α, ον 2. farthest, extreme
κλαυθμός, οῦ, ὁ weeping, crying
κλίνη, ης, ἡ bed, couch
νότος, ου, ὁ 2. south
σκύλλω 3. pass.: trouble oneself
σπουδαίως earnestly, zealously
στέγη, ης, ἡ roof
* βασιλικός, ή, όν royal, subst.: royal official
* ἕβδομος, η, ον seventh
* ἐχθές yesterday
* κομψότερον better (begin to improve)
* πυρετός, οῦ, ὁ fever

# Section 47
πενθερά, ᾶς, ἡ mother-in-law
πυρέσσω suffer with a fever
πυρετός, οῦ, ὁ fever

# Section 48

# Section 49
ἀλώπηξ, εκος, ἡ fox
διαγγέλλω 1. proclaim far and wide
κατασκήνωσις, εως, ἡ place to live
κλίνω incline, lay down
φωλεός, οῦ, ὁ den, lair, hole

# Section 50
γαλήνη, ης, ἡ a calm
δειλός, ή, όν cowardly, timid
καλύπτω cover, hide
κῦμα, ατος, τό wave
ὀλιγόπιστος, ον of little faith
ποταπός, ή, όν of what kind

7

## Section 51

ἀγέλη, ης, ἡ hard
βόσκω feed, graze
δαίμων, ονος, ὁ demon, evil spirit
κρημνός, οῦ, ὁ steep slope, bank
ὁρμάω set out, rush
ὑπάντησις, εως, ἡ coming to meet
χαλεπός, ή, όν violent, dangerous

## Section 52

ἀποστεγάζω unroof
διαπεράω cross (over)
δῶμα, ατος, τό roof, housetop
εἰσφέρω bring, carry in
ἔκστασις, εως, ἡ 1. astonishment
ἐνθυμέομαι reflect, think
ἐνθύμησις, εως, ἡ thought, idea
ἐξορύσσω dig out
εὔκοπος, ον easy
θαρσέω be cheerful, have courage
ἱνατί for what reason, why
καθίημι let down
κέραμος, ου, ὁ clay, 2. roof tile
κλίνη, ης, ἡ bed, couch, pallet
κλινίδιον, ου, τό pallet
νομοδιδάσκαλος, ου, ὁ teacher of the
    law
παράδοξος, ον strange, wonderful
παραλύω weaken, subst.: paralytic
προσεγγίζω approach, come near
στέγη, ης, ἡ roof
χαλάω let down
χωρέω make room, 2. have room for

## Section 53

γογγύζω grumble, murmur
δοχή, ῆς, ἡ reception, banquet
ἰατρός, οῦ, ὁ physician
συνανάκειμαι recline at table, eat with
τελώνιον, ου, τό tax office

## Section 54

ἄγναφος, ον unbleached, unsized, new
ἀπαίρω take away
βλητέος, α, ον must be put
ἐπίβλημα, ατος, τό patch
ἐπι(ρ)ράπτω sew (on)
νυμφών, ῶνος, ὁ 2. bridal chamber
πυκνός, ή, όν frequent, neut. pl.: often
ῥάκος, ους, τό 2. piece of cloth
ῥήγνυμι tear, break
συμφωνέω match (harmonize) with

συντηρέω 1. protect, pass.: be preserved
σχίσμα, ατος, τό split, tear
χρηστός, ή, όν good, pleasant

## Section 55

αἱμορροέω suffer with hemorrhage
αὐλητής, οῦ, ὁ flute-player
θαρσέω be cheerful, have courage
θορυβέω 2. pass.: be troubled, in dis-
    order
καταγελάω laugh at, ridicule
κοράσιον, ου, τό (little) girl
κράσπεδον, ου, τό 1. edge, hem
ὄπισθεν from behind
φήμη, ης, ἡ report, news

## Section 56

διαφημίζω make known, spread news
ἐμβριμάομαι warn sternly, scold

## Section 57

## Section 58

ἀκέραιος, ον pure, innocent
ἀναδείκνυμι 2. appoint, commission
ἀνακάμπτω return
ἀνεκτός, όν bearable, endurable
ἀπομάσσω wipe off
ἀποτινάσσω shake off
ἄργυρος, ου, ὁ silver
ἀρήν, ἀρνός, ὁ lamb
βαλλάντιον, ου, τό moneybag, purse
διανυκτερεύω spend the whole night
διοδεύω go through, go about
δωρεάν 1. as a gift, without payment
ἑβδομήκοντα seventy
ἐκτινάσσω shake off
ἐξετάζω inquire, search carefully
ἐπαναπαύομαι rest
ζηλωτής, οῦ, ὁ zealot
ζώνη, ης, ἡ belt, girdle
καθεξῆς in order, τὸ κ.: afterward
(καταμένω stay, live)
κονιορτός, οῦ, ὁ dust
κτάομαι acquire, get
κύκλῳ around
λεπρός, ά, όν subst.: leper
λύκος, ου, ὁ wolf
μαλακία, ας, ἡ weakness, sickness
περιάγω go around, about
πήρα, ας, ἡ knapsack, traveler's bag
προδότης, ου, ὁ traitor, betrayer

ῥίπτω 2. put, lay down
σανδάλιον, ου, τό sandal
σκύλλω 1. weary, harass
συγκαλέω call together, *mid.*: summon
(ὑπερῷον, ου, τό upper story, room)
ὑποδέω tie beneath, put on (footwear)
ὑποκάτω under, below
χαλκός, οῦ, ὁ copper, brass, 2. coin
χοῦς, χοός, ὁ dust, soil

**Section 59**
ἀντεῖπον say against, contradict
ἀντίκειμαι be opposed, *subst.*: enemy
ἀποβαίνω 2. turn out, lead (to)
ἀρκετός, ή, όν sufficient, enough
εἰσφέρω bring in, carry in
ἐπανίστημι rise up (in rebellion)
κτάομαι procure for oneself, get
μαστιγόω whip, flog
οἰκιακός, οῦ, ὁ member of household
προμελετάω practice beforehand
προμεριμνάω be anxious beforehand
ψύχω *pass.*: grow cold, be extinguished

**Section 60**
ἄνευ without (knowledge, consent of)
ἀπόκρυφος, ον hidden
ἀριθμέω count
ἀσσάριον, ου, τό as(sarion), cent ("half-penny")
δῶμα, ατος, τό roof
ἐμβάλλω throw
ἐπιλανθάνομαι forget, neglect
καλύπτω cover, hide, conceal
στρουθίον, ου, τό sparrow
συγκαλύπτω cover (completely)
ταμιεῖον, ου, τό hidden, secret room
ὑποδείκνυμι show, indicate

**Section 61**
διαμερισμός, οῦ, ὁ dissension
διχάζω cause a separation, separate
νύμφη, ης, ἡ bride, daughter-in-law
οἰκιακός, οῦ, ὁ member of household
πενθερά, ᾶς, ἡ mother-in-law

**Section 62**
ζωογονέω give life, keep alive
περιποιέω save, gain
συμπορεύομαι go (along) with

**Section 63**
ψυχρός, ά, όν cold, *neut. subst.*: cold water

**Section 64**
δεσμωτήριον, ου, τό prison
λεπρός, ά, όν *subst.*: leper
μάστιξ, ιγος, ἡ lash, 2. torment

**Section 65**
ἀμφιέννυμι clothe, dress
αὐλέω play the flute
βασίλειος, ον royal, *neut. subst.*: palace
βιάζω (cf. AG) apply force
βιαστής, οῦ, ὁ violent, impetuous man
γεννητός, ή, όν begotten, born
ἔνδοξος, ον 2. splendid
ἑταῖρος, ου, ὁ friend, companion
θρηνέω mourn, lament
ἱματισμός, οῦ, ὁ clothing
κόπτω 2. *mid.*: beat (breast), mourn
μαλακός, ή, όν soft
οἰνοπότης, ου, ὁ wine-drinker, drunkard
ὀρχέομαι dance
προσφωνέω call out
τρυφή, ῆς, ἡ indulgence, luxury
φάγος, οῦ, ὁ glutton
φορέω bear for a time, wear

**Section 66**
ἀνεκτός, όν bearable, endurable
καταβιβάζω bring, drive down
πάλαι long ago, formerly
σάκκος, ου, ὁ sack, sackcloth
σποδός, οῦ, ἡ ashes

**Section 67**
ἀποκρύπτω hide, conceal
εὐδοκία, ας, ἡ 2. favor, good pleasure
συνετός, ή, όν intelligent, wise

**Section 68**
ἀνάπαυσις, εως, ἡ 2. rest
ἐλαφρός, ά, όν 1. light
ζυγός, οῦ, ὁ 1. yoke
πραΰς, πραεῖα, πραΰ gentle, humble
ταπεινός, ή, όν poor, lowly
φορτίζω burden
φορτίον, ου, τό burden, load
χρηστός, ή, όν good, pleasant, easy

**Section 69**
ἀναίτιος, ον innocent
βεβηλόω desecrate, profane
δευτερόπρωτος, ον (cf. AG) first but one

9

διαπορεύομαι go, pass through
καταδικάζω condemn
ὁδοποιέω make a path
ὁπότε when
παραπορεύομαι go (by, through)
σπόριμος, ον sown, neut. subst.: grain
   field
στάχυς, υος, ὁ head, ear (of grain)
τίλλω pluck, pick
ψώχω rub (so as to thresh)

### Section 70
ἀγαθοποιέω do good
ἀνασπάω draw, pull up
ἄνοια, ας, ἡ folly, fury
ἀποκαθίστημι restore, bring back
βόθυνος, ου, ὁ pit
βοῦς, βοός, ὁ, ἡ ox, cow
διαλαλέω discuss
ἐμπίπτω fall (into)
κακοποιέω do wrong, harm
ξηρός, ά, όν dry, dried, withered
ὀκτώ eight
ὄνος, ου, ὁ, ἡ ass
παρατηρέω watch closely, carefully
περιβλέπω look around
πώρωσις, εως, ἡ hardening
συλλυπέω hurt, grieve
συμβούλιον, ου, τό 1. plan, purpose
φάτνη, ης, ἡ manger, stall, stable
φρέαρ, ατος, τό well, pit

### Section 71
αἱρετίζω choose
βάσανος, ου, ἡ torment, severe pain
διασῴζω save, pass.: be cured
ἐνοχλέω trouble, annoy
ἐρίζω quarrel, wrangle
κατάγνυμι break
κράσπεδον, ου, τό 1. edge, hem
κραυγάζω cry (out)
λίνον, ου, τό flax, 1. lamp wick
μάστιξ, ιγος, ἡ whip, 2. suffering
νῖκος, ους, τό victory
παράλιος, ον, ὁ by the sea
πεδινός, ή, όν flat, level
πλοιάριον, ου, τό small ship, boat
προσπίπτω 1. fall down before
σβέννυμι extinguish, put out
σεληνιάζομαι be moonstruck
συντρίβω smash, crush, bend
τύφω give off smoke, pass.: smolder

### Section 72
διανυκτερεύω spend the whole night
ζηλωτής, οῦ, ὁ zealot
μαλακία, ας, ἡ weakness, sickness
προδότης, ου, ὁ traitor, betrayer
προσφωνέω call to oneself
συγκαλέω call together, mid.: summon

### Section 73
γελάω laugh
σκιρτάω leap, spring about

### Section 74
γελάω laugh
ἐμπί(μ)πλημι fill, satisfy

### Section 75
ἀγαθοποιέω do good
ἀγγαρεύω requisition, force, compel
ἀνατέλλω (cause to) rise
ἀπαιτέω ask for something
ἀπελπίζω despair, expect (cf. AG)
ἀποστρέφω turn away
ἀχάριστος, ον ungrateful
βρέχω wet
δαν(ε)ίζω lend, mid.: borrow
ἐθνικός, ή, όν Gentile, heathen
ἐπηρεάζω threaten, mistreat
ἴσος, η, ον neut. subst.: equal (amount)
καταράομαι curse
μίλιον, ου, τό mile
οἰκτίρμων, ον merciful, compassionate
οὐράνιος, ον heavenly
περισσός, ή, όν extraordinary, remark-
   able
ῥαπίζω strike, slap
σιαγών, όνος, ἡ check
χρηστός, ή, όν good, kind

### Section 76
ἀντιμετρέω measure in return
ἀρκετός, ή, όν sufficient, enough
βόθυνος, ου, ὁ pit
διαβλέπω 2. see clearly
δοκός, οῦ, ἡ beam of wood
ἐμπίπτω fall (into)
κάρφος, ους, τό speck, chip
καταδικάζω condemn
κόλπος, ου, ὁ bosom, 2. fold of garment
ὁδηγέω lead, guide
ὁδηγός, οῦ, ὁ leader, guide
πιέζω press
ὑπερεκχύν(ν)ω pass.: overflow

## Section 77

βάτος, ου, ἡ thorn bush
γέννημα, ατος, τό offspring, brood
ἔχιδνα, ης, ἡ viper
περίσσευμα, ατος, τό abundance, full-
ness
προφέρω bring out, produce
σαπρός, ά, όν decayed, rotten
σταφυλή, ῆς, ἡ (bunch of) grapes
σῦκον, ου, τό (ripe) fig
συλλέγω collect, gather, pick
τρίβολος, ου, ὁ thistle
τρυγάω pick (fruit, esp.: grapes)

## Section 78

ἄμμος, ου, ἡ sand
βαθύνω make deep, go down deep
βροχή, ῆς, ἡ rain
θεμελιόω found, lay foundation
πλήμμυρα, ης, ἡ high water, flood
πνέω blow
προσκόπτω 1. strike, beat (against)
προσπίπτω 2. fall upon, strike against
προσρήσσω 1. shatter, 2. burst upon
πτῶσις, εως, ἡ fall, collapse
ῥῆγμα, ατος, τό wreck, collapse
σκάπτω dig
συμπίπτω fall together, collapse
ὑποδείκνυμι show, indicate

## Section 79

ἀξιόω 1. consider worthy
διασῴζω bring safely through, cure
ἔντιμος, ον 2. valuable
σκύλλω pass.: trouble oneself
σπουδαίως earnestly, zealously
στέγη, ης, ἡ roof

## Section 80

ἀνακαθίζω sit up(right)
ἐκκομίζω carry out
ἑξῆς next (in a series, e.g. day)
θνήσκω die
μονογενής, ές only
περίχωρος, ον fem. subst.: neighborhood
σορός, οῦ, ἡ coffin, bier
συμπορεύομαι go (along) with

## Section 81

λεπρός, ά, όν subst.: leper
μάστιξ, ιγος, ἡ lash, 2. torment

## Section 82

ἀμφιέννυμι clothe, dress

αὐλέω play the flute
βασίλειος, ον royal, neut. subst.: palace
γεννητός, ή, όν begotten, born
ἔνδοξος, ον 2. splendid
θρηνέω mourn, lament
ἱματισμός, οῦ, ὁ clothing
μαλακός, ή, όν soft
μεταμέλομαι regret, change mind
οἰνοπότης, ου, ὁ wine-drinker, drunkard
ὀρχέομαι dance
προσφωνέω call out
τρυφή, ῆς, ἡ indulgence, luxury
φάγος, ου, ὁ glutton

## Section 83

ἀλάβαστρος, ου, ὁ, ἡ alabaster (flask)
ἀλείφω anoint
βρέχω 1. wet
δαν(ε)ιστής, οῦ, ὁ creditor, money-
lender
διαλείπω stop, cease
ἐκμάσσω wipe
κατακλίνω pass.: recline at table
καταφιλέω kiss
ὀρθῶς rightly, correctly
πεντακόσιοι, αι, α five hundred
πεντήκοντα fifty
ποταπός, ή, όν of what kind
συνανάκειμαι recline at table with
ὑπολαμβάνω 4. assume, think, suppose
φίλημα, ατος, τό kiss
χάριν on account of, οὗ χ. therefore
χρεοφειλέτης, ου, ὁ debtor
* γλωσσόκομον, ου, τό money-box
* λίτρα, ας, ἡ pound (twelve oz.)
* ὀσμή, ῆς, ἡ fragrance, odor

## Section 84

διοδεύω go through, go about
ἐπίτροπος, ου, ὁ 1. manager, foreman
καθεξῆς in order, τὸ κ.: afterward

## Section 85

## Section 86

ἁμάρτημα, τος, τό sin
ἀργός, ή, όν 3. idle, useless, careless
βάτος, ου, ἡ thornbush
γέννημα, ατος, τό offspring, brood
δάκτυλος, ου, ὁ finger
διαδίδωμι distribute, give
διανόημα, ατος, τό thought

11

SYNOP. 86-95

διαρπάζω plunder thoroughly, rob
ἐνθύμησις, εως, ἡ thought, reflection
ἐπάν when, as soon as
ἐπέρχομαι come upon, attack
ἐρημόω lay waste, depopulate
ἔχιδνα, ης, ἡ viper
καθοπλίζω arm fully, equip
καταδικάζω condemn
πανοπλία, ας, ἡ full armor, panoply
περίσσευμα, ατος, τό abundance, full-
ness
προφέρω bring out, produce
σαπρός, ά, όν decayed, rotten
σκορπίζω scatter
σκῦλον, ου, τό booty, spoils
σταφυλή, ῆς, ἡ (bunch of) grapes
σῦκον, ου, τό (ripe) fig
συλλέγω collect, gather, pick
τρίβολος, ου, ὁ thistle
τρυγάω pick (fruit)
φθάνω come (before), arrive

Section 87
ἀναστενάζω sigh deeply
βασίλισσα, ης, ἡ queen
ἐπαθροίζω collect in addition
ἐπιδείκνυμι show, point out
κήρυγμα, ατος, τό proclamation
κῆτος, ους, τό sea monster
μοιχαλίς, ίδος, ἡ adj.: adulterous
νότος, ου, ὁ 2. south, 3. south country
πέρας, ατος, τό end, limit

Section 88
ἀνάπαυσις, εως, ἡ 3. resting place
ἄνυδρος, ον dry, waterless
σαρόω sweep
σχολάζω 2. stand empty

Section 89
κύκλῳ around, in a circle
περιβλέπω look around (at)
συντυγχάνω come together with, meet

Section 90
αἰγιαλός, οῦ, ὁ shore, beach
ἀνατέλλω rise, spring up
ἀποπνίγω choke
βάθος, ους, τό depth
ἐκατονταπλασίων, ον hundredfold
ἐξανατέλλω spring up
ἑξήκοντα sixty

ἐπιπορεύομαι go, journey to
ἰκμάς, άδος, ἡ moisture
καταπατέω trample under foot
καταπίπτω fall (down)
καυματίζω burn (up), scorch
πετρώδης, ες, rocky, neut. subst.: rocky
ground
πνίγω choke
σπόρος, ου, ὁ sowing, seed
συμπνίγω choke, press upon
συμφύω grow up with
σύνειμι II. come together
φύω grow (up)

Section 91
ἀναπληρόω make complete, fulfill
βαρέως with difficulty
καμμύω close (eyes)
παχύνω make fat, impervious, dull

Section 92

Section 93
ἄκαρπος, ον unfruitful, useless
ἀπάτη, ης, ἡ deception, pleasure
δή indeed, now, then
ἑξήκοντα sixty
ἡδονή, ῆς, ἡ 1. pleasure, lust
καρποφορέω bear fruit, crops
μέριμνα, ης, ἡ anxiety, care
παραδέχομαι accept, receive
πετρώδης, ες rocky, stony
πρόσκαιρος, ον temporary, transitory
σπόρος, ου, ὁ sowing, seed
συμπνίγω choke, press upon
τελεσφορέω bear fruit to maturity

Section 94
ἀντιμετρέω measure in return
ἀπόκρυφος, ον hidden
καλύπτω cover, hide
κλίνη, ης, ἡ bed, couch
κρύπτη, ης, ἡ cellar
μόδιος, ου, ὁ peck-measure
συγκαλύπτω cover (completely)
ὑποκάτω under, below
φέγγος, ους, τό light, radiance

Section 95
αὐτόματος, η, ον by itself
βλαστάνω sprout, put forth
δρέπανον, ου, τό sickle

12

καρποφορέω bear fruit, crops
μηκύνω *pass.:* grow (long), become long
σπόρος, ου, ὁ sowing, seed
στάχυς, υος, ὁ head, ear (of grain)

### Section 96
ἀποθήκη, ης, ἡ barn, storehouse
βλαστάνω sprout, put forth
δέσμη, ης, ἡ bundle
ἐκριζόω uproot
ἐπισπείρω sow afterward
ζιζάνιον, ου, τό darnel, cheat
θεριστής, οῦ, ὁ reaper
συλλέγω collect, gather
συναυξάνω grow together

### Section 97
κατασκηνόω live, dwell
κῆπος, ου, ὁ garden
κόκος, ου, ὁ seed, grain
λάχανον, ου, τό edible, garden herb
σίναπι, εως, τό mustard
σκιά, ᾶς, ἡ shade, shadow

### Section 98
ἄλευρον, ου, τό wheat flour
ἐγκρύπτω hide (in)
ζυμόω ferment, leaven
σάτον, ου, τό measure

### Section 99
ἐπιλύω release, 1. explain, interpret
ἐρεύγομαι utter, proclaim

### Section 100
βρυγμός, οῦ, ὁ gnashing
διασαφέω explain, tell plainly
ἐκλάμπω shine (out)
ζιζάνιον, ου, τό darnel, cheat
θεριστής, οῦ, ὁ reaper
κάμινος, ου, ἡ oven, furnace
κλαυθμός, οῦ, ὁ weeping, crying
συλλέγω collect, gather
συντέλεια, ας, ἡ completion, end
φράζω explain, interpret

### Section 101
ἔμπορος, ου, ὁ merchant
μαργαρίτης, ου, ὁ pearl
πιπράσκω sell
πολύτιμος, ον very precious, valuable

### Section 102
ἄγγος, ους, τό vessel, container
αἰγιαλός, οῦ, ὁ shore, beach
ἀναβιβάζω bring up
βρυγμός, οῦ, ὁ gnashing
κάμινος, ου, ἡ oven, furnace
κλαυθμός, οῦ, ὁ weeping, crying
σαγήνη, ης, ἡ dragnet
σαπρός, ά, όν decayed, unusable, bad
συλλέγω collect, gather (in)
συντέλεια, ας, ἡ completion, close

### Section 103
μαθητεύω be(come) a disciple

### Section 104
συντυγχάνω come together with, meet

### Section 105
ἀφυπνόω fall asleep
γαλήνη, ης, ἡ a calm
γεμίζω fill
δειλός, ή, όν cowardly, timid
διεγείρω wake up, *pass.:* awaken
ἐπιστάτης, ου, ὁ master
καλύπτω cover, hide
κινδυνεύω be in danger
κλύδων, ωνος, ὁ rough water, waves
κοπάζω abate, stop
κῦμα, ατος, τό wave
λαῖλαψ, απος, ἡ whirlwind, fierce gust
ὀλιγόπιστος, ον of little faith
πλέω travel by sea, sail
ποταπός, ή, όν of what kind
προσκεφάλαιον, ου, τό pillow, cushion
πρύμνα, ης, ἡ stern (of ship)
συμπληρόω fill completely
φιμόω muzzle, 2. *pass.:* be silent

### Section 106
ἄβυσσος, ου, ἡ abyss, underworld
ἀγέλη, ης, ἡ herd
ἀνακράζω cry out
ἀντιπέρα opposite
ἀποπνίγω choke, drown
βόσκω feed, graze
δαίμων, ονος, ὁ demon, evil spirit
δαμάζω subdue, control
δεσμεύω bind, tie up
διαρ(ρ)ήσσω tear, break
διασπάω tear apart
διηγέομαι tell, relate

13

δισχίλιοι, αι, α two thousand
ἐλαύνω drive, advance
ἱματίζω dress, clothe
κατακόπτω 1. beat, bruise
καταπλέω sail down, toward
κατοίκησις, εως, ἡ living (quarters)
κρημνός, οῦ, ὁ steep slope, bank
λεγιών, ῶνος, ἡ legion
ὁρκίζω adjure, implore
ὁρμάω set out, rush
πέδη, ης, ἡ fetter, shackle
περίχωρος, ον fem. subst.: neighborhood
πνίγω choke, pass.: drown
προσπίπτω 1. fall down before
συναρπάζω seize, drag away
συντρίβω shatter, crush, break
σωφρονέω be of sound mind, sensible
ὑπάντησις, εως, ἡ coming to meet
χαλεπός, ή, όν violent, dangerous

## Section 107

αἱμορροέω suffer with hemorrhage
ἀλαλάζω cry out loudly, wail loudly
ἀποδέχομαι 1. welcome
ἀποθλίβω press upon, crowd
ἀρχισυνάγωγος, ου, ὁ leader of synagogue
αὐλητής, οῦ, ὁ flute-player
δαπανάω spend (freely)
διαπεράω cross (over)
διαστέλλω give orders
ἔκστασις, εως, ἡ 1. astonishment
ἐπιστάτης, ου, ὁ master
ἐσχάτως finally, ἐ. ἔχειν be at point of death
θαρσέω be cheerful, have courage
θνῄσκω die
θορυβέω pass.: be troubled, distressed
θόρυβος, ου, ὁ noise, turmoil
θυγάτριον, ου, τό little daughter
ἰατρός, οῦ, ὁ physician
καταγελάω laugh at, ridicule
κόπτω 2. mid.: mourn
κοράσιον, ου, τό (little) girl
κοῦμ (Aram.) stand up
κράσπεδον, ου, τό 1. edge, hem
λάθρᾳ secretly
λανθάνω escape notice, be hidden
μάστιξ, ιγος, ἡ lash, 2. suffering
μεθερμηνεύω translate
μονογενής, ές only
ὄπισθεν from behind

παρακούω 1. overhear, 2. ignore
περιβλέπω look around, for
προσαναλόω spend lavishly
προσπίπτω 1. fall down before
ῥύσις, εως, ἡ flowing, flow
σκύλλω harass, trouble
συμπνίγω choke, 2. crowd around
συνακολουθέω follow, accompany
συνθλίβω press together, upon
ταλιθά (Aram.) (little) girl
τρέμω tremble, be afraid
φήμη, ης, ἡ report, news

## Section 108

ἄρρωστος, ον sick, ill
ἄτιμος, ον unhonored, dishonored
μεταίρω go away
πατρίς, ίδος, ἡ homeland, hometown
τέκτων, ονος, ὁ carpenter, builder

## Section 109

ἀλείφω anoint
ἀποτινάσσω shake off
ἄργυρος, ον, ὁ silver
ἄρρωστος, ον sick, ill
δωρεάν 1. as a gift, without payment
ἐκτινάσσω shake off
ἐξετάζω inquire, search carefully
ζώνη, ης, ἡ belt, girdle
κονιορτός, οῦ, ὁ dust
κτάομαι acquire, get
κύκλῳ around
λεπρός, ά, όν subst.: leper
μαλακία, ας, ἡ weakness, sickness
πανταχοῦ everywhere
περιάγω go around, about
πήρα, ας, ἡ knapsack, traveler's bag
σανδάλιον, ου, τό sandal
συγκαλέω call together, mid.: summon
ὑποδέω tie beneath, put on (footwear)
ὑποκάτω under, below
χαλκός, οῦ, ὁ copper, brass, 2. coin
χοῦς, χοός, ὁ dust, soil

## Section 110

ἀποκεφαλίζω behead
διαπορέω be greatly perplexed
τετράρχης, ου, ὁ tetrarch

## Section 111

ἀποκεφαλίζω behead
ἀπορέω be in doubt, uncertain

14

ἀποτίθημι 2. put away
γενέσια, ίων, τά birthday celebration
ἐνέχω 1. have a grudge against
ἐξαυτῆς at once, soon thereafter
εὔκαιρος, ον well-timed, suitable
ἡδέως gladly
ἥμισυς, εια, υ half
κατακλείω shut up, lock up
κοράσιον, ου, τό (little) girl
μεγιστάν, ᾶνος, ὁ great man, courtier
ὀρχέομαι dance
περίλυπος, ον very sad
πίναξ, ακος, ἡ platter
προβιβάζω bring, put forward
πτῶμα, ατος, τό what has fallen, corpse
σπεκουλάτωρ, ορος, ὁ courier, executioner
συνανάκειμαι recline at table, eat with
συντηρέω 1. protect, defend
τετράρχης, ου, ὁ tetrarch

### Section 112
ἀνακλίνω lie down (at a meal)
ἀποδέχομαι 1. welcome
ἄρρωστος, ον sick, ill
αὐτοῦ here (adv. of place)
διακόσιοι, αι, α two hundred
διηγέομαι tell, relate
ἑβδομήκοντα seventy
ἐπισιτισμός, οῦ, ὁ provisions
εὐκαιρέω have opportunity
θεραπεία, ας, ἡ care, treatment
κατακλάω break in pieces
κατακλίνω cause to lie down, recline
κλάσμα, ατος, τό fragment, crumb
κλίνω 2. decline
κλισία, ας, ἡ a group (for eating)
κόφινος, ου, ὁ basket
κύκλῳ around
πεζῇ by land
πεζός, ή, όν going by land
πεντακισχίλιοι, αι, α five thousand
πεντήκοντα fifty
πρασιά, ᾶς, ἡ, π.π. group by group
ῥίπτω 2. put, lay down
σκύλλω 1. weary, harass
συμπόσιον, ου, τό, σ.σ. in groups
συντρέχω run together
ὑποχωρέω go back, withdraw
χλωρός, ά, όν (light) green
* ἀνέρχομαι go, come up
* ἀρκέω be enough

* βιβρώσκω eat
* βραχύς, εῖα, ῦ little, short
* γεμίζω fill
* διαδίδωμι distribute, give
* ἐμπίμπλημι satisfy, fill
* κρίθινος, η, ον barley flour
* ὀψάριον, ου, τό fish
* παιδάριον, ου, τό lad, youth

### Section 113
ἀναγκάζω compel, 2. urge (strongly)
ἀνακράζω cry out
ἀποτάσσω 1. say farewell, take leave
διστάζω doubt, hesitate
ἐλαύνω drive, advance, row
ἐναντίος, α, ον 1. opposite, against
θαρσέω be cheerful, courageous
καταποντίζω drown, sink
κοπάζω abate, cease
κῦμα, ατος, τό wave
ὀλιγόπιστος, ον of little faith
πάλαι 2. for a long time, already
περισσός, ή, όν comp.: more than
πωρόω harden, petrify
στάδιον, ου, τό stade (c. 607 feet)
φάντασμα, ατος, τό apparition
* διεγείρω arouse
* πνέω blow

### Section 114
βάσανος, ου, ἡ torment, severe pain
διαπεράω cross (over)
διασῴζω save, pass.: be cured
ἐνοχλέω trouble, annoy
κράσπεδον, ου, τό 1. edge, hem
μάστιξ, ιγος, ἡ whip, torment
περιτρέχω run around, about
περιφέρω carry about
περίχωρος, ον fem. subst.: neighborhood
προσορμίζω come to harbor, anchor
σεληνιάζομαι be moonstruck
* πλοιάριον, ου, τό (small) boat
* συνεισέρχομαι enter with

### Section 115
ἀκμήν even yet, still
ἀκυρόω make void
ἄνιπτος, ον unwashed
ἀριστάω 2. eat a meal, dine
ἄριστον, ου, τό 2. (noon) meal
ἁρπαγή, ῆς, ἡ 2. plunder, 3. greediness
ἀσύνετος, ον senseless, foolish

15

ἀφεδρών, ῶνος, ὁ latrine
ἀφροσύνη, ης, ἡ foolishness
βαπτισμός, οῦ, ὁ dipping, washing
βόθυνος, ου, ὁ pit
ἐκριζόω uproot
ἐμπίπτω fall (into)
ἔνειμι be in, neut. subst.: contents
ἔνταλμα, ατος, τό commandment
κακολογέω speak evil of, insult
κλίνη, ης, ἡ couch
κλοπή, ῆς, ἡ theft, stealing
κορβᾶν (Aram.) corban, gift
μάτην in vain
μοιχεία, ας, ἡ adultery
ξέστης, ου, ὁ pitcher, jug
ὁδηγέω lead, guide
ὁδηγός, οῦ, ὁ leader, guide
οὐράνιος, ον heavenly
ὀχετός, οῦ, ὁ canal, sewer
παραβαίνω go aside from, transgress
παρόμοιος, (α), ον like, similar
πίναξ, ακος, ἡ platter, dish
πονηρία, ας, ἡ wickedness, baseness
πόρρω far (away)
πυγμή, ῆς, ἡ fist
πυκνός, ή, όν frequent, neut. pl., adv.:
  often
ῥαντίζω sprinkle, 2. cleanse oneself
ὑπερηφανία, ᾶς, ἡ arrogance, pride
φόνος, ου, ὁ murder, killing
φράζω explain, interpret
φυτεία, ας, ἡ plant, what is planted
χαλκίον, ου, τό (copper) vessel
χεῖλος, ους, τό lip
χωρέω 1. go out
ψευδομαρτυρία, ας, ἡ false witness

### Section 116
βοηθέω give aid, help
θυγάτριον, ου, τό little daughter
κλίνη, ης, ἡ bed, couch
κυνάριον, ου, τό little (house)dog
λανθάνω escape notice, be hidden
ὄπισθεν behind
προσπίπτω 1. fall down before
ὑποκάτω under, below
ψιχίον, ου, τό a very little bit, crumb

### Section 117
ἄλαλος, ον mute, dumb
δάκτυλος, ου, ὁ finger
διανοίγω 1. open

διαστέλλω order, give orders
ἐφφαθά (Aram.) be opened
κυλλός, ή, όν crippled, deformed
μογιλάλος, ον having speech defect
ὀρθῶς correctly, normally
πτύω spit
ῥίπτω 2. put, lay down
στενάζω sigh, groan
ὑπερπερισσῶς beyond all measure

### Section 118
ἐκλύω become weary, give out
ἐρημία, ας, ἡ uninhabited region
ἰχθύδιον, ου, τό little fish
κλάσμα, ατος, τό piece, crumb
νῆστις, ὁ, ἡ hungry
περίσσευμα, ατος, τό 2. what remains,
  scraps
προσμένω 1. remain with
σπυρίς, ίδος, ἡ basket, hamper
τετρακισχίλιοι, αι, α four thousand

### Section 119
ἀναστενάζω sigh deeply
ἀνατέλλω 2. rise, spring up
δυσμή, ῆς, ἡ west
ἐπαθροίζω collect even more
ἐπιδείκνυμι show, point out
εὐδία, ας, ἡ 1. fair weather
καύσων, ωνος, ὁ heat, hot day
μοιχαλίς, ίδος, ἡ adj.: adulterous
νότος, ου, ὁ 1. south(west) wind
ὄμβρος, ου, ὁ rainstorm
πνέω 1. blow
πυρράζω be (fiery) red
στυγνάζω 2. be dark, gloomy
χειμών, ῶνος, ὁ 1. bad weather

### Section 120
διαστέλλω order, give orders
ἐπιλανθάνομαι forget, neglect
ἐπισυνάγω gather together
καταπατέω trample under foot
κλάσμα, ατος, τό piece, crumb
κόφινος, ου, ὁ basket
μυριάς, άδος, ἡ myriad (ten thousand)
ὀλιγόπιστος, ον of little faith
πεντακισχίλιοι, αι, α five thousand
πωρόω harden, petrify
σπυρίς, ίδος, ἡ basket, hamper
τετρακισχίλιοι, αι, α four thousand
ὑπόκρισις, εως, ἡ hypocrisy

16

## Section 121
ἀποκαθίστημι restore, cure
δηλαυγῶς quite clearly
διαβλέπω 1. look intently, open eyes wide
ἐκφέρω carry, lead out
ὄμμα, ατος, τό eye
πτύω spit
τηλαυγῶς (very) plainly, clearly

## Section 122
ἀποδοκιμάζω reject, declare useless
διαστέλλω order, give orders
ἵλεως, ων gracious, merciful
κατισχύω win a victory over
κλείς, κλειδός, ἡ key
συναντάω meet
σύνειμι I. be with

## Section 123
ἀντάλλαγμα, ατος, τό something given in exchange
αὐτοῦ here (adv. of place)
ζημιόω 1. suffer loss, forfeit
ζῳογονέω 1. make alive, 2. keep alive
μοιχαλίς, ίδος, ἡ adj.: adulterous
περιποιέω save (for oneself)
πρᾶξις, εως, ἡ 1. acting, activity

## Section 124
βαρέω weigh down, be heavy
γναφεύς, έως, ὁ bleacher, fuller
διαγρηγορέω keep awake
διαχωρίζω separate, go away
εἶδος, ους, τό 1. form, appearance
ἔκφοβος, ον terrified
ἐξάπινα suddenly
ἐξαστράπτω flash, gleam like lightning
ἔξοδος, ου, ἡ going away, death
ἐπισκιάζω overshadow, 2. cover
ἐπιστάτης, ου, ὁ master
ἱματισμός, οῦ, ὁ clothing, apparel
λάμπω shine (out), gleam
λευκαίνω make white
μεταμορφόω transform
ὀκτώ eight
περιβλέπω look around
σιγάω 1. c. be(come) silent, keep a secret
στίλβω shine, be radiant
συλλαλέω talk, discuss with
ὕπνος, ου, ὁ sleep

φωτεινός, ή, όν shining, radiant

## Section 125
ἀποκαθιστάνω (-ίστημι) restore, bring back
διαστέλλω order, give orders
διηγέομαι tell, relate
ἐξουδενέω treat with contempt

## Section 126
ἀδυνατέω be powerless, impossible
ἄλαλος, ον mute, dumb
ἀποχωρέω go away, leave, withdraw
ἀφρίζω foam at the mouth
ἀφρός, οῦ, ὁ foam
βοηθέω furnish aid, help
γονυπετέω kneel down (before)
διαστρέφω make crooked, pervert
ἐκθαμβέω be amazed
ἐκριζόω uproot
ἔνθεν from here
ἐξαίφνης suddenly, unexpectedly
ἑξῆς next
ἐπιβλέπω look at, consider
ἐπισυντρέχω run together
κόκκος, ου, ὁ seed, grain
κυλίω pass.: roll (oneself)
μεγαλειότης, ητος, ἡ majesty
μόγις scarcely, with difficulty
μόλις scarcely, 1. with difficulty
μονογενής, ές only
νηστεία, ας, ἡ fasting
ὀλιγοπιστία, ας, ἡ littleness of faith
παιδιόθεν from childhood
προσάγω 1. bring forward
προστρέχω run up (to)
ῥήσσω throw down
σεληνιάζομαι be moonstruck
σίναπι, εως τό mustard
σπαράσσω tear, convulse
συκάμινος, ου, ἡ mulberry tree
συναντάω 1. meet
συντρίβω smash, crush, mistreat
συσπαράσσω tear, convulse
τρίζω gnash, grind

## Section 127
αἰσθάνομαι understand
παρακαλύπτω hide, conceal
παραπορεύομαι go by, through
συστρέφω gather up, bring together

2

**Section 128**
ἄγκιστρον, ου, τό fishhook
δίδραχμον, ου, τό a double drachma
κῆνσος, ου, ὁ tax
προφθάνω 1. come before, anticipate
στατήρ, ῆρος, ὁ stater (four drachmas)

**Section 129**
ἐναγκαλίζομαι take in one's arms

**Section 130**
ἐπιστάτης, ου, ὁ master
κακολογέω speak evil of
σκορπίζω scatter
ψυχρός, ά, όν cold, *neut. subst.:* cold
    water

**Section 131**
ἀνένδεκτος, ον impossible
ἀποκόπτω 1. cut off
ἄσβεστος, ον 1. inextinguishable
ἐξαιρέω 1. take out, tear out
καταποντίζω throw into sea, sink
κρεμάννυμι hang
κυλλός, ή, όν crippled, deformed
λυσιτελέω be better, advantageous
μονόφθαλμος, ον one-eyed
μυλικός, ή, όν belonging to a mill
μύλος, ου, ὁ mill(stone)
ὀνικός, ή, όν pertaining to a donkey
    μύλος ὀν. millstone moved by donkey
πέλαγος, ους, τό open (deep) sea
περίκειμαι 1. lie, be placed around
ῥίπτω 1. throw
σβέννυμι extinguish, put out
σκώληξ, ηκος, ὁ worm
τράχηλος, ου, ὁ neck, throat

**Section 132**
ἅλας, ατος, τό salt
ἁλίζω salt
ἅλς, ἁλός, ὁ salt
ἄναλος, ον without salt
ἀρτύω prepare, season, salt
εἰρηνεύω reconcile, keep the peace
εὔθετος, ον well-placed, fit, usable
καταπατέω trample under foot
κοπρία, ας, ἡ dung heap, rubbish heap
μωραίνω make foolish, tasteless

**Section 133**
γείτων, ονος, ὁ, ἡ neighbor
ἐνενήκοντα ninety

ἐννέα nine
καταφρονέω look down on, despise
συγκαλέω call together
συγχαίρω 1. rejoice with
ὦμος, ου, ὁ shoulder

**Section 134**
ἐθνικός, ή, όν Gentile, heathen
κλείς, κλειδός, ἡ key
μεταξύ between
παρακούω 2. pay no attention, ignore
συμφωνέω 2. be in agreement, agree

**Section 135**
ἑβδομηκοντάκις seventy times
ἑπτάκις seven times
ποσάκις how many times? how often?

**Section 136**
βασανιστής, οῦ, ὁ torturer, jailer
δάνειον, ου, τό loan
διασαφέω explain, report
μύριοι, αι, α ten thousand
ὀργίζω *pass.:* be angry
οὐράνιος, ον heavenly
ὀφειλέτης, ου, ὁ debtor
ὀφειλή, ῆς, ἡ debt
πιπράσκω sell
πνίγω choke, strangle
προσάγω bring forward, approach
συναίρω (λόγον) settle (accounts)

**Section 137**
ἀνάλημψις, εως, ἡ ascension, death
ἀναλόω consume
εἴωθα be accustomed
μεταίρω go away
συμπληρόω 2. fulfill, approach
συμπορεύομαι 2. come together

**Section 138**
ἀλώπηξ, εκος, ἡ fox
ἀποτάσσω 1. say farewell
ἄροτρον, ου, τό a plow
διαγγέλλω 1. proclaim far and wide
εὔθετος, ον fit, usable
κατασκήνωσις, εως, ἡ 2. place to live
κλίνω incline, lay down
φωλεός, οῦ, ὁ den, lair, hole

**Section 139**
ἀκέραιος, ον pure, innocent

ἀναδείκνυμι 2. appoint, commission
ἀνακάμπτω return
ἀνεκτός, όν bearable, endurable
ἀπομάσσω wipe off
ἄργυρος, ου, ὁ silver
ἀρήν, ἀρνός, ὁ lamb
βαλλάντιον, ου, τό moneybag, purse
δωρεάν 1. as a gift, without payment
ἑβδομήκοντα seventy
ἐκτινάσσω shake off
ἐξετάζω inquire, search carefully
ἐπαναπαύομαι rest
ζώνη, ης, ἡ belt, girdle
καταβιβάζω bring down
κονιορτός, οῦ, ὁ dust
κτάομαι acquire, get
λεπρός, ά, όν subst.: leper
λύκος, ου, ὁ wolf
πάλαι long ago
πήρα, ας, ἡ knapsack, traveler's bag
σάκκος, ου, ὁ sackcloth
σποδός, οῦ, ἡ ashes
χαλκός, οῦ, ὁ copper, brass, 2. coin

### Section 140
ἀστραπή, ῆς, ἡ lightning
ἑβδομήκοντα seventy
ἐγγράφω write in, record
πατέω tread (on)
σκορπίος, ου, ὁ scorpion

### Section 141
ἀποκρύπτω hide, conceal
εὐδοκία, ας, ἡ 2. favor, good pleasure
συνετός, ή, όν intelligent, wise

### Section 142

### Section 143
ἐκπειράζω put to the test, try
κρεμάννυμι hang
νουνεχῶς wisely
ὁλοκαύτωμα, ατος, τό whole burnt
    offering
ὀρθῶς rightly, correctly
σύνεσις, εως, ἡ intelligence
φιμόω muzzle, 2. put to silence

### Section 144
ἀντιπαρέρχομαι pass by on opposite
    side
ἐκδύω strip, take off

ἐμπίπτω fall (into, among)
ἐπανέρχομαι return
ἐπιβιβάζω put someone on, (mount)
ἐπιμελέομαι care for, take care of
ἐπιχέω pour over, on, in
ἡμιθανής, ές half dead
καταδέω bind up, bandage
κτῆνος, ους, τό animal (used for riding)
ὁδεύω go, travel
πανδοχεῖον, ου, τό inn
πανδοχεύς, έως, ὁ innkeeper
περιπίπτω fall among, into
προσδαπανάω spend in addition
συγκυρία, ας, ἡ coincidence, chance
τραῦμα, ατος, τό wound
ὑπολαμβάνω 3. take up, reply

### Section 145
θορυβάζω pass.: be troubled, distracted
μερίς, ίδος, ἡ part, share
παρακαθέζομαι sit beside, at
περισπάω be dragged away, distracted
συναντιλαμβάνομαι take part with,
    help
ὑποδέχομαι welcome (as guest)

### Section 146
εἰσφέρω bring in
ἐπιούσιος, ον (cf. AG) 1. necessary for
    existence, 2. for today, 3. for to-
    morrow, etc.
ὀφειλέτης, ου, ὁ debtor
ὀφείλημα, ατος, τό debt

### Section 147
ἀναίδεια, ας, ἡ persistence
κίχρημι lend
κοίτη, ης, ἡ bed
μεσονύκτιον, ου, τό midnight
χρήζω (have) need (of)

### Section 148
δόμα, δόματος, τό gift
κρούω strike, knock
σκορπίος, ου, ὁ scorpion
ᾠόν, οῦ, τό egg

### Section 149
δάκτυλος, ου, ὁ finger
διαδίδωμι distribute, give
διανόημα, ατος, τό thought
διαρπάζω plunder thoroughly

19

ἐνθύμησις, εως, ἡ thought, reflection
ἐπάν when, as soon as
ἐπέρχομαι come upon, attack
ἐρημόω lay waste, depopulate
καθοπλίζω arm fully, equip
πανοπλία, ας, ἡ full armor, panoply
σκορπίζω scatter
σκῦλον, ου, τό booty, spoils
φθάνω come (before), arrive

**Section 150**
ἀνάπαυσις, εως, ἡ 3. resting-place
ἄνυδρος, ον dry, waterless
σαρόω sweep
σχολάζω 2. stand empty

**Section 151**
θηλάζω 2. suck
μαστός, οῦ, ὁ breast
μενοῦν rather, on the contrary

**Section 152**
ἀναστενάζω sigh deeply
βασίλισσα, ης, ἡ queen
ἐπαθροίζω collect in addition
ἐπιδείκνυμι show, point out
κήρυγμα, ατος, τό proclamation
κῆτος, ους, τό sea monster
μοιχαλίς, ίδος, ἡ 2. adj.: adulterous
νότος, ου, ὁ 2. south, 3. south country
πέρας, ατος, τό end, limit

**Section 153**
ἁπλοῦς, ῆ, οῦν single, sincere, generous
    (cf. AG)
ἀστραπή, ῆς, ἡ lightning, light
ἐπάν when, as soon as
κλίνη, ης, ἡ bed, couch
κρύπτη, ης, ἡ cellar
λάμπω shine (forth)
μόδιος, ου, ὁ peck-measure
σκοπέω look out for, consider
σκοτεινός, ή, όν dark
φέγγος, ους, τό light, radiance
φωτεινός, ή, όν shining, full of light

**Section 154**
ἄδηλος, ον not clear, unseen
ἀκρασία, ας, ἡ self-indulgence
ἄνηθον, ου, τό dill
ἀποδεκατόω tithe, collect a tithe
ἀποστοματίζω question closely
ἀριστάω 2. eat a meal, dine

ἄριστον, ου, τό 2. (noon) meal
ἁρπαγή, ῆς, ἡ 2. plunder, 3. greediness
ἀφορμής, ῆς, ἡ pretext, opportunity
βαρύς, εῖα, ύ heavy, weighty, important
δάκτυλος, ου, ὁ finger
δεινῶς fearfully, terribly
δεσμεύω bind, tie up
δυσβάστακτος, ον hard to bear
ἐκδιώκω persecute severely
ἐκζητέω 4. charge with, require of
ἐκτός outside
ἐνεδρεύω lie in wait, plot
ἔνειμι be in, neut. subst.: contents
ἐνέχω 1. have a grudge against
ἐντός inside, within
ἐπισυνάγω gather together
ἡδύοσμον, ου, τό mint
θηρεύω hunt, catch
καταπατέω trample under foot
κινέω (re)move
κλείς, κλειδός, ἡ key
κονιάω whitewash
κύμινον, ου, τό cum(m)in
λάχανον, ου, τό garden herb
μαστιγόω whip, flog
μεταξύ between
μυριάς, άδος, ἡ myriad (ten thousand)
ὁμοιάζω be like, resemble
ὀστέον, ου, τό bone
παρίημι 1. leave undone, neglect
παρομοιάζω be like
παροψίς, ίδος, ἡ dish
πήγανον, ου, τό rue
πίναξ, ακος, ἡ platter, dish
πονηρία, ας, ἡ wickedness, sinfulness
προσψαύω touch
πρόφασις, εως, ἡ 2. pretext, excuse
πρωτοκαθεδρία, ας, ἡ place of honor,
    best seat
πρωτοκλισία, ας, ἡ place of honor
στολή, ῆς, ἡ (long) robe
συμβάλλω 1. b. meet, quarrel with
συνευδοκέω agree with, approve of
τάφος, ου, ὁ grave, tomb
ὑβρίζω mistreat, insult, abuse
ὑπόκρισις, εως, ἡ hypocrisy
φορτίζω load, burden
φορτίον, ου, τό burden, load
ὡραῖος, α, ον beautiful, lovely

**Section 155**
ἁμάρτημα, τος, τό sin

20

ἄνευ without (knowledge, consent of)
ἀντεῖπον say against, contradict
ἀντίκειμαι be opposed, *subst.*: enemy
ἀπόκρυφος, ον hidden
ἀριθμέω count
ἀσσάριον, ου, τό as(sarion) cent,
  ("half-penny")
δῶμα, ατος, τό roof
εἰσφέρω bring in, carry in
ἐμβάλλω throw
ἐπιλανθάνομαι forget, neglect
καλύπτω cover, hide, conceal
μοιχαλίς, ίδος, ἡ *adj.*: adulterous
προμελετάω practice beforehand
προμεριμνάω be anxious beforehand
στρουθίον, ου, τό sparrow
συγκαλύπτω cover (completely)
ταμιεῖον, ου, τό hidden, secret room
ὑποδείκνυμι show, indicate

### Section 156
ἀπαιτέω ask for, demand
ἀποθήκη, ης, ἡ storehouse, barn
γένημα, ατος, τό product, fruit, yield
εὐφορέω bear good crops, yield well
θησαυρίζω store up, save
καθαιρέω take down, tear down
μεριστής, οῦ, ὁ divider, arbitrator

### Section 157
ἀμφιάζω clothe
ἀμφιέννυμι clothe, dress
ἀνέκλειπτος, ον unfailing, inexhaustable
ἀποθήκη, ης, ἡ storehouse, barn
ἀρκετός, ή, όν enough, sufficient
ἀφανίζω make unrecognizable, destroy
βαλλάντιον, ου, τό moneybag, purse
διαφθείρω spoil, destroy
διορύσσω dig through, break in
ἔνδυμα, ατος, τό garment, clothing
ἡλικία, ας, ἡ 1. length of life, 2. bodily
  stature
θησαυρίζω store up, gather, save
καταμανθάνω observe, learn
κλίβανος, ου, ὁ oven, furnace
κόραξ, ακος, ὁ crow, raven
κρίνον, ου, τό lily
μετεωρίζομαι be anxious, worried
νήθω spin
ὀλιγόπιστος, ον of little faith
οὐράνιος, ον heavenly
παλαιόω make old, *pass.*: become old

πῆχυς, εως, ὁ forearm, cubit
ποίμνιον, ου, τό flock
σής, σητός, ὁ moth
ταμιεῖον, ου, τό secret room, storeroom
τρέφω feed, nourish, support
ὑφαίνω weave
χρῄζω need

### Section 158
ἀλεκτοροφωνία, ας, ἡ cockcrow, dawn
ἀνακλίνω cause to lie down
ἀναλύω 2. depart, return
βρυγμός, οῦ, ὁ gnashing
διορύσσω dig through, break in
διχοτομέω cut in two, punish severely
ἐξαίφνης suddenly, unexpectedly
ἑσπερινός, ή, όν (pertaining to the)
  evening
θεραπεία, ας, ἡ service, 2. (staff of)
  servants
κλαυθμός, οῦ, ὁ weeping, crying
κρούω strike, knock
μεθύσκω get drunk
μεθύω be drunk
μεσονύκτιον, ου, τό midnight
οἰκετεία, ας, ἡ slaves in a household
ὀσφῦς, ύος, ἡ waist, loins
ὀψέ late
περιζώννυμι (-νύω) gird about
σιτομέτριον, ου, τό food ration
χρονίζω take time, delay

### Section 159

### Section 160
ἀνάπτω kindle
ἀνατέλλω rise, come up
διαμερισμός, οῦ, ὁ dissension
διχάζω cause a separation, separate
δυσμή, ῆς, ἡ west
εὐδία, ας, ἡ 1. fair weather
καύσων, ωνος, ὁ heat, a hot day
νότος, ου, ὁ 1. south(west) wind
νύμφη, ης, ἡ bride, daughter-in-law
οἰκιακός, οῦ, ὁ member of household
ὄμβρος, ου, ὁ rainstorm
πενθερά, ᾶς, ἡ mother-in-law
πνέω blow
πυρράζω be (fiery) red
στυγνάζω 2. be dark, gloomy
χειμών, ῶνος, ὁ bad weather

21

### Section 161
ἀντίδικος, ου, ὁ opponent, enemy
ἀπαλλάσσω 2. be released, make settlement
ἐργασία, ας, ἡ 5. pains
εὐνοέω be well-disposed, make friends
κατασύρω drag (away by force)
κοδράντης, ου, ὁ quadrans, penny
λεπτός, ή, όν neut. subst.: small copper coin
πράκτωρ, ορος, ὁ bailiff

### Section 162
ἀμπελουργός, οῦ, ὁ vine-dresser
δεκαοκτώ eighteen
ἱνατί why, for what reason
κόπριον, ου, τό dung, manure
κόφινος, ου, ὁ basket
μείγνυμι (-νύω) mix, mingle
ὀφειλέτης, ου, ὁ debtor, sinner
πύργος, ου, ὁ tower, farm building
σκάπτω dig

### Section 163
ἀγανακτέω be aroused, angry
ἀνακύπτω raise oneself, stand erect
ἀνασπάω draw, pull up
ἀνορθόω restore, make erect again
ἀντίκειμαι be opposed, subst.: opponent
ἀρχισυνάγωγος, ου, ὁ leader of synagogue
βόθυνος, ου, ὁ pit
βοῦς, βοός, ὁ, ἡ ox, cow
δεκαοκτώ eighteen
ἐμπίπτω fall (into)
ἔνδοξος, ον 1. honored, 2. glorious
ὀκτώ eight
ὄνος, ου, ὁ, ἡ ass
παντελής, ές 1. complete(ly), 2. at all
προσφωνέω call to oneself
συγκύπτω be bent over
φάτνη, ης, ἡ manger, stall, stable
φρέαρ, ατος, τό well, pit

### Section 164
ἄλευρον, ου, τό wheat flour
ἐγκρύπτω hide
ζυμόω ferment, leaven
κατασκηνόω live, dwell
κῆπος, ου, ὁ garden
κόκκος, ου, ὁ seed, grain
λάχανον, ου, τό edible garden herb

σάτον, ου, τό measure (seah)
σίναπι, εως, τό mustard
σκιά, ᾶς, ἡ shade, shadow

### Section 165
ἀγωνίζομαι 2. struggle, strain
ἀνακλίνω pass.: recline (at meal)
ἀποκλείω shut, close
ἀποχωρέω go away, depart
βορρᾶς, ᾶ, ὁ north
βρυγμός, οῦ, ὁ gnashing
διαπορεύομαι go through
δυσμή, ῆς, ἡ (setting), west
ἐξώτερος, α, ον 2. farthest, extreme
εὐρύχωρος, ον broad street
κλαυθμός, οῦ, ὁ weeping, crying
κρούω strike, knock
νότος, ου, ὁ 2. south
πλατύς, εῖα, ύ broad, wide
πορεία, ας, ἡ 1. journey, trip
στενός, ή, όν narrow

### Section 166
ἀλώπηξ, εκος, ἡ fox
ἀποτελέω 1. finish, 2. perform
ἐνδέχομαι impers.: it is possible
ἐντεῦθεν from here
ἴασις, εως, ἡ healing

### Section 167
ἐπισυνάγω gather together
λιθοβολέω throw stones at, stone
νοσσιά, άς, ἡ 2. brood
νοσσίον, ου, τό the young (of bird)
ὄρνιξ, ῖχος, ὁ, ἡ bird
ὄρνις, ιθος, ὁ, ἡ bird, cock, hen
ποσάκις how many times? how often?
πτέρυξ, υγος, ἡ wing

### Section 168
ἀνασπάω draw, pull up
ἀνταποκρίνομαι answer (in turn)
βοῦς, βοός, ὁ, ἡ cattle
ἡσυχάζω 2. remain silent
ὄνος, ου, ὁ, ἡ ass, donkey
παρατηρέω watch closely
ὑδρωπικός, ή, όν suffering from dropsy
φρέαρ, ατος, τό well, pit

### Section 169
αἰσχύνη, ης, ἡ shame, disgrace
ἀνάπηρος, ον crippled
ἀνταποδίδωμι give back, repay

22

ἀνταπόδομα, ατος, τό repayment
ἀντικαλέω invite in return
ἀνώτερος, έρα, ον higher
ἄριστον, ου, τό 1. breakfast, 2. meal
γείτων, ονος, ὁ, ἡ neighbor
δοχή, ῆς, ἡ reception, banquet
ἔντιμος, ον 1. honored, respected
ἐπέχω 2. aim at, notice
κατακλίνω pass.: recline at table
προσαναβαίνω go up, move up
πρωτοκλισία, ας, ἡ place of honor
συνανάκειμαι recline at table with

Section 170
ἀμελέω neglect, disregard
ἀναγκάζω compel, invite, urge (strongly)
ἀνάπηρος, ον crippled
ἄριστον, ου, τό 1. breakfast, 2. meal
βοῦς, βοός, ὁ, ἡ ox, cattle
γεμίζω fill
διέξοδος, ου, ἡ street-crossing
ἐμπί(μ)πρημι set on fire, burn
ἐμπορία, ας, ἡ business, trade
ζεῦγος, ους, τό yoke, pair
νυμφών, ῶνος, ὁ 1. wedding hall
ὀργίζω pass.: be angry
ῥύμη, ης, ἡ narrow street, lane
σιτιστός, ή, όν fattened (cattle)
στράτευμα, ατος, τό army, pl.: troops
συνανάκειμαι recline at table, eat with
ταῦρος, ου, ὁ bull, ox
ὑβρίζω treat arrogantly, insult
φονεύς, έως, ὁ murderer
φραγμός, οῦ, ὁ fence, hedge

Section 171
ἅλας, ατος, τό salt
ἀπαρτισμός, οῦ, ὁ completion
ἀποτάσσω 1. take leave, 2. renounce
ἀρτύω prepare, season
βουλεύω 1. deliberate
δαπάνη, ης, ἡ cost, expense
ἐκτελέω finish
εὔθετος, ον fit, useable
κοπρία, ας, ἡ dung heap
μωραίνω 2. pass.: become tasteless
πόρρω far (away)
πρεσβεία, ας, ἡ embassy
πύργος, ου, ὁ tower, farm building
συμβάλλω 1. b. meet, engage (in conflict)

συμπορεύομαι go (along) with
ψηφίζω calculate

Section 172
γείτων, ονος, ὁ, ἡ neighbor
διαγογγύζω complain, grumble
δραχμή, ῆς, ἡ drachma
ἐνενήκοντα ninety
ἐννέα nine
ἐπιμελῶς carefully, diligently
σαρόω sweep
συγκαλέω call together
συγχαίρω 1. rejoice with
συνεσθίω eat with
ὦμος, ου, ὁ shoulder

Section 173
ἀναζάω come to life again
ἀποδημέω go on a journey
ἀσώτως dissolutely, loosely
βόσκω feed
γεμίζω fill
δακτύλιος, ου, ὁ ring
δαπανάω spend (freely)
διαιρέω distribute, divide
διασκορπίζω scatter, waste
ἐκφέρω carry, bring out
ἐρίφιον, ου, τό kid, goat
ἔριφος, ου, ὁ kid, he-goat
καταφιλέω kiss
κεράτιον, ου, τό carub pods
μακρός, ά, όν 2. far away, distant
μίσθιος, ου, ὁ hired man, day laborer
μόσχος, ου, ὁ calf, young bull
ὀργίζω pass.: be angry
οὐσία, ας, ἡ property, wealth
πολίτης, ου, ὁ citizen
σιτευτός, ή, όν fattened
στολή, ῆς, ἡ (long) robe
συμφωνία, ας, ἡ music
τράχηλος, ου, ὁ neck, throat
χορός, οῦ, ὁ dance, dancing

Section 174
αἰσχύνω be ashamed
ἀντέχω 1. hold fast, be devoted to
βάτος, ου, ὁ bath
διαβάλλω bring charges
διασκορπίζω scatter, waste
ἐκλείπω come to an end, give out
ἐπαινέω praise
ἐπαιτέω beg
ἡμέτερος, α, ον our

23

καταφρονέω look down on, despise
κόρος, ου, ὁ cor, measure
μαμωνᾶς, ᾶ, ὁ wealth, property
μεθίστημι remove, *pass.*: be discharged
ὀγδοήκοντα eighty
οἰκέτης, ου, ὁ house slave
οἰκονομέω be a manager, administer
οἰκονομία, ας, ἡ management, office
πεντήκοντα fifty
σκάπτω dig
φρονίμως wisely, shrewdly
χρεοφειλέτης, ου, ὁ debtor

### Section 175
βδέλυγμα, ατος, τό abomination
ἐκμυκτηρίζω ridicule, sneer
φιλάργυρος, ον fond of money

### Section 176
βιάζω (cf. AG) apply force
βιαστής, οῦ, ὁ violent, impetuous man
εὔκοπος, ον easy
ἰῶτα, τό iota
κεραία, ας, ἡ serif, hook (on a letter)
μοιχάω cause to commit adultery
παρεκτός besides, 2. apart from

### Section 177
ἄκρον, ου, τό top, tip, end
ἀποφέρω carry away
βάπτω 1. dip
βάσανος, ου, ἡ torture, torment
βύσσος, ου, ἡ fine linen
δάκτυλος, ου, ὁ finger
διαβαίνω go through, cross
διαπεράω cross (over)
ἕλκος, ους, τό sore, abscess
ἑλκόω *perf. pass.*: covered with sores
ἐνδιδύσκω dress
ἔνθεν from here
ἐπιλείχω lick
καταψύχω cool off, refresh
κόλπος, ου, ὁ bosom
κύων, κυνός, ὁ dog
λαμπρῶς splendidly
μεταξύ between
ὀδυνάω cause pain, suffer pain
πορφύρα, ας, ἡ purple (cloth)
φλόξ, φλογός, ἡ flame
χάσμα, ατος, τό chasm

### Section 178
ἀνένδεκτος, ον impossible

καταποντίζω throw into sea, sink
κρεμάννυμι hang
λυσιτελέω be better, advantageous
μυλικός, ή, όν belonging to a mill
μύλος, ου, ὁ mill(stone)
ὀνικός, ή, όν pertaining to a donkey
μύλος ὀν. millstone moved by donkey
πέλαγος, ους, τό open (deep) sea
περίκειμαι 1. lie, be placed around
ῥίπτω throw
τράχηλος, ου, ὁ neck, throat

### Section 179
ἑβδομηκοντάκις seventy times
ἑπτάκις seven times
μεταξύ between
ποσάκις how many times? how often?

### Section 180
ἀδυνατέω be powerless, impossible
ἐκριζόω uproot
ἔνθεν from here
κόκκος, ου, ὁ seed, grain
ὀλιγοπιστία, ας, ἡ littleness of faith
σίναπι, εως, τό mustard
συκάμινος, ου, ἡ mulberry tree

### Section 181
ἀροτριάω plow
ἀχρεῖος, ον useless, worthless
δειπνέω eat, dine
περιζώννυμι (-νύω) gird about

### Section 182
ἀλλογενής, ές foreign(er)
ἀπαντάω meet
ἐννέα nine
ἐπιδείκνυμι show
ἐπιστάτης, ου, ὁ master
λεπρός, ά, όν leprous
πόρρωθεν from (at) a distance

### Section 183
ἐντός inside, within (among, cf. AG)
παρατήρησις, εως, ἡ observation

### Section 184
ἀετός, οῦ, ὁ eagle, vulture
ἀλεκτοροφωνία, ας, ἡ cockcrow
ἀλήθω grind
ἀποδοκιμάζω reject, declare useless
ἀστραπή, ῆς, ἡ lightning
ἀστράπτω flash, gleam

βρέχω 1. wet, 2. send rain
γαμίζω give in marriage
διορύσσω dig through, break in
δυσμή, ῆς, ἡ setting (of sun), west
δῶμα, ατος, τό roof
ἐπισυνάγω gather (together)
ζῳογονέω 1. make alive, 2. keep alive
θεῖον, ου, τό sulphur
κατακλυσμός, οῦ, ὁ flood, deluge
κιβωτός, οῦ, ἡ ark
κλίνη, ης, ἡ bed, couch
λάμπω shine, flash
μεσονύκτιον, ου, τό midnight
μύλος, ου, ὁ (hand-)mill
ὀψέ late
περιποιέω save (for oneself)
πτῶμα, ατος, τό body, corpse
ταμιεῖον, ου, τό hidden, secret room
τρώγω gnaw, eat

## Section 185
ἀντίδικος, ου, ὁ opponent, enemy
ἆρα (interrog. particle, cf. AG)
ἐγκακέω become weary, despair
ἐκδικέω 1. avenge, procure justice for
ἐκδίκησις, εως, ἡ: ἐκ. ποιεῖν see to it
    that justice is done
ἐντρέπω mid.: have regard for, respect
τάχος, ους, τό speed, haste, ἐν τ. soon
ὑπωπιάζω give a black eye, annoy

## Section 186
ἀποδεκατεύω tithe
ἅρπαξ, αγος subst.: swindler
δίς: δ. τ. σαββ. twice a week
ἱλάσκομαι propitiate, have mercy
κτάομαι acquire, get (for oneself)
μοιχός, οῦ, ὁ adulterer
στῆθος, ους, τό chest, breast

## Section 187
ἀποστάσιον, ου, τό divorce
ἄρσην, εν male
εἴωθα be accustomed
εὐνουχίζω make a eunuch
εὐνοῦχος, ου, ὁ eunuch
θῆλυς, εια, υ female
μεταίρω go away
μοιχάω cause to commit adultery
παρεκτός 2. apart from, except for
προσκολλάω pass.: be faithfully de-
    voted to

σκληροκαρδία, ας, ἡ hardness of heart
συζεύγνυμι yoke together, join
συμπορεύομαι 2. come together
χωρέω 3. b. β. grasp, accent, understand

## Section 188
ἀγανακτέω be aroused, indignant
βρέφος, ους, τό 2. baby, infant
ἐναγκαλίζομαι take in one's arms
κατευλογέω bless

## Section 189
ἀποστερέω steal, rob
βελόνη, ης, ἡ needle
γονυπετέω kneel down (before)
δεῦρο come (here)
διαδίδωμι distribute, give
διαμένω remain, continue
διατίθημι 2. assign, confer
δύσκολος, ον hard, difficult
δυσκόλως hardly, with difficulty
ἑκατονταπλασίων, ον hundredfold
ἑπταπλασίων, ον sevenfold
εὔκοπος, ον easy
θαμβέω astound, amaze
κάμηλος, ου, ὁ, ἡ camel
κτῆμα, ατος, τό property, possession
λείπω 1. leave, 2. lack
νεότης, ητος, ἡ youth
παλιγγενεσία, ας, ἡ 1. b. new age
περιβλέπω look around
περίλυπος, ον very sad, grieved
περισσῶς exceedingly, very
πολλαπλασίων, ον manifold
πορνεύω prostitute
προστρέχω run up (to)
ῥαφίς, ίδος, ἡ needle
στυγνάζω be shocked, gloomy
τρῆμα, ατος, τό opening, "eye"
τρυμαλιά, ᾶς, ἡ hole, "eye"
τρύπημα, ατος, τό hole, "eye"
χρῆμα, ατος, τό pl.: property, wealth
ψευδομαρτυρέω bear false witness

## Section 190
ἀργός, ή, όν 1. unemployed, idle
βάρος, ους, τό weight, burden
γογγύζω grumble, murmur
ἑνδέκατος, η, ον eleventh (hour)
ἐπίτροπος, ου, ὁ 1. manager, foreman
ἑταῖρος, ου, ὁ comrade, companion
ἴσος, η, ον equal

καύσων, ωνος, ὁ heat, burning (sun)
μισθόω hire
συμφωνέω agree with

## Section 191
ἐμπτύω spit on, at
θαμβέω astound, amaze
μαστιγόω whip, flog
συμβαίνω meet, happen
ὑβρίζω insult, treat with arrogance

## Section 192
ἀγανακτέω be aroused, indignant
ἀριστερός, ά, όν left
ἐξουσιάζω have right or power over
εὐεργέτης, ου, ὁ benefactor, Euergetes
εὐώνυμος, ον left
κατακυριεύω rule, lord it (over)
κατεξουσιάζω exercise authority
κυριεύω rule, lord it (over)
λύτρον, ου, τό ransom
προσπορεύομαι approach
φιλον(ε)ικία, ας, ἡ 2. dispute

## Section 193
αἶνος, ου, ὁ praise
ἀναπηδάω jump (stand) up
ἀποβάλλω 1. throw away, take off
διαπορεύομαι go by
διαφημίζω make known, spread news
ἐμβριμάομαι warn sternly, scold
ἐπαιτέω beg
θαρσέω be cheerful, have courage
ὄμμα, ατος, τό eye
προσαίτης, ου, ὁ beggar
ῥαββουνί (Aram.) my lord
σιγάω be(come) silent, keep still

## Section 194
ἀρχιτελώνης, ου, ὁ chief tax collector
διαγογγύζω complain, grumble
ἡλικία, ας, ἡ 2. bodily stature
ἥμισυς, εια, υ half
καθότι 2. because
προτρέχω run ahead
σπεύδω hurry, make haste
συκομορέα, ας, ἡ sycamore fig tree
συκοφαντέω 2. extort
τετραπλοῦς, ῆ, οῦν four(fold) times
ὑποδέχομαι welcome (as a guest)

## Section 195
ἀναφαίνω pass.: appear
ἀποδημέω go on a journey, be away

ἀπόδημος, ον away on a journey
ἀπόκειμαι be put away, stored up
αὐστηρός, ά, όν severe, strict
ἀχρεῖος, ον useless, worthless
βρυγμός, οῦ, ὁ gnashing
διαπραγματεύομαι gain by trading, earn
διασκορπίζω scatter
ἐξώτερος, α, ον outside, farthest
ἐπανέρχομαι return
εὖ well done!
εὖγε well done! excellent!
εὐγενής, ές 1. wellborn, nobleman
θυρωρός, οῦ, ὁ doorkeeper
κατασφάζω slaughter, strike down
κλαυθμός, οῦ, ὁ weeping, crying
μακρός, ά, όν 2. far away, distant
μνᾶ, μνᾶς, ἡ mina
ὀκνηρός, ά, όν idle, lazy
ὀρύσσω dig (up, out, a hole)
πολίτης, ου, ὁ fellow citizen
πραγματεύομαι do business, trade
πρεσβεία, ας, ἡ embassy
προσεργάζομαι make more
σκληρός, ά, όν hard, merciless
σουδάριον, ου, τό "(hand)kerchief"
συναίρω (λόγον) settle (accounts)
τόκος, ου, ὁ interest
τραπεζίτης, ου, ὁ banker, money-changer

## Section 196
αἰνέω praise
ἄμφοδον, ου, τό street
ἐλαιών, ῶνος, ὁ olive grove
ἐπιβαίνω go up (on), mount
ἐπιβιβάζω put someone on
ἐπικαθίζω sit (down) (on)
ἐπιρ(ρ)ίπτω throw (on)
κατάβασις, εως, ἡ descent
κατέναντι opposite
κόπτω 1. cut (off)
ὄνος, ου, ὁ, ἡ donkey, ass
πραΰς, πραεῖα, πραΰ gentle, humble
προστάσσω command, order
πώποτε ever, never
στιβάς, άδος, ἡ leafy branch, leaf
στρωννύω spread (out)
συντάσσω order, direct
ὑποζύγιον, ου, τό donkey, ass
ὑποστρωννύω spread
ὡσαννά hosanna

# Section 197

ἐδαφίζω dash to the ground, raze
ἐπισκοπή, ῆς, ἡ 1. visitation
πάντοθεν from all directions
παρεμβάλλω throw up against
περικυκλόω surround, encircle
χάραξ, ακος, ὁ 2. sing.: palisade
* βάϊον, ου, τό palm branch
* κραυγάζω cry (out)
* ὀνάριον, ου, τό little donkey
* ὑπάντησις, εως, ἡ coming to meet
* φοῖνιξ, ικος, ὁ I. palm tree

# Section 198

ἀγανακτέω be aroused, indignant
αἶνος, ου, ὁ praise
αὐλίζομαι spend the night
θαυμάσιος, α, ον wonderful
θηλάζω 2. suck, subst.: suckling
καθέδρα, ας, ἡ chair, seat
καταστρέφω 1. upset, overturn
κολλυβιστής, οῦ, ὁ moneychanger
ὀψέ 2. late in the evening
περιβλέπω look around (at)
σείω shake, 2. stir up
σπήλαιον, ου, τό cave, den
ὡσαννά hosanna

# Section 199

ἐπανάγω lead, 2. return
σῦκον, ου, τό (ripe) fig
φύλλον, ου, τό leaf, foliage

# Section 200

ἐκκρεμάννυμι 2. mid.: hang (up) on
καθέδρα, ας, ἡ chair, seat
καταστρέφω 1. upset, overturn
κολλυβιστής, οῦ, ὁ moneychanger
ὀψέ 2. late in the day
σπήλαιον, ου, τό cave, den
* βοῦς, βοός, ὁ, ἡ ox, cow
* ἐμπόριον, ου, τό market
* ἐντεῦθεν from here
* κέρμα, ατος, τό coin
* κερματιστής, ου, ὁ moneychanger
* σχοινίον, ου, τό cord, rope
* φραγέλλιον, ου, τό whip, lash

# Section 201

ἀδυνατέω be powerless, impossible
ἀναμιμνῄσκω remind, pass.: remember
ἐκριζόω uproot

ἔνθεν from here
καταράομαι curse
κόκκος, ου, ὁ seed, grain
ὀλιγοπιστία, ας, ἡ littleness of faith
οὐράνιος, ον heavenly
παραπορεύομαι go, pass by
σίναπι, εως, τό mustard
συκάμινος, ου, ἡ mulberry tree

# Section 202

καταλιθάζω stone to death
συλλογίζομαι reason, discuss

# Section 203

μεταμέλομαι regret, change mind

# Section 204

ἀποδημέω 1. go on a journey
ἀποδοκιμάζω reject, declare useless
ἀτιμάζω dishonor, insult
γωνία, ας, ἡ corner
ἐκδίδωμι let out for hire, lease
ἐντρέπω mid.: respect
θαυμαστός, ή, όν wonderful
ἴσως perhaps, probably
κεφαλ(α)ιόω strike on head
ληνός, οῦ, ἡ winepress
λιθοβολέω throw stones at, stone
λικμάω crush
ὀρύσσω dig, 2. prepare by digging
περιτίθημι put, place around
πύργος, ου, ὁ 1. tower
συνθλάω crush, dash to pieces
τραυματίζω wound
ὑπολήνιον, ου, τό vat, trough
φραγμός, οῦ, ὁ fence, wall, hedge

# Section 205

ἀμελέω neglect, disregard
ἀναγκάζω compel, urge, invite strongly
ἀνάπηρος, ον crippled
ἄριστον, ου, τό 2. (noon) meal
βοῦς, βοός, ὁ, ἡ ox, cattle
βρυγμός, οῦ, ὁ gnashing
γεμίζω fill
διέξοδος, ου, ἡ (cf. AG) street-crossing
ἐμπί(μ)πρημι set on fire, burn
ἐμπορία, ας, ἡ business, trade
ἔνδυμα, ατος, τό garment, clothing
ἐξώτερος 2. farthest, extreme
ἑταῖρος, ου, ὁ comrade, friend
ζεῦγος, ους, τό yoke, pair

27

κλαυθμός, οῦ, ὁ weeping
νυμφών, ῶνος, ὁ 1. wedding hall
ὀργίζω pass.: be angry
ῥύμη, ης, ἡ narrow street, lane
σιτιστός, ή, όν, fattened
στράτευμα, ατος, τό army, pl.: troops
συνανάκειμαι recline at table, eat with
ταῦρος, ου, ὁ bull, ox
ὑβρίζω treat arrogantly, insult
φιμόω 2. put to silence
φονεύς, έως, ὁ murderer
φραγμός, οῦ, ὁ fence, hedge

### Section 206
ἀγρεύω catch
ἀπόκρισις, εως, ἡ answer
ἀποχωρέω leave, depart
ἐγκάθετος, ον subst.: spy
ἐκθαυμάζω wonder greatly
ἐναντίον before, in presence of
ἐπιγραφή, ῆς, ἡ superscription
ἐπιδείκνυμι show
κῆνσος, ου, ὁ tax
νόμισμα, ατος, τό coin (for paying tax)
ὀρθῶς rightly, correctly
παγιδεύω entrap
πανουργία, ας, ἡ craftiness
παρατηρέω watch closely, carefully
πονηρία, ας, ἡ wickedness
σιγάω be silent, keep still
συμβούλιον, ου, τό plan, purpose
τοίνυν hence, so
ὑποκρίνομαι pretend
ὑπόκρισις, εως, ἡ hypocrisy
φόρος, ου, ὁ tribute, tax

### Section 207
ἀντιλέγω 1. speak against, deny
ἄτεκνος, ον childless
βάτος, ου, ἡ thorn bush
γαμίζω give in marriage
γαμίσκω give in marriage
ἐξανίστημι raise up
ἐπιγαμβρεύω marry as next of kin
ἰσάγγελος, ον like an angel
καταξιόω consider worthy
μηνύω make known, reveal

### Section 208
ἐκπειράζω put to the test, try
κρεμάννυμι hang, (depend) on
νουνεχῶς wisely

ὁλοκαύτωμα, ατος, τό whole burnt offering
ὀρθῶς correctly
σύνεσις, εως, ἡ intelligence
φιμόω 2. (put to) silence

### Section 209
ὑποκάτω under, below
ὑποπόδιον, ου, τό footstool
ψαλμός, οῦ, ὁ song of praise, psalm

### Section 210
ἄδηλος, ον not clear, unseen
ἀκρασία, ας, ἡ self-indulgence
ἄνηθον, ου, τό dill
ἀποδεκατόω tithe
ἁρπαγή, ῆς, ἡ 2. plunder, 3. greediness
βαρύς, εῖα, ύ heavy, important
γέννημα, ατος, τό child, offspring
δάκτυλος, ου, ὁ finger
δεσμεύω bind, tie up
διπλοῦς, ῆ, οῦν double
διϋλίζω filter, strain out
δυσβάστακος, ον hard to bear
ἐκδιώκω persecute severely
ἐκζητέω 4. charge with, require of
ἐκτός outside
ἔνειμι be in, neut. subst.: contents
ἐντός inside, within
ἔχιδνα, ης, ἡ viper
ἡδέως gladly
ἡδύοσμον, ου, τό mint
καθέδρα, ας, ἡ chair, seat
καθηγητής, οῦ, ὁ teacher
κάμηλος, ου, ὁ, ἡ camel
καταπίνω swallow
κινέω (re)move
κλείς, κλειδός, ἡ key
κονιάω whitewash
κράσπεδον, ου, τό 2. tassel
κύμινον, ου, τό cum(m)in
κώνωψ, ωπος, ὁ gnat, mosquito
λάχανον, ου, τό garden herb
μακρός, ά, όν long
μαστιγόω whip, flog
μεγαλύνω make large, magnify
μεστός, ή, όν full
μεταξύ between
ξηρός, ά, όν dry, fem. subst.: dry land
ὁδηγός, οῦ, ὁ leader, guide
ὁμοιάζω be like, resemble
ὀρφανός, ή, όν orphaned

28

ὀστέον, ου, τό bone
οὐράνιος, ον heavenly
παρίημι 1. leave undone, neglect
παρομοιάζω be like
παροψίς, ίδος, ἡ dish
περιάγω go about (on)
πήγανον, ου, τό rue
πίναξ, ακος, ἡ platter, dish
πλατύνω make broad, enlarge
πονηρία, ας, ἡ wickedness, sinfulness
προσήλυτος, ου, ὁ proselyte
προσψαύω touch
πρόφασις, εως, ἡ 2. pretext, excuse
πρωτοκαθεδρία, ας, ἡ place of honor
πρωτοκλισία, ας, ἡ place of honor
στολή, ῆς, ἡ (long) robe
συνευδοκέω agree with, approve
τάφος, ου, ὁ grave, tomb
ὑπόκρισις, εως, ἡ hypocrisy
φορτίζω load, burden
φορτίον, ου, τό burden, load
φυλακτήριον, ου, τό amulet, phylactery
ὦμος, ου, ὁ shoulder
ὡραῖος, α, ον beautiful, lovely

## Section 211
ἐπισυνάγω gather together
λιθοβολέω throw stones at, stone
νοσσιά, ᾶς, ἡ 2. brood
νοσσίον, ου, τό the young (of bird)
ὄρνιξ, ῖχος, ὁ, ἡ bird
ὄρνις, ιθος, ὁ, ἡ bird, cock, hen
ποσάκις how many times? how often?
πτέρυξ, υγος, ἡ wing

## Section 212
ἀπέναντι 1. opposite
γαζοφυλακεῖον, ου, τό treasury, contribution box
κατέναντι opposite
κοδράντης, ου, ὁ quadrans, penny
λεπτός, ἡ, όν neut. subst.: small copper coin
πενιχρός, ά, όν poor, needy
ὑστέρημα, ατος, τό need, want
ὑστέρησις, εως, ἡ need, poverty
χαλκός, ου, ὁ copper, 2. money

## Section 213
ἀνάθεμα, ατος, τό 1. a votive offering
ἀνάθημα, ατος, τό a votive offering
ἄνευ without

ἐπιδείκνυμι show, point out
κατέναντι opposite
ποταπός, ή, όν of what sort, how great
συντέλεια, ας, ἡ completion, end
συντελέω 1. come to an end, 2. fulfill

## Section 214
ἀκαταστασία, ας, ἡ insurrection
θροέω pass.: be disturbed, frightened
λοιμός, οῦ, ὁ I. pl.: plagues, diseases
πτοέω terrify, frighten
φόβητρον, ου, τό horror, terrible event
ὠδίν, ῖνος, ἡ birth pain(s)

## Section 215
ἀντεῖπον say against, contradict
ἀντίκειμαι be opposed, subst.: enemy
ἀποβαίνω 2. turn out, lead (to)
ἀριθμέω count
εἰσφέρω bring in, carry in
ἐπανίστημι set up, rise up, rebel
κτάομαι procure for oneself, get
μαστιγόω whip, flog
προμελετάω practice beforehand, prepare
προμεριμνάω be anxious beforehand
ψύχω pass.: grow cold, be extinguished

## Section 216
αἰχμαλωτίζω capture
βδέλυγμα, ατος, τό abomination
γαστήρ, τρός, ἡ belly, womb, 2. ἐν γ. ἔχειν be pregnant
δῶμα, ατος, τό roof, housetop
ἐκδίκησις, εως, ἡ vengeance, punishment
ἐκχωρέω go out, depart
ἐρήμωσις, εως, ἡ devastation
θηλάζω give suck, suck
κολοβόω 2. shorten
κυκλόω surround, encircle
πατέω tread (on)
στρατόπεδον, ου, τό army (camp)
φυγή, ῆς, ἡ flight
χειμών, ῶνος, ὁ 2. winter, gen.: in winter

## Section 217
ἀποπλανάω mislead
ψευδόχριστος, ου, ὁ false Messiah

## Section 218
ἀετός, οῦ, ὁ eagle, vulture

29

ἀστραπή, ῆς, ἡ lightning
ἀστράπτω flash, gleam
δυσμή, ῆς, ἡ west
ἐπισυνάγω gather (together)
λάμπω shine, flash
πτῶμα, ατος, τό (dead) body, corpse
ταμιεῖον, ου, τό secret room

## Section 219
ἄκρον, ου, τό end, extreme limit
ἀνακύπτω raise oneself, stand erect
ἀπορία, ας, ἡ perplexity, anxiety
ἀποψύχω breathe out, faint, die
ἄστρον, ου, τό star, constellation
ἐπέρχομαι come (upon), appear
ἐπισυνάγω gather (together)
ἦχος, ους, τό sound, noise
κόπτω 2. *mid.*: beat (one's breast)
προσδοκία, ας, ἡ expectation
σάλος, ου, ὁ rolling, shaking motion
σελήνη, ης, ἡ moon
σκοτίζω *pass.*: be(come) dark
συνοχή, ῆς, ἡ prison, 2. distress, anguish
φέγγος, ους, τό light, radiance

## Section 220
ἁπαλός, ή, όν tender
ἐκφύω put forth, cause to grow
θέρος, ους, τό summer
προβάλλω throw, put before, 2. put out
φύλλον, ου, τό leaf

## Section 221

## Section 222
ἀγρυπνέω keep awake, be alert
ἀλεκτοροφωνία, ας, ἡ cockcrow, dawn
ἀποδημέω go on a journey
ἀπόδημος, ον away on a journey
ἐξαίφνης suddenly, unexpectedly
εὐγενής, ές well-born, *subst.*: nobleman
θυρωρός, οῦ, ὁ doorkeeper
μακρός, ά, όν 2. far away, distant
μεσονύκτιον, ου, τό midnight
μνᾶ, μνᾶς, ἡ mina
ὀψέ late

## Section 223
ἀγρυπνέω keep awake, be alert
αἰφνίδιος, ον sudden
βαρέω weigh down, burden
βιωτικός, ή, όν belonging to life

ἐκφεύγω 1. run away, 2. escape
ἐπεισέρχομαι rush in suddenly and
  forcibly
κατισχύω be strong, powerful
κραιπάλη, ης, ἡ intoxication, dizziness
μέθη, ης, ἡ drunkenness
μέριμνα, ης, ἡ anxiety, worry
παγίς, ίδος, ἡ trap, snare

## Section 224
ἀλήθω grind
γαμίζω give in marriage
κατακλυσμός, οῦ, ὁ flood, deluge
κιβωτός, οῦ, ἡ ark
μύλος, ου, ὁ (hand-)mill
τρώγω gnaw, nibble, eat

## Section 225
διορύσσω dig through, break in

## Section 226
βρυγμός, οῦ, ὁ gnashing
διχοτομέω cut in two, punish severely
θεραπεία, ας, ἡ serving, care
κλαυθμός, οῦ, ὁ weeping, crying
μεθύσκω get drunk
μεθύω be drunk
οἰκετεία, ας, ἡ slaves in a household
σιτομέτριον, ου, τό food ration
χρονίζω take time, delay

## Section 227
ἀγγεῖον, ου, τό vessel, flask
ἀναλύω 2. depart, return
ἀπάντησις, εως, ἡ meeting
ἀποκλείω shut, close
ἀρκέω be enough, sufficient
κραυγή, ῆς, ἡ 1. shout(ing), loud cry
κρούω strike, knock
λαμπάς, άδος, ἡ torch, lamp
νύμφη, ης, ἡ 1. bride
νυστάζω become drowsy, doze
ὀσφῦς, ύος, ἡ waist, loins
περιζώννυμι gird about
σβέννυμι extinguish, put out
ὑπάντησις, εως, ἡ coming to meet
χρονίζω linger, delay

## Section 228
ἀποδημέω go on a journey, be away
ἀπόκειμαι be put away, stored up
αὐστηρός, ά, όν severe, strict
ἀχρεῖος, ον useless, worthless, unworthy

βρυγμός, οῦ, ὁ gnashing
διαπραγματεύομαι gain by trading, earn
διασκορπίζω scatter
ἐξώτερος, α, ον outside, farthest
ἐπανέρχομαι return
εὖ well done !
εὖγε well done ! excellent !
εὐγενής, ές 1. well-born, nobleman
κατασφάζω slaughter, strike down
κλαυθμός, οῦ, ὁ weeping, crying
μακρός, ά, όν 2. far away, distant
μνᾶ, μνᾶς, ἡ mina
ὀκνηρός, ά, όν idle, lazy
ὀρύσσω dig (up, out, a hole)
πολίτης, ου, ὁ (fellow) citizen
πραγματεύομαι do business, trade
πρεσβεία, ας, ἡ embassy
προσεργάζομαι make more
σκληρός, ά, όν hard, merciless
σουδάριον, ου, τό "(hand)kerchief"
συναίρω (λόγον) settle (accounts)
τόκος, ου, ὁ interest
τραπεζίτης, ου, ὁ banker, money-changer

## Section 229

ἐρίφιον, ου, τό kid, goat
ἔριφος, ου, ὁ kid, goat
εὐώνυμος, ον left
καταράομαι curse
κόλασις, εως, ἡ punishment
τρέφω feed, nourish
* φαῦλος, η, ον evil, worthless

## Section 230

αὐλίζομαι 1. spend the night
ἐλαιών, ῶνος, ὁ olive grove
ὀρθρίζω get up early in the morning

## Section 231

ἄζυμος, ον without fermentation, neut.
  subst.: 1. b. feast of unleavened bread
θόρυβος, ου, ὁ 3. excitement, uproar
συμβουλεύω 1. advise, 2. mid.: plot

## Section 232

ἀγανακτέω be aroused, indignant
ἀλάβαστρον, ου, ὁ, ἡ (cf. AG on gender) alabaster (flask)
βαρύτιμος, ον very precious
διαπονέομαι be annoyed, disturbed
ἐμβριμάομαι censure

ἐνταφιάζω prepare for burial, bury
ἐνταφιασμός, οῦ, ὁ (preparation for) burial
εὖ : ε. ποιεῖν do good
καταχέω pour out
λεπρός, ά, όν leprous, subst.: leper
μνημόσυνον, ου, τό 2. memory
μυρίζω anoint
νάρδος, ου, ἡ (spike)nard
πιπράσκω sell
πιστικός, ή, όν 1. faithful, "genuine" (cf. AG 3.)
πολυτελής, ές (very) costly
πολύτιμος, ον very precious, valuable
προλαμβάνω do beforehand
συντρίβω shatter, break
τριακόσιοι, αι, α three hundred

## Section 233

ἄτερ without, apart from
εὐκαιρία, ας, ἡ favorable opportunity
εὐκαίρως conveniently
στατήρ, ῆρος, ὁ stater (four drachmas)
συλλαλέω converse with
συντίθημι mid.: agree with

## Section 234

ἄζυμος, ον without fermentation, neut.
  subst.: 1. b. feast of unleavened bread
ἀνάγαιον, ου, τό room upstairs
ἀπαντάω meet
δεῖνα, ὁ, ἡ, τό so and so, a certain one
κατάλυμα, ατος, τό guest room
κεράμιον, ου, τό earthenware vessel
στρωννύω spread, furnish (cf. AG)
συναντάω meet
συντάσσω prescribe, direct

## Section 235

ἐμβάπτω dip
ὁρίζω determine, appoint
τρύβλιον, ου, τό bowl, dish
* ἀπορέω be in doubt, uncertain
* βάπτω dip
* γλωσσόκομον, ου, τό money box
* κόλπος, ου, ὁ bosom
* νεύω nod
* στῆθος, ους, τό chest, bosom
* ψωμίον, ου, τό bit of bread

## Section 236

ἄμπελος, ου, ἡ (grape)vine
ἀνάμνησις, εως, ἡ remembrance

31

γένημα, ατος, τό fruit, product
δειπνέω eat, dine
(ὅσακις as often as)

Section 237a
ὁρίζω 1. determine, appoint

Section 237b
ἀγανακτέω be aroused, indignant
διαμένω remain, continue
διατίθημι 2. assign, confer
ἐξουσιάζω have right, power over
εὐεργέτης, ου, ὁ benefactor, Euergetes
κατακυριεύω rule, lord it (over)
κατεξουσιάζω exercise authority
κυριεύω rule, lord it (over)
λύτρον, ου, τό ransom
παλιγγενεσία, ας, ἡ 1. b. new age
φιλον(ε)ικία, ας, ἡ 2. dispute

Section 237c
ἐκλείπω fail, give out
ἐξαιτέω ask for
σινιάζω sift

Section 237d
ἄνομος, ον lawless
ἄτερ without
βαλλάντιον, ου, τό moneybag, purse
πήρα, ας, ἡ knapsack, traveler's bag

Section 238
διασκορπίζω scatter, disperse
δίς twice
ἐκλείπω fail, give out
ἐκπερισσῶς excessively, emphatically
ἐξαιτέω ask for
ποίμνη, ης, ἡ flock
σινιάζω gift
συναποθνήσκω die with
ὑμνέω 2. sing (a hymn)

Section 239
ἀββά (Aram.) abba, (father)
ἀγωνία, ας, ἡ agony, anxiety
ἀδημονέω be in anxiety
ἀποσπάω draw away, 3. pass.: withdraw
αὐτοῦ here (adv. of place)
βαρέω weigh down
βολή, ῆς, ἡ a throw
ἐκθαμβέω be amazed, distressed
ἐκτενῶς comp.: fervently
ἐνισχύω strengthen

θρόμβος, ου, ὁ drop, clot
ἱδρώς, ῶτος, ὁ sweat
καταβαρύνω weigh down, pass.: be
    heavy
παραφέρω take away, remove
περίλυπος, ον very sad, deeply grieved
πρόθυμος, ον ready, willing, eager
* κῆπος, ου, ὁ garden
* χείμαρρος, ου, ὁ wady, ravine

Section 240
ἀποσπάω 1. draw out
ἀποστρέφω 1. b. return, put back
ἀσφαλῶς securely
ἑταῖρος, ου, ὁ comrade, friend
καθέζομαι sit
καταφιλέω kiss
λεγιών, ῶνος, ἡ legion (c. six thousand)
παίω strike, hit
σινδών, όνος, ἡ linen, 2. tunic
σπάω draw (a sword)
συνακολουθέω follow, accompany
σύσσημον, ου, τό signal, sign
φίλημα, ατος, τό a kiss
ὠτάριον, ου, τό (outer) ear
ὠτίον, ου, τό (outer) ear
* ἀποκόπτω cut off
* ἕλκω draw
* θήκη, ης, ἡ 2. sheath
* λαμπάς, άδος, ἡ torch, lamp
* ὅπλον, ου, τό weapon
* σπεῖρα, ης, ἡ cohort (six hundred
    men)
* φανός, οῦ, ὁ lantern, torch
* χαμαί on the ground

Section 241
ἀναθεματίζω 2. curse
ἀναμιμνήσκω remind, pass.: remember
ἀχειροποίητος, ον not made by hand
βραχύς, εῖα, ύ 2. (a) short (time)
δῆλος, η, ον clear, evident
διαρ(ρ)ήσσω tear
διΐστημι 1. go away, (time) pass
διϊσχυρίζομαι insist
δίς twice
ἐμπτύω spit on, at
ἐξορκίζω adjure, charge under oath
ἔσω 1. in(to), ἕως ἔ. εἰς right into
εὐλογητός, ή, όν blessed
θερμαίνομαι warm oneself
ἴσος, η, ον equal, consistent

καταθεματίζω curse
καταμαρτυρέω bear witness against
κολαφίζω strike with fist, beat
λαλιά, ᾶς, ἡ 2. way of speaking
ὁμοιάζω be like, resemble
παίω strike, hit
περιάπτω kindle
περικαλύπτω cover
πικρῶς bitterly
πρεσβυτέριον, ου, τό council of elders
προαύλιον, ου, τό forecourt
ῥαπίζω strike with club (or hand)
ῥάπισμα, ατος, τό blow with club, rod
συγκάθημαι sit with
συγκαθίζω 2. sit down with others
ὑπομιμνῄσκω 2. pass.: remember
χειροποίητος, ον made by human hands
ψευδομαρτυρέω bear false witness
ψευδομαρτυρία, ας, ἡ false witness
ψευδόμαρτυς, υρος, ὁ false witness
* ἀνθρακιά, ᾶς, ἡ charcoal fire
* θυρωρός, οῦ, ὁ doorkeeper
* κῆπος, ου, ὁ garden
* πενθερός, οῦ, ὁ father-in-law
* συμβουλεύω advise
* συνεισέρχομαι enter with
* ψῦχος, ους, τό cold
* ὠτίον, ου, τό (outer) ear

Section 242
ἀποφέρω lead away (by force)
πρεσβυτέριον, ου, τό council of elders
πρωΐα, ας, ἡ (early) morning
συμβούλιον, ου, τό plan, purpose, with
      ἑτοιμ. or λαμβ. decide
* μιαίνω defile, stain
* πραιτώριον, ου, τό praetorium

Section 243
ἀθῷος, ον innocent
ἀπάγχω mid.: hang oneself
καθά just as
κεραμεύς, έως, ὁ potter
κορβανᾶς, ᾶ, ὁ temple treasury
μεταμέλομαι (feel) regret, repent
ῥίπτω throw
συμβούλιον, ον, τό consultation, plan
συντάσσω order, direct
ταφή, ῆς, ἡ 2. burial place

Section 244
αἴτιος, ία, ον responsible, 2. τὸ αἴ. guilt
ἀνασείω stir up, incite

διαστρέφω 2. mislead
ἐπισχύω grow strong, insist
καταμαρτυρέω testify against
φόρος, ου, ὁ tribute, tax
* ἀγωνίζομαι fight, strive
* ἐντεῦθεν from here
* κατηγορία, ας, ἡ accusation
* οὐκοῦν therefore, so
* πραιτώριον, ου, τό praetorium
* σημαίνω 2. indicate, foretell

Section 245
αἴτιος, ία, ον responsible, 2. τὸ αἴ. guilt
ἀναπέμπω 2. send (back)
ἀποστρέφω 1. a. β. mislead
ἐσθής, ῆτος, ἡ clothing
εὐτόνως vigorously, vehemently
ἔχθρα, ας, ἡ enmity
λαμπρός, ά, όν bright, shining
προϋπάρχω exist before
στράτευμα, ατος, τό army, pl.: troops
συγκαλέω 2. mid.: summon

Section 246
ἀθῷος, ον innocent
αἴτημα, τος, τό request, demand
αἴτιος, ία, ον neut. subst.: reason for
ἀνακράζω cry out
ἀνασείω stir up, incite
ἀπέναντι 1. opposite, before
ἀπονίπτω wash off
εἴωθα be accustomed (perf.)
ἐπίκειμαι 2. b. be urgent
ἐπικρίνω decide
ἐπίσημος, ον 2. notorious
ἐπιφωνέω cry out (loudly)
θόρυβος, ου, ὁ noise, excitement
κατέναντι opposite, 2. b. in sight of
κατισχύω be strong, gain ascendency
ὄναρ, τό dream
παμπληθεί all together
περισσῶς exceedingly, comp.: even more
προσφωνέω call out, address
στασιαστής, οῦ, ὁ revel
στάσις, εως, ἡ 2. uprising, revolt
φθόνος, ου, ὁ envy, jealousy
φόνος, ου, ὁ murder, killing
φραγελλόω flog, scourge
* κραυγάζω cry (out)
* συνήθεια, ας, ἡ 2. custom, habit

Section 247
ἀκάνθινος, η, ον thorny

33

γονυπετέω kneel down
ἐκδύω strip
ἐμπτύω spit on, at
ἐνδιδύσκω dress
ἔσω in (to), inside
κόκκινος, η, ον red, scarlet
περιτίθημι put around
πλέκω weave, plait
πορφύρα, ας, ἡ purple
πραιτώριον, ου, τό praetorium
σπεῖρα, ης, ἡ cohort (six hundred men)
συγκαλέω call together
χλαμύς, ύδος, ἡ cloak
* πορφυροῦς, ᾶ, οῦν purple
* ῥάπισμα, ατος, τό blow in the face

### Section 248
ἀγγαρεύω compel, press into service
ἀπάντησις, εως, ἡ meeting
βουνός, οῦ, ὁ hill
θρηνέω 2. mourn for, lament
κακοῦργος, ον subst.: criminal
καλύπτω cover, hide
κόπτω 2. mid.: beat (breast), mourn
μαστός, οῦ, ὁ breast
ξηρός, ά, όν dry, dried (up)
ὄπισθεν behind
στεῖρα, ας, ἡ barren
τρέφω feed, nourish
ὑγρός, ά, όν moist, pliant, green

### Section 249
ἄνομος, ον lawless
ἀριστερός, ά, όν left
ἄτοπος, ον out of place, 2. wrong
δικαίως 2. justly
ἐκμυκτηρίζω ridicule, sneer
ἐπιγραφή, ῆς, ἡ superscription
ἐπιγράφω write on
εὐώνυμος, ον left
κακοῦργος, ον subst.: criminal
κινέω move, 2. a. shake
κρανίον, ου, τό skull
κρεμάννυμι hang (up)
μεθερμηνεύω translate
μείγνυμι (-νύω) mix, mingle
ὄξος, ους, τό sour wine, vinegar
οὐά aha !
παράδεισος, ου, ὁ paradise
παραπορεύομαι go, pass by
σμυρνίζω treat with myrrh
συσταυρόω crucify (together) with

χολή, ῆς, ἡ gall, bile
* ἄρ(ρ)αφος, ον seamless
* ἐντεῦθεν ἐν. ... ἐν. on each side
* ἱματισμός, οῦ, ὁ clothing
* λαγχάνω 3. cast lots for
* τίτλος, ου, ὁ inscription, notice
* ὑφαντός, ή, όν woven

### Section 250
ἀναβοάω cry out
γεμίζω fill
ἔγερσις, εως, ἡ resurrection
ἐκλείπω fail, grow dark
ἐκπνέω breathe out, die
ἐλωΐ (Aram.) my God
ἐναντίος, α, ον 3. a. opposite
ζαφθάνι see σαβαχθάνι
ἠλί (Heb.) my God
θεωρία, ας, ἡ spectacle, sight
ἱνατί why, for what reason
καθαιρέω 1. take down
καταπέτασμα, ατος, τό curtain
κεντυρίων, ωνος, ὁ centurion
λαμά (Aram.) why ?
λεμά see λαμά
λόγχη, ης, ἡ spear, lance
μεθερμηνεύω translate
νύσσω stab, pierce
ὄξος, ους, τό sour wine, vinegar
περιτίθημι put on, around
πλευρά, ᾶς, ἡ side
σαβαχθάνι (Aram.) thou hast forsaken me
σεισμός, οῦ, ὁ shaking, earthquake
σείω shake, quake
σκοτίζω pass.: be(come) dark
σπόγγος, ου, ὁ sponge
στῆθος, ους, τό chest, breast
συμπαραγίνομαι come together
συνακολουθέω follow, accompany
συναναβαίνω come, go up with
* κλίνω bow, bend
* μεστός, ή, όν full
* ὕσσωπος, ου, ὁ, ἡ hyssop (cf. AG)

### Section 251
ἀπέναντι 1. opposite, before
ἄρωμα, ατος, τό pl.: spices, perfumery
βουλευτής, οῦ, ὁ member of council
δωρέομαι give, present
ἐνειλέω wrap (up)
ἐντυλίσσω 1. wrap (up)

34

ἐπιφώσκω shine forth, dawn, draw on
εὐσχήμων, ον 1. proper, 2. prominent
ἡσυχάζω be quiet, rest
θνήσκω die
καθαιρέω 1. take down
κατακολουθέω follow
κατατίθημι lay down, place
κεντυρίων, ωνος, ὁ centurion
λαξευτός, ἡ, όν hewn in rock
λατομέω hew out of rock
μαθητεύω be(come) a disciple
οὐδέπω not yet
πάλαι long ago, 2. b. already
παρασκευή, ῆς, ἡ (day of) preparation
πρᾶξις, εως, ἡ 4. b. evil deed
προσάββατον, ου, τό day before
   Sabbath
προσκυλίω roll (up to)
πτῶμα, ατος, τό (dead) body, corpse
σινδών, όνος, ἡ linen
συγκατατίθημι consent to
τάφος, ου, ὁ grave, tomb
* ἀλόη, ης, ἡ aloes
* ἐνταφιάζω (prepare to) bury
* κῆπος, ου, ὁ garden
* λίτρα, ας, ἡ pound (twelve oz.)
* μίγμα, ατος, τό mixture
* ὀθόνιον, ου, τό linen cloth, bandage
* σμύρνα, ᾶς, ἡ myrrh

**Section 252**
ἀσφαλίζω guard
κουστωδία, ας, ἡ guard
παρασκευή, ῆς, ἡ (day of) preparation
πλάνος, ον deceitful, subst.: imposter
τάφος, ου, ὁ grave, tomb

**Section 253**
ἀλείφω anoint

ἀνακυλίω roll away
ἀνατέλλω rise
ἀπιστέω disbelieve
ἀποκυλίω roll away
ἀπορέω be at a loss, uncertain
ἄρωμα, ατος, τό pl.: spices, perfumery
ἀστραπή, ῆς, ἡ lightning
ἀστράπτω flash, gleam
βαθύς, εῖα, ύ deep, ὄρθ. βαθ. very
   early
διαγίνομαι pass, elapse, be over
εἰδέα, ας, ἡ appearance
ἐκθαμβέω pass.: be amazed, alarmed
ἔκστασις, εως, ἡ 1. astonishment
ἔμφοβος, ον afraid, terrified
ἕνδεκα eleven
ἔνδυμα, ατος, τό garment, clothing
ἐπιφώσκω dawn, draw near
ἐσθής, ῆτος, ἡ clothing
κλίνω incline, bend, bow
λῆρος, ου, ὁ idle talk, nonsense
ὀθόνιον, ου, τό linen cloth, bandage
ὄρθρος, ου, ὁ dawn, early morning
ὀψέ 3. after
παρακύπτω bend over (to see)
σείω shake, quake
στολή, ῆς, ἡ (long) robe
τάφος, ου, ὁ grave, tomb
τρόμος, ου, ὁ trembling
χιών, όνος, ἡ snow
* ἐντυλίσσω 2. fold up
* καθέζομαι sit
* κηπουρός, οῦ, ὁ gardener
* μέντοι though, actually
* ὁμοῦ together
* οὐδέπω not yet
* προτρέχω run ahead
* σουδάριον, ου, τό face cloth,
   "(hand)kerchief"

# POST-RESURRECTION NARRATIVES

## A. ACCORDING TO MATTHEW 28

**Matthew 28:11-15**
ἀμέριμνος, ον free from care, out of
   trouble
διαφημίζω make known
κουστωδία, ας, ἡ guard
συμβούλιον, ου, τό plan, σ. λαμβ. con-
   sult

φημίζω spread by word of mouth

**Matthew 28:16-20**
διστάζω doubt
ἕνδεκα eleven
μαθητεύω 3. teach, make disciples of
συντέλεια, ας, ἡ completion, end

35

## B. ACCORDING TO LUKE 24

**Luke 24:13-35**
ἀθροίζω gather
ἀνόητος, ον foolish, unintelligent
ἀντιβάλλω exchange (words)
ἄφαντος, ον invisible, ἄφ. γιν. vanish
βραδύς, εῖα, ύ slow
διανοίγω 1. open, 2. explain
διερμηνεύω interpret, explain
ἐναντίον 1. in the sight of, before
ἕνδεκα eleven
ἐξηγέομαι explain, tell
ἐξήκοντα sixty
ἑρμηνεύω 1. explain, interpret
ἑσπέρα, ας, ἡ evening
καλύπτω cover, veil
κατακλίνω *pass.:* recline at table
κλάσις, εως, ἡ breaking
κλίνω 2. decline, be far spent
λυτρόω redeem, set free
ὁμιλέω speak, converse
ὀπτασία, ας, ἡ vision
ὀρθρινός, ή, όν early in morning
παραβιάζομαι urge strongly
παροικέω 2. inhabit, (1. b. as stranger)
πόρρω far (away), *comp.:* farther
προσποιέω 1. act as though
σκυθρωπός, (ή), όν with sad look
στάδιον, ου, τό stade (c. 607 feet)
συμβαίνω happen, come about
συμπορεύομαι go (along) with

**Luke 24:36-49**
ἀπιστέω disbelieve
βρώσιμος, ον eatable
διανοίγω 1. open
ἔμφοβος, ον afraid, terrified

ἐνθάδε here, in this place
θροέω *pass.:* be disturbed, frightened
κηρίον, ου, τό wax, honeycomb
μελίσσιος, ιον honeycomb
ὀπτός, ή, όν baked, broiled
ὀστέον, ου, τό bone
πτοέω terrify, be frightened
ὕψος, ους, τό 1. b. height (heaven)
ψαλμός, οῦ, ὁ song of praise, psalm
ψηλαφάω feel, touch
* ἐμφυσάω breathe on
* πλευρά, ᾶς, ἡ side

**Luke 24:50-53**
διΐστημι go away, part

## C. ACCORDING TO MARK 16:9-20

ἀπιστέω disbelieve
ἄρρωστος, ον sick, ill
βεβαιόω make firm, establish, confirm
βλάπτω harm, injure
ἕνδεκα eleven
ἐπακολουθέω follow, accompany
θανάσιμος, ον deadly
μορφή, ῆς, ἡ form, outward appearance
πανταχοῦ everywhere
παρακολουθέω attend, follow
σκληροκαρδία, ας, ἡ hardness of heart
συνεργέω work (together) with, help

## D. THE INTERMEDIATE ENDING OF MARK

ἄφθαρτος, ον imperishable, incorruptible
δύσις, εως, ἡ west
ἐξαγγέλλω proclaim, report
ἱερός, ά, όν holy
κήρυγμα, ατος, τό proclamation
συντόμως promptly, readily

# THE FOURTH GOSPEL

## Chapter 1
ἀμνός, οῦ, ὁ lamb
ἀπόκρισις, εως, ἡ answer
δέκατος, η, ον tenth
ἐξηγέομαι explain, report
ἑρμηνεύω translate, explain
εὐθύνω make straight
ἱμάς, άντος, ὁ (leather) strap
κόλπος, ου, ὁ bosom
μεθερμηνεύω translate
μονογενής, ές only (begotten), unique
πώποτε ever, never
σκηνόω dwell, live

## Chapter 2
ἀνατρέπω overturn
ἀντλέω draw (water)
ἄνω up, above
ἀρχιτρίκλινος, ου, ὁ head waiter
βοῦς, βοός, ὁ, ἡ ox, cow
γεμίζω fill
ἐλάσσων, ἔλασσον inferior, smaller
ἐμπόριον, ου, τό market
ἐντεῦθεν from here
καθαρισμός, οῦ, ὁ purification
κέρμα, ατος, τό coin
κερματιστής, οῦ, ὁ moneychanger
κολλυβιστής, οῦ, ὁ moneychanger
λίθινος, η, ον (made of) stone
μεθύσκω be drunk
μετρητής, οῦ, ὁ measure
συντελέω pass.: give out
σχοινίον, ου, τό cord, rope
ὑδρία, ας, ἡ water jar
φραγέλλιον, ου, τό whip, lash

## Chapter 3
γέρων, οντος, ὁ old man
ἐλαττόω make lower, diminish
ἐπίγειος, ον earthly
ζήτησις, εως, ἡ 3. discussion, debate
καθαρισμός, οῦ, ὁ purification
μονογενής, ές only (begotten)
νύμφη, ης, ἡ bride
πνέω blow, breathe
φαῦλος, η, ον evil, worthless

## Chapter 4
ἀγγέλλω announce
ἅλλομαι well up, leap
ἀντλέω draw (water)

ἄντλημα, ατος, τό bucket
βαθύς, εῖα, ύ deep
βασιλικός, ή, όν royal, subst.: royal
official
ἕβδομος, η, ον seventh
ἐνθάδε here
ἐχθές yesterday
θρέμμα, ατος, τό (domesticated)
animal, esp.: sheep or goat
καθέζομαι sit (down)
καίτοιγε and yet
κομψότερον better, κ. ἔσχεν got better
λαλιά, ᾶς, ἡ 1. what one says, speech
μέντοι though, actually
μεταξύ between (in the meanwhile)
ὁδοιπορία, ας, ἡ journey, walking
ὁμοῦ together
πατρίς, ίδος, ἡ homeland
προσκυνητής, οῦ, ὁ worshipper
πυρετός, οῦ, ὁ fever
συγχράομαι 2. have dealings with
τετράμηνος, ον (lasting) four months
ὑδρία, ας, ἡ water jar
φρέαρ, ατος, τό well, shaft

## Chapter 5
δήποτε at any time
εἶδος, ους, τό 1. form, appearance
ἐκδέχομαι expect, wait
ἐκνεύω withdraw, turn (aside)
ἐπιλέγω call, name
ἐραυνάω search, examine
ἴσος, η, ον equal
κίνησις, εως, ἡ motion
κολυμβήθρα, ας, ἡ pool
νόσημα, ατος, τό disease
ξηρός, ά, όν 2. paralyzed, withered
ὀκτώ eight
προβατικός, ή, όν sheep (adj.)
πώποτε ever, never
στοά, ᾶς, ἡ colonnade, portico
τραχή, ῆς, ἡ disturbance, stirring
φαῦλος, η, ον evil, worthless

## Chapter 6
ἀνέρχομαι go, come up
ἀρκέω be enough
βιβρώσκω eat
βραχύς, εῖα, ύ little, short
γεμίζω fill

γογγύζω grumble, murmur
διαδίδωμι distribute, give
διακόσιοι, αι, α two hundred
διδακτός, ή, όν taught
διεγείρω arouse
ἐλαύνω row, advance
ἕλκω draw, attract
ἐμπίμπλημι satisfy, fill
καθέζομαι sit (down)
κλάσμα, ατος, τό piece
κόφινος, ου, ὁ basket
κρίθινος, η, ον barley flour
μάννα, τό manna
μάχομαι quarrel, fight
ὀψάριον, ου, τό fish
παιδάριον, ου, τό lad, youth
πεντακισχίλιοι, αι, α five thousand
πλοιάριον, ου, τό (small) boat
πνέω blow
πόσις, εως, ἡ drink
πώποτε ever, never
σκληρός, ά, όν hard
στάδιον, ου, τό stade (c. 607 ft.)
συνεισέρχομαι enter with
τρώγω eat (audibly), munch, gnaw

## Chapter 7

γογγύζω grumble, whisper
γογγυσμός, οῦ, ὁ whispering, complaint
διασπορά, ᾶς, ἡ dispersion
ἐντεῦθεν from here
ἐπάρατος, ον accursed
ἐραυνάω search, examine
μέντοι though, actually
μεσόω be at the middle, half over
οὐδέπω not yet
ὄψις, εως, ἡ 2. appearance
πότερος, α, ον whether
ῥέω flow
σκηνοπηγία, ας, ἡ (festival of) booths
σχίσμα, ατος, τό split, division
φανερῶς publically, openly
χολάω be angry

## Chapter 8

ἀνακύπτω stand erect
ἀναμάρτητος, ον without sin
ἀνθρωποκτόνος, ου, ὁ murderer
ἄνω above
ἀρεστός, ή, όν pleasing
ἀτιμάζω dishonor

αὐτόφωρος, ον (caught in) the act
γαζοφυλακεῖον, ου, τό treasury
δάκτυλος, ου, ὁ finger
ἐλευθερόω (set) free
καταγράφω write, draw
κατακύπτω bend down
κύπτω bend down
λαλιά, ᾶς, ἡ (way of) speaking, speech
λιθάζω stone
μοιχεία, ας, ἡ adultery
ὄρθρος, ου, ὁ early (in the) morning
πεντήκοντα fifty
πώποτε ever, never

## Chapter 9

ἀποσυνάγωγος, ον excommunicated (from the synagogue)
γείτων, ονος, ὁ, ἡ neighbor
γενετή, ῆς, ἡ birth
ἐπιχρίω spread (on), anoint
ἑρμηνεύω translate, explain
ἡλικία, ας, ἡ age, ἡ. ἔχειν be mature
θαυμαστός, ή, όν remarkable, marvelous
θεοσεβής, ές devout
κολυμβήθρα, ας, ἡ pool
λοιδορέω abuse, revile
πηλός, οῦ, ὁ clay, mud
προσαιτέω beg
προσαίτης, ου, ὁ beggar
πτύσμα, ατος, τό spit
πτύω spit
συντίθημι mid.: agree together, decide
σχίσμα, ατος, τό split, division
χαμαί on the ground

## Chapter 10

ἀλλαχόθεν at (from) another place
ἐγκαίνια, ων, τά festival of rededication
θυρωρός, οῦ, ὁ doorkeeper
κυκλεύω surround
κυκλόω surround, encircle
λιθάζω stone
λύκος, ου, ὁ wolf
μαίνομαι be out of one's mind
μισθωτός, οῦ, ὁ hired man
νομή, ῆς, ἡ pasture
παροιμία, ας, ἡ figure (of speech), proverb
περισσός, ή, όν abundant
ποίμνη, ης, ἡ flock
σκορπίζω scatter

στοά, ᾶς, ἡ portico, colonnade
σχίσμα, ατος, τό split, division
χειμών, ῶνος, ὁ (season of) bad
    weather, winter

## Chapter 11
ἁγνίζω purify
ἀλείφω anoint
ἄνω 2. upwards, up
βουλεύω 2. decide
δακρύω weep
δεκαπέντα fifteen
δεῦρω come (here)
διασκορπίζω scatter
ἐκμάσσω wipe
ἐμβριμάομαι be deeply moved, be in-
    dignant (toward)
ἐξυπνίζω wake up, arouse
ἐπίκειμαι lie upon
θνήσκω die
καθέζομαι sit (down), remain
κειρία, ας, ἡ grave clothes, bandage
κοίμησις, εως, ἡ sleep, (death)
κραυγάζω cry (out)
λάθρα secretly
λιθάζω stone
μηνύω make known, inform
ὄζω give an odor, smell
ὄψις, εως, ἡ 3. face, appearance
παραμυθέομαι console, comfort
περιδέω wrap around
περιίστημι 1. stand around
προσκόπτω 1. stumble, strike (against)
σουδάριον, ου, τό "(hand)kerchief"
σπήλαιον, ου, τό cave
στάδιον, ου, τό stade (c. 607 ft.)
συμμαθητής, οῦ, ὁ fellow disciple
τεταρταῖος, α, ον on the fourth day
ὕπνος, ου, ὁ sleep

## Chapter 12
ἀλείφω anoint
ἀποσυνάγωγος, ον excommunicated
    (from the synagogue)
βάϊον, ου, τό palm branch
βουλεύω 2. decide
βραχίων, ονος, ὁ arm
γλωσσόκομον, ου, τό money box
ἐκμάσσω wipe
ἕλκω attract, draw
ἐνταφιασμός, οῦ, ὁ (preparation for)
    burial

κόκκος, ου, ὁ seed, grain
κραυγάζω cry (out)
λίτρα, ας, ἡ pound (twelve oz.)
μέντοι though, actually
νάρδος, ου, ἡ (spike)nard
ὅμως nevertheless, yet
ὀνάριον, ου, τό little donkey
ὄνος, ου, ὁ, ἡ donkey
ὀσμή, ῆς, ἡ fragrance, odor
πιπράσκω sell
πιστικός, ή, όν genuine (cf. AG)
πολύτιμος, ον valuable
πωρόω make dull, harden
σημαίνω 2. indicate, foretell
τριακόσιοι, αι, α three hundred
τυφλόω blind
ὑπάντησις, εως, ἡ coming to meet
φοῖνιξ, ικος, ὁ I. palm tree
ὡσαννά hosanna

## Chapter 13
ἀπαρτί exactly, certainly
ἀπορέω be in doubt, uncertain
βάπτω 1. dip
γλωσσόκομον, ου, τό money box
διαζώννυμι tie around
ἐκμάσσω wipe
κόλπος, ου, ὁ bosom
λέντιον, ου, τό (linen) towel
λούω bathe, wash
νεύω nod
νιπτήρ, ῆρος, ὁ (wash) basin
πτέρνα, ης, ἡ heel
στῆθος, ους, τό chest, breast
τεκνίον, ου, τό (little) child
τρώγω eat, munch
ὑπόδειγμα, ατος, τό example
ψωμίον, ου, τό bit of bread

## Chapter 14
ἀπαρτί exactly, certainly
ἀρκέω be enough
δειλιάω be cowardly, timid
ἐντεῦθεν from here
μονή, ῆς, ἡ room, staying
ὀρφανός, ή, όν orphaned
παράκλητος, ου, ὁ helper, mediator
ὑπομιμνήσκω remind

## Chapter 15
ἄμπελος, ου, ἡ (grape)vine
δωρεάν 2. without reason

καθαίρω make clean, prune
κλῆμα, ατος, τό branch
παράκλητος, ου, ὁ helper, mediator
πρόφασις, εως, ἡ 1. valid excuse,
  pretext

## Chapter 16
ἀποσυνάγωγος, ον excommunicated
  (from the synagogue)
θαρσέω be of good cheer, have courage
θρηνέω mourn
λατρεία, ας, ἡ (religious) service,
  worship
ὁδηγέω lead, guide
παράκλητος, ου, ὁ helper, mediator
παροιμία, ας, ἡ figure (of speech),
  proverb
σκορπίζω scatter

## Chapter 17

## Chapter 18
ἀγωνίζομαι 2. fight, struggle
ἀνθρακιά, ᾶς, ἡ charcoal fire
ἀποκόπτω 1. cut off
ἕλκω draw
ἐντεῦθεν from here
θερμαίνω warm oneself
θήκη, ης, ἡ 2. sheath
θυρωρός, οῦ, ἡ doorkeeper
κατηγορία, ας, ἡ accusation
κέδρος, ου, ἡ cedar tree
κῆπος, ου, ὁ garden
κραυγάζω cry (out)
λαμπάς, άδος, ἡ torch, lamp
μιαίνω defile, stain
ὅπλον, ου, τό 2. weapon
οὐκοῦν therefore, so
παίω strike
πενθερός, οῦ, ὁ father-in-law
πραιτώριον, ου, τό praetorium
ῥάπισμα, ατος, τό blow in the face
σημαίνω 2. indicate, foretell
σπεῖρα, ης, ἡ cohort (six hundred
  soldiers)
συμβουλεύω advise
συνεισέρχομαι enter with
συνήθεια, ας, ἡ 2. custom, habit
φανός, οῦ, ὁ lantern, torch
χαμαί on the ground
χείμαρρος, ου, ὁ wady, ravine
ψῦχος, ους, τό cold

40

ὠτάριον, ου, τό (outer) ear
ὠτίον, ου, τό (outer) ear

## Chapter 19
ἀκάνθινος, η, ον thorny
ἀλόη, ης, ἡ aloes
ἀντιλέγω 2. oppose, speak against
ἀπόκρισις, εως, ἡ answer
ἄρ(ρ)αφος, ον seamless
ἄρωμα, ατος, τό pl.: spices, perfumery
ἐκκεντέω pierce
ἕλιγμα, ατος, τό package, roll
ἐνταφιάζω (prepare to) bury
ἐντεῦθεν : ἐν. ... ἐν. on each side
θνήσκω die
ἱματισμός, οῦ, ὁ clothing
κατάγνυμι break
κῆπος, ου, ὁ garden
κλίνω bow, bend
κρανίον, ου, τό skull
κραυγάζω cry (out)
λαγχάνω 3. cast lots for
λιθόστρωτος, ον pavement, mosaic
λίτρα, ας, ἡ pound (twelve oz.)
λόγχη, ης, ἡ spear
μαστιγόω whip, flog
μεστός, ή, όν full
μίγμα, ατος, τό mixture
νύσσω pierce, stab
ὀθόνιον, ου, τό linen cloth, bandage
ὄξος, ους, τό sour wine, vinegar
ὀστέον (= οῦν), ου, τό bone
οὐδέπω not yet, never
παρασκευή, ῆς, ἡ (day of) preparation
περιτίθημι place on
πλέκω weave
πλευρά, ᾶς, ἡ side
πορφυροῦς, ᾶ, οῦν purple
πραιτώριον, ου, τό praetorium
ῥάπισμα, ατος, τό blow in the face
σκέλος, ους, τό leg
σμύρνα, ης, ἡ myrrh
σπόγγος, ου, ὁ sponge
συντρίβω break, smash
συσταυρόω crucify (together) with
τίτλος, ου, ὁ inscription, notice
ὕσσωπος, ου, ἡ, ὁ hyssop (cf. AG)
ὑφαντός, ή, όν woven
φορέω wear, bear

## Chapter 20
ἀγγέλλω announce
δάκτυλος, ου, ὁ finger

ἐμφυσάω breathe on
ἐντυλίσσω 2. fold up
ἔσω 2. inside
ἧλος, ου, ὁ nail
καθέζομαι sit
κηπουρός, οῦ, ὁ gardener
μέντοι though, actually
ὀθόνιον, ου, τό linen cloth, bandage
ὀκτώ eight
ὁμοῦ together
οὐδέπω not yet
παρακύπτω bend over (to see)
πλευρά, ᾶς, ἡ side
προτρέχω run ahead
ῥαββουνί (Aram.) my lord, master
σουδάριον, ου, τό face cloth,
    "(hand)kerchief"

**Chapter 21**
αἰγιαλός, οῦ, ὁ shore, beach
ἁλιεύω fish
ἀνθρακιά, ᾶς, ἡ charcoal fire
ἀποβαίνω 1. go away, get out

ἀριστάω 1. eat breakfast
βόσκω feed
γηράσκω grow old
διαζώννυμι tie around, put on
διακόσιοι, αι, α two hundred
ἕλκω draw, haul
ἐξετάζω examine, inquire
ἐπενδύτης, ου, ὁ outer garment
ἐπίκειμαι lie upon
ζώννυμι (-νύω) gird
μέντοι though, really
μεστός, ή, όν full
οἴομαι suppose, think
ὁμοῦ together
ὀψάριον, ου, τό fish
πεντήκοντα fifty
πῆχυς, εως, ὁ cubit
πλοιάριον, ου, τό (small)boat
προβάτιον, ου, τό lamb, sheep
προσφάγιον, ου, τό fish (relish)
πρωΐα, ας, ἡ (early) morning
σημαίνω 2. indicate, foretell
στῆθος, ους, τό chest, breast
σύρω drag, pull

# ACTS OF THE APOSTLES

**Chapter 1**
ἀναδείκνυμι 1. show clearly
ἀποκαθιστάνω 1. restore, re-establish
ἀποστολή, ῆς, ἡ apostleship
διάλεκτος, ου, ἡ language
ἐλαιών, ῶνος, ὁ olive grove
ἕνδεκα eleven
ἔπαυλις, εως, ἡ residence, homestead
ἐπέρχομαι 2. c. come over
ἐπισκοπή, ῆς, ἡ 3. position, office
ἐσθής, ῆτος, ἡ clothing
ζηλωτής, ου, ὁ zealot
καρδιογνώστης, ου, ὁ knower of
    hearts
καταμένω stay, live
καταριθμέω count, pass.: belong to
κτάομαι acquire
λαγχάνω 1. receive, obtain
λακάω burst open
λάσκω crash
ὁδηγός, οῦ, ὁ leader, guide
ὀπτάνομαι appear
παραβαίνω 1. turn aside
περιμένω wait for

πρηνής, ές: π. γενόμενος falling head-
    long
συγκαταψηφίζομαι pass.: be added
συναλίζω eat with, assemble (cf. AG)
τεκμήριον, ου, τό proof
ὑπερῷον, ου, τό upper story, room up-
    stairs
ὑπολαμβάνω 1. take up
ψαλμός, οῦ, ὁ song of praise, psalm

**Chapter 2**
ἀγαλλίασις, εως, ἡ exultation, joy
αἰνέω praise
ἄνομος, ον lawless
ἄνω above
ἀποδείκνυμι 2. show forth, pass.: attest
ἀποδέχομαι 1. welcome, accept
ἀποφθέγγομαι speak out, declare
ἀσφαλῶς securely, beyond a doubt
ἀτμίς, ίδος, ἡ mist, vapor
ἀφελότης, ητος, ἡ simplicity
ἄφνω suddenly
βίαιος, α, ον violent, strong
γλεῦκος, ους, τό sweet new wine
διάλεκτος, ου, ἡ language

διαπορέω be greatly perplexed
διαφθορά, ᾶς, ἡ destruction
διαχλευάζω mock
δούλη, ης, ἡ female slave
ἔκδοτος, ον given up, delivered up
ἔνδεκα eleven
ἐνυπνιάζομαι dream
ἐνύπνιον, ου, τό dream
ἐνωτίζομαι pay attention
ἐπιδημέω 1. be a visitor
ἐπιφανής, ές splendid, glorious
εὐλαβής, ές devout
εὐφροσύνη, ης, ἡ joy, gladness
ἡμέτερος, α, ον our
ἦχος, ου, ὁ 1. sound, noise
καθότι 1. as, 2. because
κατανύσσομαι be pierced, stabbed
κατασκηνόω live, dwell
κλάσις, εως, ἡ breaking
κτῆμα, ατος, τό property, possession
μεγαλεῖος, α, ον splendid, neut. subst.:
    greatness
μεθύω be drunk
μεστόω fill
μεταλαμβάνω receive, take
μεταστρέφω change
ὁμοῦ together
ὅρασις, εως, ἡ 3. vision
ὁρίζω 1. determine, appoint
ὅσιος, ία, ον holy (cf. AG)
ὀσφῦς, ύος, ἡ loins
πατριάρχης, ου, ὁ ancester
πεντηκοστή, ῆς, ἡ Pentecost
πιπράσκω sell
πνοή, ῆς, ἡ 1. wind
πρόγνωσις, εως, ἡ foreknowledge
προοράω 2. foresee, 3. mid.: see before
    one
προσήλυτος, ου, ὁ proselyte
προσπήγνυμι fix, fasten to, nail to
σελήνη, ης, ἡ moon
σκολιός, ά, όν 2. crooked, dishonest
συγχέω confuse, pass.: be bewildered
συμπληρόω 2. fulfill, approach, come
τρισχίλιοι, αι, α three thousand
ὕπαρξις, εως, ἡ 2. property, possession
ὑπολαμβάνω 4. assume, think, believe
ὑποπόδιον, ου, τό footstool
ὠδίν, ῖνος, ἡ birth pain(s)

## Chapter 3
ἄγνοια, ας, ἡ ignorance

αἰνέω praise
ἅλλομαι leap, spring up
ἀνάψυξις, εως, ἡ rest
ἀπέναντι before, in the presence of
ἀποκατάστασις, εως, ἡ restoration
ἀποστρέφω 2. turn away
ἀρχηγός, οῦ, ὁ 1. leader, 3. founder
βάσις, εως, ἡ (human) foot
διατίθημι 1. decree, ordain
εἴσειμι go in, into
ἔκθαμβος, ον utterly astonished
ἔκστασις, εως, ἡ 1. astonishment
ἐνευλογέω bless
ἐξαλείφω 2. remove, destroy
ἐξάλλομαι 2. leap up
ἐξολεθρεύω destroy utterly
ἐπέχω 2. fix attention, aim at
θάμβος, ους, τό astonishment, fear
καθεξῆς: οἱ κ. the successors
ὁλοκληρία, ας, ἡ wholeness, soundness
πατριά, ᾶς, ἡ people, nation
πονηρία, ας, ἡ wickedness, sinfulness
προκαταγγέλλω foretell
προχειρίζω mid.: appoint
στερεόω make strong, firm
στοά, ᾶς, ἡ colonnade, portico
συμβαίνω meet, happen
συντρέχω run together
σφυδρόν, οῦ, τό ankle
φονεύς, έως, ὁ murderer
ὡραῖος, α, ον beautiful, lovely

## Chapter 4
ἀγράμματος, ον illiterate, uneducated
ἀντεῖπον say against, say in return
ἀπειλέω threaten, warn
ἀπειλή, ῆς, ἡ threat
ἀρχιερατικός, όν highpriestly
γωνία, ας, ἡ corner
διαδίδωμι distribute, give
διανέμω distribute, spread
διαπονέομαι be (greatly) disturbed
ἐνδεής, ές poor, impoverished
ἐπειδον look at
ἑσπέρα, ας, ἡ evening
εὐεργεσία, ας, ἡ 2. good deed, benefit
ἴασις, εως, ἡ healing
ἰδιώτης, ου, ὁ 1. layman, untrained
ἱνατί why, for what reason
καθόλου: κ. μή not at all
καθότι 1. as to the degree that
κολάζω punish

κτήτωρ, ορος, ὁ owner
μεθερμηνεύω translate
μελετάω 3. think about
οἰκοδόμος, ου, ὁ builder
πιπράσκω sell
προορίζω decide upon beforehand
προσαπειλέω threaten further
συμβάλλω 1. converse, confer
τήρησις, εως, ἡ 2. prison
φθέγγομαι speak, utter, proclaim
φρυάσσω be arrogant, haughty, insolent
χρῆμα, ατος, τό 2. money
χρίω anoint

## Chapter 5

αἵρεσις, εως, ἡ 1. sect, party, school
ἀπογραφή, ῆς, ἡ census, registration
ἀρχηγός, οῦ, ὁ 1. leader, ruler, prince
ἀσφάλεια, ας, ἡ 1. firmness
ἀτιμάζω dishonor, treat shamefully
βία, ας, ἡ 2. the use of force
βουλεύω 2. resolve, decide
βραχύς, εῖα, ύ short
γερουσία, ας, ἡ council of elders
δεσμωτήριον, ου, τό prison, jail
δημόσιος, ία, ιον public
διαλύω break up, disperse
διαπορέω be greatly perplexed
διαπρίω cut to the quick, infuriate
διασκορπίζω scatter, disperse
διάστημα, ατος, τό interval
διαχειρίζω kill, murder
ἐκφέρω carry, bring out
ἐκψύχω breathe one's last, die
ἐπάγω bring on
ἐπισκιάζω 1. cast a shadow
ἔσω 2. inside, within
θεομάχος, ον fighting against God
καταξιόω consider worthy
κλινάριον, ου, τό bed
κρεμάννυμι hang (up)
κτῆμα, ατος, τό field, (landed) property
λιθάζω stone
μεγαλύνω magnify, 2. praise
νομοδιδάσκαλος, ου, ὁ teacher of the law
νοσφίζω misappropriate
ὄρθρος, ου, ὁ dawn, early morning
ὀχλέω trouble, disturb
παραγγελία, ας, ἡ order, command, advice

πειθαρχέω obey
πέριξ (all) around
πιπράσκω sell
προσκλίνω join
σκιά, ᾶς, ἡ shade, shadow
στοά, ᾶς, ἡ colonnade, portico
συγκαλέω call together
συμφωνέω agree with
σύνοιδα 1. share knowledge with
συστέλλω 2. a. cover, b. pack, c. take away (cf. AG)
τετρακόσιοι, αι, α four hundred
τήρησις, εως, ἡ 2. prison
φύλαξ, ακος, ὁ guard, sentinel

## Chapter 6

ἀλλάσσω change, alter
ἀρεστός, ή, όν desirable
βλάσφημος, ον blasphemous, slanderous
γογγυσμός, οῦ, ὁ 1. complaint
δή 2. now, then, therefore
καθέζομαι sit
καθημερινός, ή, όν daily
παραθεωρέω overlook
προσήλυτος, ου, ὁ proselyte
συγκινέω set in motion, arouse
συναρπάζω seize, drag away
ὑποβάλλω instigate (secretly)
ψευδής, ές false, lying

## Chapter 7

ἀεί 3. continually, constantly
ἀμύνομαι retaliate
ἀναγνωρίζω learn to know again
ἀνατρέφω bring up, rear, train
ἀντιπίπτω resist, oppose
ἀπερίτμητος, ον uncircumcised
ἀποτίθημι 1. take off
ἀπωθέω 1. push aside, 2. reject
ἀστεῖος, α, ον 2. acceptable, well-pleasing
ἄστρον, ου, τό constellation
βάτος, ου, ἡ thorn bush
βρέφος, ους, τό 2. baby, infant
βρύχω gnash
δεῦρο come (here)
διαδέχομαι succeed to, receive (in turn)
διανοίγω 1. open
διαπρίω infuriate
διαταγή, ῆς, ἡ ordinance, direction
δικαστής, οῦ, ὁ judge
δουλόω enslave, subject

ἑβδομήκοντα seventy
ἐκδίκησις, εως, ἡ vengeance, punishment
ἔκθετος, ον exposed, abandoned
ἐκτίθημι 1. expose, abandon
ἔλευσις, εως, ἡ coming, advent
ἔναντι 2. in the eyes, in the judgment
ἐναντίον 1. in the sight, before
ἔντρομος, ον trembling
ἐξαιρέω 2. set free, deliver
ἐξωθέω push out, expel
ἔπειμι part.: next
ἐπέκεινα beyond
ἐρυθρός, ά, όν red
ἐχθές yesterday
ζῳογονέω 2. keep, preserve alive
ἱνατί why, for what reason
κακόω 1. harm, mistreat
κάκωσις, εως, ἡ mistreatment
κατάπαυσις, εως, ἡ rest
καταπονέω subdue, pass. subst.: one who is oppressed
κατασοφίζομαι get the better of
κατάσχεσις, εως, ἡ 1. possession
λιθοβολέω 2. stone (to death)
λόγιον, ου, τό saying
λυτρωτής, οῦ, ὁ redeemer
μάχομαι fight
μετακαλέω call to oneself, summon
μετατίθημι transfer, bring back
μετοικίζω remove, deport
μοσχοποιέω make a calf
νεανίας, ου, ὁ young man
ὄγδοος, η, ον eighth
ὁρμάω rush at, fall upon
πάροικος, ον strange, subst.: stranger
πατριάρχης, ου, ὁ patriarch
προδότης, ου, ὁ traitor, betrayer
προκαταγγέλλω announce beforehand
προπορεύομαι go on before
σιτίον, ου, τό food (from grain)
σκήνωμα, ατος, τό dwelling-place
σκληροτράχηλος, ον stiff-necked, stubborn
στεναγμός, οῦ, ὁ sigh, groaning
στρατιά, ᾶς, ἡ 1. army, host
συγγένεια, ας, ἡ kinship, relatives
συναλλάσσω reconcile
σφάγιον, ου, τό offering
τεσσερακονταετής, ές forty years
τετρακόσιοι, αι, α four hundred
ὑπήκοος, ον obedient

ὑποπόδιον, ου, τό footstool
φλόξ, φλογός, ἡ flame
φονεύς, έως, ὁ murderer
χειροποίητος, ον made by human hands
χόρτασμα, ατος, τό food
ὠνέομαι buy

## Chapter 8

ἀμνός, οῦ, ὁ lamb
ἀναίρεσις, εως, ἡ murder, killing
ἆρα (interrog. particle indicating anxiety or impatience; cf. AG)
ἅρμα, ατος, τό carriage, traveling-chariot
ἄφωνος, ον 1. silent, dumb
βασίλισσα, ης, ἡ queen
γάζα, ης, ἡ treasury
διαλιμπάνω stop, cease
διασπείρω scatter
διηγέομαι tell, relate
δυνάστης, ου, ὁ 2. court official
ἔναντι 2. in the eyes, in the judgment
ἐναντίον before
ἐπέρχομαι come (upon)
ἐπίθεσις, εως, ἡ laying on
ἐπίνοια, ας, ἡ intent
εὐθύς, εῖα, ύ straight, upright
εὐλαβής, ές devout
εὐνοῦχος, ου, ὁ eunuch
κείρω shear
κοπετός, οῦ, ὁ lamentation
κτάομαι procure for oneself, acquire
λυμαίνω destroy
μαγεία, ας, ἡ pl.: magic arts
μαγεύω practice magic
μερίς, ίδος, ἡ 2. share, portion
μεσημβρία, ας, ἡ noon, 2. south
ὁδηγέω instruct, lead
οὐδέπω not yet
παραλύω weaken, disable, pass. part. subst.: paralytic
περιοχή, ῆς, ἡ 1. content, 2. portion (of scripture) (cf. AG)
πικρία, ας, ἡ bitterness
προστρέχω run up (to)
προϋπάρχω be before
συγκομίζω take up, recover, 2. bury
σύνδεσμος, ου, ὁ bond, fetter
συνευδοκέω agree with, approve of
σύρω pull, drag away
σφαγή, ῆς, ἡ slaughter
ταπείνωσις, εως, ἡ humiliation

χολή, ῆς, ἡ gall, bile
χρῆμα, ατος, τό 2. money

## Chapter 9

ἀνακαθίζω sit up, upright
ἀπειλή, ῆς, ἡ threat
ἀποπίπτω fall away
βυρσεύς, έως, ὁ tanner
διερμηνεύω translate, interpret
διηγέομαι tell, relate
ἐκλογή, ῆς, ἡ chosen
ἐμπνέω 1. breathe
ἐνδυναμόω pass.: become strong
ἐνεός, ά, όν speechless
ἐνισχύω grow strong
ἐξαίφνης suddenly, unexpectedly
ἐπιβουλή, ῆς, ἡ plot
ἐπιδείκνυμι show, point out
ἐπιχειρέω attempt, try
εὐθύς, εῖα, ύ straight
καθίημι let down
κατάγω lead, bring down
λεπίς, ίδος, ἡ scale
λούω wash, bathe
μαθήτρια, ας, ἡ (woman) disciple
ὀκνέω hesitate, delay
ὀκτώ eight
παραλύω weaken, disable, pass. part.
   subst.: paralytic
παρατηρέω watch (carefully), guard
παρρησιάζομαι 1. speak freely, fear-
   lessly
περιαστράπτω shine around
πορθέω destroy, annihilate
ῥύμη, ης, ἡ narrow street
σπυρίς, ίδος, ἡ basket, hamper
στρωννύω spread (out), make bed
συγχέω confuse, confound
συμβιβάζω 3. demonstrate, prove
συμβουλεύω 2. a. consult, plot
συνοδεύω 1. travel with
τεῖχος, ους, τό (city) wall
ὑπερῷον, ου, τό upper story, room up-
   stairs
ὑποδείκνυμι 2. show, give direction
φόνος, ου, ὁ murder, killing
χαλάω let down
χειραγωγέω take or lead by the hand

## Chapter 10

ἀθέμιτος, ον unlawful, lawless
ἀλλόφυλος, ον foreign, Gentile

ἀναγκαῖος, α, ον 2. close
ἀναντιρρήτως without raising any ob-
   jection
βυρσεύς, έως, ὁ tanner
δεκτός, ή, όν acceptable, welcome
διαπορέω be greatly perplexed
διενθυμέομαι ponder
διερωτάω find by inquiry
δῶμα, ατος, τό roof, housetop
εἰσακούω 2. hear
εἰσκαλέομαι invite in
ἔκστασις, εως, ἡ 2. trance
ἐμφανής, ές visible
ἔμφοβος, ον afraid, terrified
ἐνθάδε here
ἐξαυτῆς at once, immediately
ἐξηγέομαι explain, tell
ἑρπετόν, οῦ, τό reptile
ἐσθής, ῆτος, ἡ clothing
εὐεργετέω do good to, benefit
εὐσεβής, ές devout, godly, pious
καθίημι let down
καταδυναστεύω oppress
κρεμάννυμι hang (up)
λαμπρός, ά, όν bright, shining
μεγαλύνω magnify, 2. praise
μετακαλέω call to oneself, summon
μεταπέμπω send for, summon
μηδαμῶς by no means, certainly not
μνημόσυνον, ου, τό 3. memorial offering
ὁδοιπορέω travel, be on the way
ὀθόνη, ης, ἡ linen cloth, sheet
οἰκέτης, ου, ὁ (house) slave, domestic
ὁρίζω 1. appoint, designate
παρασκευάζω prepare
πρόσπεινος, ον hungry
προστάσσω command, order
προσωπολήμπτης, ου, ὁ one who
   shows partiality
προχειροτονέω choose, appoint before-
   hand
σπεῖρα, ης, ἡ cohort (six hundred men)
συγκαλέω call together, mid.: summon
συμπίνω drink with
συναντάω meet
συνεσθίω eat with
συνομιλέω talk, converse with
τετράπους, ουν four-footed (animal)
φανερῶς clearly, distinctly
χρηματίζω 1. impart a revelation or
   warning
χρίω anoint

ACTS 11-13

## Chapter 11

ἀναζητέω look, search
ἀνασπάω draw, pull up
διασπείρω scatter
ἔκστασις, εως, ἡ 2. trance
ἐκτίθημι 2. explain, set forth
ἐξαυτῆς at once, immediately
ἑρπετόν, οῦ, τό reptile
εὐπορέω have plenty, be well off
ἡσυχάζω 2. be quiet, remain silent
ἴσος, η, ον equal, same
καθεξῆς point by point
καθίημι let down
μεταπέμπω send for, summon
μηδαμῶς by no means, certainly not
ὀθόνη, ης, ἡ linen cloth, sheet
ὁρίζω 1. determine, appoint
προσμένω 1. remain true
πρώτως for the first time
σημαίνω 2. indicate, foretell
συνεσθίω eat with
τετράπους, ουν four-footed (animal)
χρηματίζω 2. bear a name, be called

## Chapter 12

ἄζυμος, ον neut. pl. subst. the festival
of unleavened bread
ἀρεστός, ή, όν pleasing
αὐτόματος, η, ον by itself
βασιλικός, ή, όν royal
δημηγορέω deliver a public address
δῆμος, ου, ὁ crowd, people
διηγέομαι tell, relate
διϊσχυρίζομαι insist
εἰστρέχω run in
ἐκτενῶς fervently, constantly
ἐκψύχω breathe one's last, die
ἐξαιρέω 2. set free, deliver
ἐπιφωνέω cry out (loudly)
ἐσθής, ῆτος, ἡ clothing
ζώννυμι (-νύω) gird
θυμομαχέω be very angry
κακόω 1. harm, mistreat
κατασείω 2. motion, wave
κοιτών, ῶνος, ὁ bedroom
κρούω strike, knock
λάμπω 1. b. shine (out)
μαίνομαι be out of one's mind
μεταξύ between
οἴκημα, ατος, τό 2. prison
πλευρά, ᾶς, ἡ side

προσάγω 1. bring (forward)
προσδοκία, ας, ἡ expectation
ῥύμη, ης, ἡ narrow street, lane, alley
σανδάλιον, ου, τό sandal
σιγάω be silent, keep still
σιδηροῦς, ᾶ, οῦν (made of) iron
σκωληκόβρωτος, ον eaten by worms
συμπαραλαμβάνω take along (with)
συναθροίζω gather, meet
συνοράω become aware of, realize
τακτός, ή, όν fixed, appointed
τάραχος, ου, ὁ consternation
τάχος, ους, τό speed, ἐν τ. quickly, at
once
τετράδιον, ου, τό squad of four soldiers
τρέφω 1. feed, nourish, support
ὑποδέω tie beneath, put on (footwear)
φύλαξ, ακος, ὁ guard

## Chapter 13

ἀναγκαῖος, α, ον 1. necessary
ἀνάγνωσις, εως, ἡ (public) reading
ἀνθύπατος, ου, ὁ procounsul
ἀντιλέγω 1. speak against, contradict
ἀποπλέω sail away
ἀποχωρέω leave, desert
ἀπωθέω 2. reject, repudiate
ἀρχισυνάγωγος, ου, ὁ leader of syna-
gogue
ἀφανίζω perish
ἀχλύς, ύος, ἡ mistiness
βραχίων, ονος, ὁ arm
δή 2. now, then, therefore
διαστρέφω pervert, mislead
διαφθορά, ᾶς, ἡ corruption, decay
δρόμος, ου, ὁ course
εἴσοδος, ου, ἡ coming, entrance
ἐκδιηγέομαι tell (in detail)
ἐκπέμπω send out
ἐκπληρόω fulfill
ἐκτινάσσω shake off
ἔξειμι go out, go away
ἐπεγείρω arouse, excite, stir up
ἐπέρχομαι come (about)
εὐθύς, εῖα, ὑ straight
εὐσχήμων, ον 2. prominent
καθαιρέω 1. take down, 2. destroy
κατακληρονομέω 1. give over as an
inheritance
κατασείω motion, wave
καταφρονητής, οῦ, ὁ despiser, scoffer

46

κονιορτός, οῦ, ὁ dust
λειτουργέω serve
μάγος, ου, ὁ 2. magician
μεθερμηνεύω translate
μεθίστημι remove
μεταξύ afterward, next
νῆσος, ου, ἡ island
ὅσιος, ία, ον subst. neut.: decree of
    God, masc.: holy one (cf. AG)
παροικία, ας, ἡ 1. stay, sojourn
παροτρύνω arouse, incite, encourage
παρρησιάζομαι 1. speak freely, fear-
    lessly
πεντήκοντα fifty
περιάγω go around, go about
προκηρύσσω proclaim beforehand
προσήλυτος, ου, ὁ proselyte
προσλαλέω speak to, address
προσμένω 1. b. continue in
ῥᾳδιουργία, ας, ἡ frivolity, wickedness
συναναβαίνω come or go up with
συνετός, ή, όν intelligent, wise
σύντροφος, ον subst.: companion, in-
    timate
σχεδόν nearly, almost
τεσσερακονταετής, ές forty years
τετρακόσιοι, αι, α four hundred
τετράρχης, ου, ὁ tetrarch
τροποφορέω bear or put up with man-
    ners, moods, care
τροφοφορέω care for (tenderly)
ὑπηρετέω serve, be helpful
ὑπονοέω suspect, suppose
χειραγωγός, οῦ, ὁ one who leads
ψαλμός, οῦ, ὁ song of praise, psalm

## Chapter 14

ἀγαθοεργέω confer benefits
ἅλλομαι leap, spring up
ἀμάρτυρος, ον without witness
ἀποπλέω sail away
διαρ(ρ)ήσσω tear
ἐκπηδάω 1. rush out
ἐμμένω 2. persevere in
ἐμπί(μ)πλημι fill, satisfy
ἐπεγείρω arouse, excite, stir up
ἐπέρχομαι come
ἐπιστηρίζω strengthen
εὐφροσύνη, ης, ἡ joy, gladness
θνήσκω die
καίτοι and yet
κακόω 2. make angry, embitter

καρποφόρος, ον fruitful
καταπαύω 1. b. restrain, dissuade
καταφεύγω flee
κυκλόω surround, encircle
λιθάζω stone
λιθοβολέω throw stones at, stone
μαθητεύω 3. make a disciple, teach
μάταιος, αία, αιον pl. subst.: idols
μόλις 1. with difficulty
νηστεία, ας, ἡ fasting
ὁμοιοπαθής, ές with the same nature
ὀρθός, ή, όν 1. straight up, upright
ὁρμή, ῆς, ἡ impulse, inclination, desire
οὐρανόθεν from heaven
παροίχομαι pass by, be gone
παρρησιάζομαι 1. speak openly, fear-
    lessly
περίχωρος, ον neighboring, fem. subst.:
    neighborhood
στέμμα, ατος, τό wreath of flowers
συνοράω become aware of, realize
σύρω pull, drag away
ταῦρος, ου, ὁ bull, ox
ὑβρίζω mistreat, scoff at, insult
ὑετός, οῦ, ὁ rain
χειροτονέω appoint, install (cf. AG)

## Chapter 15

αἵρεσις, εως, ἡ 1. sect, party, school
ἀλίσγημα, ατος, τό pollution
ἀνασκευάζω tear down, upset, unsettle
ἀνοικοδομέω build up again
ἀνορθόω rebuild, restore
ἀξιόω 2. desire, request
ἀποχωρίζω separate
αὐτοῦ there (adv. of place)
βάρος, ους, τό weight, burden
δή 2. now, then, therefore
διαστέλλω order, give orders
διατηρέω keep
εἰδωλόθυτος, ον neut. subst.: meat
    offered an idol
ἐκδιηγέομαι tell (in detail)
ἐκζητέω 1. seek out, search for
ἐκπλέω sail away
ἐξανίστημι stand up
ἐξηγέομαι explain, tell
ἐπάναγκες by compulsion, necessarily
ἐπιλέγω 2. choose, select
ἐπιστέλλω write
ἐπιστηρίζω strengthen
ἐπιστροφή, ῆς, ἡ 2. conversion

47

ACTS 15-17
εὖ well
ζήτημα, ατος, τό question, issue
ζήτησις, εως, ἡ 3. discussion, debate
ζυγός, οῦ, ὁ 1. yoke
καρδιογνώστης, ου, ὁ knower of hearts
κατάλοιπος, ον left, remaining
καταστρέφω 2. destroy, ruin
μεταξύ between
παραδέχομαι receive, accept
παρενοχλέω cause difficulty (for)
παροξυσμός, οῦ, ὁ 2. sharp disagreement
πνικτός, ή, όν strangled
προπέμπω 2. help on one's journey
ῥώννυμι perf. pass. imper.: farewell, goodby
σιγάω be(come) silent, keep still
στάσις, εως, ἡ 3. strife, discord, disunion
συμπαραλαμβάνω take along (with)
συμφωνέω 1. agree with
τράχηλος, ου, ὁ neck, throat

Chapter 16
ἀκατάκριτος, ον uncondemned, without a proper trial
ἀνίημι 1. loosen, unfasten
ἀσφαλίζω 1. guard, fasten
ἀσφαλῶς securely
ἄφνω suddenly
βοηθέω help, come to the aid of
δεσμοφύλαξ, ακος, ὁ jailer
δεσμωτήριον, ου, τό prison, jail
δημόσιος, ία, ιον adv.: publicly
διαβαίνω come over
διανοίγω 1. open
διαπονέομαι be (greatly) disturbed
διαπορεύομαι pass through
δόγμα, ατος, τό 1. decree, ordinance
εἰσπηδάω leap in, rush in
ἐκταράσσω agitate
ἐκφεύγω 2. escape
ἕλκω drag, draw
ἐνθάδε here
ἔντρομος, ον trembling
ἔξυπνος, ον awake
ἐπακροάομαι listen to
ἔπειμι fem. part. subst.: next (day)
ἐργασία, ας, ἡ 4. profit, gain
ἐσώτερος, α, ον inner
εὐθυδρομέω run a straight course
θεμέλιον, ου, τό foundation, basis

κατακολουθέω follow
κολωνία, ας, ἡ colony
λάθρᾳ secretly
λούω wash, bathe
μαντεύομαι 1. prophesy, divine
μερίς, ίδος, ἡ 1. part, district
μεσονύκτιον, ου, τό midnight
πανοικ(ε)ί with one's whole household
παραβιάζομαι urge strongly
παραγγελία, ας, ἡ order, command
παραδέχομαι accept, acknowledge
περι(ρ)ρήγνυμι tear off
πορφυρόπολις, ιδος, ἡ a (woman) dealer in purple cloth
προσάγω 1. bring (forward)
προσπίπτω 1. fall down before
πύθων, ωνος, ὁ spirit of divination
ῥαβδίζω beat with a rod
ῥαβδοῦχος, ου, ὁ constable, policeman
σπάω draw (a sword)
στερεόω make strong, firm
συμβιβάζω 2. conclude, infer
συνεφίστημι rise up together
ὑμνέω sing the praise of, sing hymns

Chapter 17
ἄγνοια, ας, ἡ ignorance
ἄγνωστος, ον unknown
ἀγοραῖος, ον subst.: 1. market people, rabble
ἀναθεωρέω examine, observe carefully
ἀναστατόω disturb, trouble, upset
ἀνθρώπινος, η, ον human
ἄπειμι II. go (away)
ἀπέναντι 2. against, contrary to
ἄργυρος, ου, ὁ silver
βωμός, οῦ, ὁ altar
δεισιδαίμων, ον religious
δῆμος, ου, ὁ popular assembly
διανοίγω 2. explain, interpret
διοδεύω go through, go about
δόγμα, ατος, τό 1. decree
εἰσφέρω bring to
εἴωθα be accustomed, neut. subst.: custom
ἐκδέχομαι expect, wait
ἐκπέμπω send away
ἐνθάδε here
ἐνθύμησις, εως, ἡ thought
ἔξειμι go out, go away
ἐπιγράφω write on
ἐπιδημέω 1. be a visitor
εὐγενής, ές 2. high-minded

48

εὐκαιρέω have time, opportunity
εὐσεβέω be reverent, worship
εὐσχήμων, ον 2. prominent
θεῖος, θεία, θεῖον divine, neut. subst.: divinity
θορυβέω 1. throw into disorder
καθότι 2. because
καταγγελεύς, έως, ὁ preacher
κατείδωλος, ον full of idols
κατοικία, ας, ἡ dwelling(-place)
κινέω move
ὁρίζω 1. determine, appoint
ὁροθεσία, ας, ἡ fixed boundary
ὀχλοποιέω form a mob
πανταχοῦ everywhere
παρατυγχάνω happen to be present
παροξύνω irritate, arouse
πνοή, ῆς, ἡ 2. breath
ποιητής, οῦ, ὁ 1. poet
πολιτάρχης, ου, ὁ civil magistrate
προθυμία, ας, ἡ willingness, readiness
προσδέομαι need in addition
προσκληρόω be attached to, join
προστάσσω command, order
σέβασμα, ατος, τό object of worship
σπερμολόγος, ον gossip, chatterer, babbler
συμβάλλω converse, confer
σύρω pull, drag away
τέχνη, ης, ἡ skill, trade
ὑπεροράω 2. overlook, disregard
ὑποδέχομαι welcome (as a guest)
φιλόσοφος, ου, ὁ philosopher
χάραγμα, ατος, τό 2. thing formed, image
χειροποίητος, ον made by human hands
χλευάζω mock, sneer, scoff
ψηλαφάω feel (about for), touch

## Chapter 18

ἀδίκημα, ατος, τό a wrong, crime
ἀκρίβως accurately, more exactly
ἀνακάμπτω return
ἀναπείθω persuade, induce, incite
ἀνθύπατος, ου, ὁ proconsul
ἀντιτάσσω oppose, resist
ἀπελαύνω drive away
ἀποδέχομαι 1. welcome
ἀποτάσσω 1. say farewell (to), take leave (of)
ἀρχισυνάγωγος, ου, ὁ leader of synagogue

αὐτοῦ there (adv. of place)
δημόσιος, ία, ιον adv.: publicly
διακατελέγχομαι refute
ἐκπλέω sail away
ἐκτίθημι 2. explain, set forth
ἐκτινάσσω shake out
ἐπιδείκνυμι demonstrate, show
ἐπιδημέω 1. stay at
ἐπινεύω give consent
εὐτόνως vigorously
εὐχή, ῆς, ἡ 2. oath, vow
ζέω seethe, burn (with zeal)
ζήτημα, ατος, τό question, issue
καθεξῆς one after the other
κακόω 1. harm, mistreat
κατεφίσταμαι rise up
κατηχέω teach, instruct
κείρω mid.: cut one's hair
λόγιος, ία, ιον 2. learned, eloquent
ὁμότεχνος, ον practicing the same trade
πάντως 1. by all means, certainly
παρρησιάζομαι 1. speak freely, fearlessly
πατρίς, ίδος, ἡ homeland, home town
προσμένω 2. remain longer, further
προσφάτως recently
προτρέπω encourage, persuade
ῥᾳδιούργημα, ατος, τό villainy, knavery, crime
σκηνοποιός, οῦ, ὁ tentmaker
συγκατανεύω agree, consent
συμβάλλω 2. help, be of assistance
συνομορέω border on, be next (door) to
τέχνη, ης, ἡ skill, trade

## Chapter 19

ἀγοραῖος, ον fem. subst.: 2. court days, sessions
αἴτιος, ία, ιον neut.: guilt, complaint
ἄμφοδον, ου, τό street
ἀναντίρρητος, ον undeniable
ἀνθύπατος, ου, ὁ proconsul
ἀνωτερικός, ή, όν upper
ἀπαλλάσσω leave, depart
ἀπελεγμός, οῦ, ὁ refutation, exposure, discredit
ἀποφέρω 1. b. take, bring
ἀργυροκόπος, ου, ὁ silversmith
ἀργυροῦς, ᾶ, οῦν (made of) silver
δέκατος, η, ον tenth
δῆμος, ου, ὁ assembly, crowd
διοπετής, ές fallen from heaven

ἐγκαλέω accuse, bring charges against
ἐκφεύγω 1. run away
ἔννομος, ον legal, lawful (cf. AG)
ἐξορκιστής, οῦ, ὁ exorcist
ἐπέχω 2. b. stop, stay
ἐπιλύω 2. decide, settle
ἐπιχειρέω attempt, try
ἐργασία, ας, ἡ 3. business, 4. profit
εὐπορία, ας, ἡ means, prosperity
ἐφάλλομαι leap upon
θεά, ᾶς, ἡ goddess
θέατρον, ου, τό theater
ἱερόσυλος, ον subst.: temple-robber,
   desecrator
καθαιρέω 2. tear down, destroy
κακολογέω speak evil of
κατακυριεύω become master, subdue
κατασείω shake, motion
καταστέλλω restrain, quiet, calm
κινδυνεύω be in danger, run a risk
μεγαλειότης, ητος, ἡ grandeur
μεγαλύνω magnify, 2. pass.: be glorified
μεθίστημι 2. turn away
μυριάς, άδος, ἡ myriad (ten thousand)
νεωκόρος, ου, ὁ temple-keeper
ὁρκίζω adjure, implore
ὁρμάω rush (headlong)
παρρησιάζομαι 1. speak freely, openly
περαιτέρω further, beyond
περίεργος, ον 2. belonging to magic
περιέρχομαι go from place to place
πρᾶξις, εως, ἡ 4. b. evil deed
προβάλλω 1. put forward
προπετής, ές rash, reckless
σιμικίνθιον, ου, τό an apron
σκληρύνω harden
σουδάριον, ου, τό "(hand)kerchief"
στάσις, εως, ἡ uprising, riot
συγχέω confuse, confound, trouble
σύγχυσις, εως, ἡ confusion, tumult
συμβιβάζω 4. instruct, teach, advise
συμψηφίζω count up, compute
συναθροίζω 1. gather, bring together
συναρπάζω seize, drag away
συνέκδημος, ου, ὁ traveling-companion
συστροφή, ῆς, ἡ 1. disorderly or sedi-
   tious gathering, commotion
σχεδόν nearly, almost
σχολή, ῆς, ἡ school
τάραχος, ου, ὁ disturbance
τεχνίτης, ου, ὁ craftsman, artisan
τραυματίζω wound

χρῶς, χρωτός, ὁ skin, body surface

**Chapter 20**

ἄζυμος, ον neut. pl. subst. festival of
   unleavened bread
ἄντικρυς opposite
ἀντιλαμβάνω 1. help, come to the aid of
ἀποπλέω sail away
ἀποσπάω 2. draw or tear away, attract
αὐγή, ῆς, ἡ dawn, daybreak
ἄφιξις, εως, ἡ departure
βαθύς, εῖα, ύ deep
βαρύς, εῖα, ύ 2. d. fierce, cruel, savage
γνώμη, ης, ἡ 4. decision, declaration
δημόσιος, ία, ιον adv.: publicly
διαστρέφω make crooked, pervert
δρόμος, ου, ὁ course
ἐκπλέω sail away
ἔξειμι go out, go away
ἔπειμι fem. part. subst.: next (day)
ἐπιβαίνω set foot in
ἐπιβουλή, ῆς, ἡ plot
ἐπίσκοπος, ου, ὁ overseer, bishop
ἑσπέρα, ας, ἡ evening
θορυβέω 2. be troubled
θόρυβος, ου, ὁ 3. turmoil
θυρίς, ίδος, ἡ window
ἱματισμός, οῦ, ὁ clothing
καθέζομαι sit
καταφέρω pass.: be overwhelmed by,
   sink into (a state)
καταφιλέω kiss
κλαυθμός, οῦ, ὁ weeping, crying
λαμπάς, άδος, ἡ lamp, torch
λύκος, ου, ὁ wolf
μαρτύρομαι 1. testify, bear witness
μεσονύκτιον, ου, τό midnight
μετακαλέω call to oneself, summon
μεταπέμπω send for, summon
μετρίως moderately, οὐ μ. greatly
νεανίας, ου, ὁ young man
νουθετέω admonish, warn, instruct
ὀδυνάω feel pain
ὁμιλέω speak, converse, talk
παραβάλλω 2. approach, come near
παραπλέω sail past
παρατείνω extend, prolong
πεζεύω travel by land
πεντηκοστή, ῆς, ἡ Pentecost
περιποιέω 2. acquire, obtain
ποίμνιον, ου, τό flock
προπέμπω 1. accompany, escort

σπεύδω 1. a. hurry, make haste
συμβαίνω meet, happen
συμβάλλω 1. b. meet, fall in with
συμπεριλαμβάνω embrace
συναντάω meet, happen
συνέπομαι accompany
ταπεινοφροσύνη, ης, ἡ humility, modesty
τράχηλος, ου, ὁ neck, throat
τριετία, ας, ἡ (a period of) three years
τρίστεγον, ου, τό the third story
ὑπερῷον, ου, τό upper story, room upstairs
ὑπηρετέω be helpful, serve
ὕπνος, ου, ὁ sleep
ὑποδείκνυμι 2. show, prove
ὑποστέλλω 2. b. shrink from, avoid, c. keep silent about
χρονοτριβέω spend time, lose or waste time

## Chapter 21

ἁγνίζω purify
ἁγνισμός, οῦ, ὁ purification
αἰγιαλός, οῦ, ὁ shore, beach
ἀναβαθμός, οῦ, ὁ step, flight of stairs
ἀναστατόω disturb, trouble, upset
ἀναφαίνω sight
ἀνευρίσκω look, search for
ἀπασπάζομαι take leave of, say farewell to
ἀποδέχομαι 1. welcome
ἀποσπάω 3. be parted from someone
ἀποστασία, ας, ἡ rebellion, apostasy
ἀποφορτίζομαι unload
ἄσημος, ον obscure, insignificant
ἀσμένως gladly
ἀσφαλής, ές 1. b. sure, neut. subst.: the truth
αὐτοῦ there (adv. of place)
βία, ας, ἡ 1. force, violence
βοηθέω furnish aid, help
γόμος, ου, ὁ load, cargo
δαπανάω spend, δ. ἐπί pay expenses of
διαγγέλλω 2. give notice of
διάλεκτος, ου, ἡ language
διανύω 1. complete
διαπεράω cross (over)
εἰδωλόθυτος, ον neut. subst.: meat offered an idol
εἴσειμι go in, into
ἐκεῖσε 2. there, at that place

ἐκπλήρωσις, εως, ἡ completion
ἕλκω drag, draw
ἐντόπιος, ία, ιον local, subst.: local resident
ἐξαρτίζω 1. finish, complete
ἐξαυτῆς at once, immediately
ἐξηγέομαι explain, relate
ἑξῆς next (day)
ἔπειμι fem. part. subst.: next (day)
ἐπιβαίνω go on board, embark
ἐπισκευάζομαι make preparations
ἐπιστέλλω write
ἐπιφωνέω cry out (loudly)
ἑτοίμως readily, ἑ. ἔχειν be willing
εὐαγγελιστής, οῦ, ὁ evangelist
εὐθυδρομέω run a straight course
εὐχή, ῆς, ἡ 2. oath, vow
εὐώνυμος, ον left
ζηλωτής, οῦ, ὁ zealot, enthusiast
ζώνη, ης, ἡ belt, girdle
ἡσυχάζω 2. be quiet, remain silent
θόρυβος, ου, ὁ 1. noise, clamor
κατασείω motion, wave
κατατρέχω run down to
κατηχέω be informed, learn
κινέω move, 2. b. arouse
μυριάς, άδος, ἡ myriad (ten thousand)
ξυράω (-έω) mid.: have oneself shaved
πανταχῆ everywhere
πάντως 1. by all means, certainly
πλέω travel by sea, sail
πλόος (πλοῦς), ὁ voyage, navigation
πνικτός, ή, όν strangled
πολίτης, ου, ὁ citizen
προοράω 1. see previously
προπέμπω 1. accompany, escort
προσφορά, ᾶς, ἡ 2. gift, offering
προσφωνέω 1. call out, address
σιγή, ῆς, ἡ silence, quiet
σικάριος, ου, ὁ sicarius, assassin
σπεῖρα, ης, ἡ cohort (six hundred men)
στοιχέω hold to, follow
συγχέω confuse, trouble
συμβαίνω meet, happen
συνδρομή, ῆς, ἡ running together, forming of a mob
συνθρύπτω break in pieces
συντελέω 1. bring or come to an end
τετρακισχίλιοι four thousand
φάσις, εως, ἡ report, announcement, news

# Chapter 22

ἀήρ, έρος, ὁ air

ἀκατάκριτος, ον uncondemned, without a proper trial

ἀκρίβεια, ας, ἡ exactness

ἀνατρέφω bring up, rear, train

ἀνετάζω give a hearing, μάστιξιν ἀ. examine by torture

ἀπολογία, ας, ἡ defense

ἀπολούω mid.: wash oneself

ἀσφαλής, ές 1. b. sure, neut. subst.: the truth

δεσμεύω 1. bind, tie up

διάλεκτος, ου, ἡ language

ἔδαφος, ους, τό ground

ἐκεῖσε 2. there, at that place

ἔκστασις, εως, ἡ 2. trance

ἐξαίφνης suddenly, unexpectedly

ἐπιφωνέω cry out (loudly)

εὐλαβής, ές devout

ζηλωτής, οῦ, ὁ zealot, enthusiast

ἡσυχία, ας, ἡ 2. silence

ἱμάς, άντος, ὁ strap, thong

καθήκω allow

κατάγω lead, bring down

κεφάλαιον, ου, τό 2. sum of money

κονιορτός, οῦ, ὁ dust

κραυγάζω 2. cry (out)

κτάομαι acquire, get

μαστίζω scourge

μάστιξ, ιγος, ἡ pl.: lashing, lashes

μεσημβρία, ας, ἡ midday, noon

παραδέχομαι accept, acknowledge

πατρῷος, α, ον inherited from one's (fore)father(s)

περιαστράπτω shine (around)

πολιτεία, ας, ἡ 1. citizenship

πρεσβυτέριον, ου, τό council of elders

προσφωνέω call out, address

προτείνω stretch out, spread out

προχειρίζω mid.: choose for oneself

ῥιπτέω 1. throw off

σπεύδω 1. hurry, make haste

σύνειμι I. be with

συνευδοκέω approve of

τάχος, ους, τό speed, ἐν τ. quickly, at once

τιμωρέω punish

φυλακίζω imprison

χειραγωγέω take or lead by the hand

# Chapter 23

ἀκριβῶς comp.: more exactly

ἀναδίδωμι deliver, hand over

ἀνάθεμα, ατος, τό (curse, cf. AG)

ἀναθεματίζω 1. bind with an oath or under a curse

δεξιολάβος, ου, ὁ bowman, slinger

διαγινώσκω decide, determine

διακόσιοι, αι, α two hundred

διακούω give someone a hearing

διαμάχομαι contend sharply

διασπάω tear apart

διασῴζω bring safely through

ἑβδομήκοντα seventy

ἐγκαλέω accuse, bring charges against

ἔγκλημα, τος, τό charge, accusation

ἐκλαλέω tell

ἐνέδρα, ας, ἡ plot, ambush

ἐνεδρεύω lie in wait

ἐξαιρέω 2. set free, deliver

ἐξαυτῆς at once, immediately

ἐπαρχεία, ας, ἡ province

ἔπειμι fem. part. subst.: next (day)

ἐπιβιβάζω put someone on

ἐπιβουλή, ῆς, ἡ a plot

ζήτημα, ατος, τό question, issue

θαρσέω have courage, do not be afraid

ἱππεύς, έως, ὁ horseman

κατάγω lead, bring down

κατήγορος, ου, ὁ accuser, prosecutor

κονιάω whitewash

κράτιστος, η, ον most noble

κραυγή, ῆς, ἡ 1. shout(ing), clamor

κτῆνος, ους, τό animal (used for riding)

λοιδορέω revile, abuse

μηνύω make known, reveal

νεανίας, ου, ὁ young man

παρανομέω break the law

πολιτεύομαι 3. live, lead one's life

πραιτώριον, ου, τό the praetorium

ῥώννυμι perf. pass. imper.: farewell

στάσις, εως, ἡ 3. strife, discord

στράτευμα, ατος, τό army, pl.: troops

συντίθημι mid.: agree together, decide

συνωμοσία, ας, ἡ conspiracy, plot

συστροφή, ῆς, ἡ 1. mob

τοῖχος, ου, ὁ wall

# Chapter 24

ἁγνίζω purify

ἀδίκημα, ατος, τό a wrong, crime

αἵρεσις, εως, ἡ 1. sect, party, school

ἀκριβῶς well, *comp.*: more accurately
ἀναβάλλω adjourn, postpone
ἄνεσις, εως, ἡ freedom, relaxing
ἀποδέχομαι 2. recognize, acknowledge
ἀπρόσκοπος, ον 1. clear, blameless
ἀσκέω practice, engage in
βεβηλόω desecrate, profane
βία, ας, ἡ 2. use of force
διαγινώσκω decide, determine
διάδοχος, ου, ὁ successor
διετία, ας, ἡ period of two years
διόρθωμα, ατος, τό reform
ἐγκόπτω hinder, weary, detain (cf. AG)
ἐγκράτεια, είας, ἡ self-control
ἔμφοβος, ον afraid, terrified
ἐπιείκεια, ας, ἡ graciousness
ἐπίστασις, εως, ἡ attack, onset
εὐθύμως cheerfully
ἡμέτερος, α, ον our
θόρυβος, ου, ὁ 3. disturbance
κατατίθημι *mid.*: do someone a favor
κατήγορος, ου, ὁ accuser, prosecutor
κινέω move, 4. a. cause, bring about
κράτιστος, η, ον most noble
λοιμός, ή, όν II. diseased, plague-spot
μετακαλέω call to oneself, summon
μεταλαμβάνω: καιρὸν μ. have an op-
    portunity, find time
μεταπέμπω send for, summon
νεύω nod
ὁμιλέω speak, converse, address
πανταχοῦ everywhere
πάντη altogether
πατρῷος, α, ον paternal, of one's
    father(s)
πρόνοια, ας, ἡ foresight, care
προσφορά, ᾶς, ἡ offering
πρωτοστάτης, ου, ὁ leader, ringleader
πυκνός, ή, όν frequent, *neut. comp.*
    *adv.*: more (very) often
ῥήτωρ, ορος, ὁ public speaker, attorney
στάσις, εως, ἡ 3. strife, discord
συνεπιτίθεμαι join in attack
συντόμως 2. briefly, concisely
ὑπηρετέω serve, be helpful
φάσκω say, assert
χρῆμα, ατος, τό 2. money

**Chapter 25**
αἰτίωμα, τος, τό charge, complaint
ἀκροατήριον, ου, τό audience room,
ἄλογος, ον contrary to reason
    auditorium

ἀναβολή, ῆς, ἡ delay, postponement
ἀνάκρισις, εως, ἡ investigation, hearing
ἀναπέμπω 1. send
ἀνατίθημι *mid.*: declare, communicate
ἀποδείκνυμι 3. prove
ἀπολογία, ας, ἡ defense
ἀπορέω be at a loss, uncertain
ἀσφαλής, ές 1. b. sure, certain, definite
ἄτοπος, ον 2. evil, wrong, improper
βαρύς, εῖα, ύ important, heavy
δεισιδαιμονία, ας, ἡ 3. religion
διαγίνομαι pass, elapse
διάγνωσις, εως, ἡ decision
ἔγκλημα, τος, τό charge, accusation
ἐνέδρα, ας, ἡ plot, ambush
ἐνθάδε here
ἐντυγχάνω 1. meet, appeal to
ἑξῆς next (day)
ἐξοχή, ῆς, ἡ prominence
ἐπαρχεία, ας, ἡ province
ἐπάρχειος, ον *fem. subst.*: province
ἐπιβαίνω set foot in
ζήτημα, ατος, τό question
ζήτησις, εως, ἡ 1. investigation
θνήσκω die
καταδίκη, ης, ἡ sentence of condemna-
    tion
κατατίθημι *mid.*: do someone a favor
καταφέρω 2. bring (charges) against
κατήγορος, ου, ὁ accuser, prosecutor
μεταπέμπω send for, summon
ὀκτώ eight
περιίστημι 1. stand around
σημαίνω make known, report
συγκαταβαίνω go down with
συλλαλέω talk, converse with
συμβούλιον, ου, τό 3. council
συμπάρειμι be present with
τάχος, ους, τό speed, ἐν τ. soon
ὑπονοέω suspect, suppose
φαντασία, ας, ἡ pomp, pagentry
φάσκω say, assert

**Chapter 26**
αἵρεσις, εως, ἡ 1. sect, party, school
ἀκριβής, ές exact, strict
ἀναγκάζω 1. compel, force
ἀπειθής, ές disobedient
ἀποφθέγγομαι speak out, declare
βίωσις, εως, ἡ manner of life
γνώστης, ου, ὁ expert
γωνία, ας, ἡ corner

διάλεκτος, ου, ἡ language
διαχειρίζω kill, murder
δωδεκάφυλον, ου, τό the twelve tribes
ἐγκαλέω accuse, bring charges against
ἐκτένεια, ας, ἡ earnestness, ἐν ἐ. earnestly
ἐκτός except
ἐμμαίνομαι be enraged
ἐναντίος, α, ον 2. opposed, contrary
ἐξαιρέω choose out, save
ἐπικουρία, ας, ἡ help
ἐπιτροπή, ῆς, ἡ permission
εὔχομαι 1. pray
ζήτημα, ατος, τό question, issue
ἡμέτερος, α, ον our
θρησκεία, ας, ἡ religion
κατακλείω shut up, lock up
καταπίπτω fall (down)
καταφέρω 2. ψῆφον κ. cast (one's) vote against
κέντρον, ου, τό 2. goad
κράτιστος, η, ον most noble
λακτίζω kick
λαμπρότης, ητος, ἡ brightness
λανθάνω escape notice, be hidden
μαίνομαι be mad, be out of one's mind
μακροθύμως patiently
μανία, ας, ἡ madness
μαρτύρομαι 1. testify, bear witness
νεότης, ητος, ἡ youth
ὁποῖος, οία, οἶον of what sort, as
ὀπτασία, ας, ἡ vision
οὐράνιος, ον heavenly
οὐρανόθεν from heaven
παθητός, ή, όν subject to suffering
παρεκτός 2. apart from, except for
παρρησιάζομαι 1. speak freely, openly
πειράω mid.: 1. try, attempt
περιλάμπω shine around
περισσῶς exceedingly, beyond measure
περιτρέπω turn
προγινώσκω know beforehand, in advance
προχειρίζω mid.: choose for oneself
σκληρός, ά, όν hard, rough
συγκάθημαι sit with
σωφροσύνη, ης, ἡ reasonableness, rationality
τιμωρέω punish someone
ψῆφος, ου, ἡ (a pebble used as) a vote

**Chapter 27**
ἄγκυρα, ας, ἡ anchor

αἰγιαλός, οῦ, ὁ shore, beach
ἀνεύθετος, ον poor, unfavorably situated
ἀνίημι 1. loosen, unfasten
ἀντοφθαλμέω look directly at, be able to face
ἀποβολή, ῆς, ἡ 2. loss
ἀποκόπτω 1. cut off
ἀποπλέω sail away
ἀπο(ρ)ρίπτω throw oneself down
ἀρτέμων, ωνος, ὁ sail, foresail
ἀσάλευτος, ον immovable, unshaken
ἀσιτία, ας, ἡ lack of appetite
ἄσιτος, ον without eating, fasting
ἆσσον nearer, closer, close
ἄστρον, ου, τό star, constellation
αὐτόχειρ, ρος with one's own hand
βία, ας, ἡ 1. force, violence
βοήθεια, ας, ἡ help, pl.: supports
βολίζω take soundings, heave the lead
βουλεύω 2. resolve, decide
βούλημα, ατος, τό intention
βραδυπλοέω sail slowly
βραχύς, εῖα, ύ short, little
δεκαπέντε fifteen
δεσμώτης, ου, ὁ prisoner
διαγίνομαι pass, elapse
διακόσιοι, αι, α two hundred
διαπλέω sail through
διασῴζω bring safely, save
διατελέω continue, remain
διαφεύγω escape
διθάλασσος, ον: τόπος δ. sandbank, reef
διΐστημι 2. sail, go on
ἑβδομήκοντα seventy
ἐκβολή, ῆς, ἡ jettisoning, ἐκ. ποιεῖσθαι jettison
ἐκκολυμβάω swim away
ἐκσῴζω bring safely
ἐμβιβάζω put someone (on board)
ἐναντίος, α, ον 1. against
ἔξειμι go to
ἑξῆς next (day)
ἐξωθέω beach, run ashore
ἐπιβαίνω go upon, board
ἐπίκειμαι lay upon
ἐπικέλλω run aground
ἐπιμέλεια, ας, ἡ: ἐ. τυχεῖν be cared for
ἐπισφαλής, ές unsafe, dangerous
ἐπιφαίνω appear, show itself
ἐρείδω jam fast, become fixed

54

εὐθυμέω be cheerful
εὔθυμος, ον cheerful, encouraged
εὐρακύλων, ωνος, ὁ the northeast
   wind
εὔχομαι 2. wish
ζευκτηρία, ας, ἡ bands, ropes
ζημία, ας, ἡ damage, loss
κατάγω put in (at a harbor)
κόλπος, ου, ὁ 3. bay, gulf
κολυμβάω swim
κορέννυμι satiate, fill
κουφίζω make light, lighten
κυβερνήτης, ου, ὁ steersman, pilot
λιμήν, ένος, ὁ harbor
λίψ, λιβός, ὁ the southwest
μεταλαμβάνω take
μή που lest
μόλις 1. with difficulty
ναύκληρος, ου, ὁ ship-owner, captain
ναῦς, ἡ ship
ναύτης, ου, ὁ sailor
νησίον, ου, τό little island
νῆσος, ου, ἡ island
νηστεία, ας, ἡ fasting
νότος, ου, ὁ 1. south(west) wind
ὀργυιά, ᾶς, ἡ fathom
παραινέω advise, recommend, urge
παραλέγομαι sail past, coast along
παραχειμάζω (spend the) winter
παραχειμασία, ας, ἡ wintering
πειθαρχέω obey, follow advice
πέλαγος, ους, τό sea
περιαιρέω take away, 1. slip anchor
περικρατής, ές (being) in command,
   under control
περιπίπτω: π. εἰς τόπον διθάλασσον
   strike a reef
πηδάλιον, ου, τό steering paddle,
   rudder
πλέω travel by sea, sail
πλόος (πλοῦς), ὁ voyage, navigation
πνέω blow, fem. subst.: the blowing
   (wind)
πού somewhere, about
προσάγω 2. come near, approach
προσαχέω resound
προσεάω permit to go farther
πρόφασις, εως, ἡ 2. pretext
πρύμνα, ης, ἡ the stern (of ship)
πρῷρα, ης, ἡ prow (of ship)
ῥίπτω throw (away)
σανίς, ίδος, ἡ board, plank

σκάφη, ης, ἡ (small) boat, skiff
σκευή, ῆς, ἡ equipment, gear; kedge
   (cf. AG)
σπεῖρα, ης, ἡ cohort (six hundred men)
συναρπάζω seize, drag away
σφοδρῶς very much, violently
σχοινίον, ου, τό rope, cord
τεσσαρεσκαιδέκατος, η, ον fourteenth
τραχύς, εῖα, ύ rough, uneven
τυφωνικός, ή, όν a typhoon, hurricane
ὕβρις, εως, ἡ 3. hardship, disaster,
   damage
ὑποζώννυμι undergird, brace
ὑπονοέω suspect, suppose
ὑποπλέω sail under the lee of
ὑποπνέω blow gently
ὑποτρέχω run or sail under the lee of
φιλανθρώπως benevolently, kindly
φορτίον, ου, τό load, cargo
χαλάω let down
χειμάζω expose to bad weather, toss in
   a storm
χειμών, ῶνος, ὁ 1. bad weather
χῶρος, ου, ὁ II. the northwest

**Chapter 28**

αἵρεσις, εως, ἡ 1. sect, party, school
ἀκωλύτως without let or hindrance
ἀναγκάζω 1. compel, force
ἀναδέχομαι 2. receive, welcome
ἀντιλέγω 1. speak against, contradict
ἀξιόω 2. desire, request
ἀπάντησις, εως, ἡ meeting
ἀπιστέω disbelieve, refuse to believe
ἀποδέχομαι 1. welcome
ἀποτινάσσω shake off
ἀσύμφωνος, ον not harmonious, at
   variance
ἄτοπος, ον 1. unusual, surprising
ἄφνω suddenly
βάρβαρος, ον 2. subst.: not Greek,
   foreigner
βαρέως with difficulty
δευτεραῖος, αία, ον on the second day
διασῴζω bring safely through
διετία, ας, ἡ a period of two years
δίκη, ης, ἡ 2. justice
δυσεντέριον, ου, τό dysentery
εἵνεκεν on account of
ἐκτίθημι 2. explain, set forth
ἐμμένω stay, remain (in)
ἐμπί(μ)πρημι set on fire, burn

ἐναντίος, α, ον 2. opposed, contrary
ἐπιγίνομαι come up
ἑσπέρα, ας, ἡ evening
ἔχιδνα, ης, ἡ viper
θάρσος, ους, τό courage
θέρμη, ης, ἡ heat
καθάπτω fasten
καμμύω close (the eyes)
κατάγω put in (at a harbor)
καταπίπτω fall (down)
κρεμάννυμι hang
μεταβάλλω change one's mind
μίσθωμα, ατος, τό pass.: what is
    rented, a rented house
νῆσος, ου, ἡ island
νότος, ου, ὁ 1. south(west) wind
ξενία, ας, ἡ guest room
πανταχοῦ everywhere
πάντως 1. certainly
παράσημος, ον 2. distinguished, marked
παραχειμάζω (spend the) winter
πατρῷος, α, ον inherited from one's
    (fore)father(s)

παχύνω 2. make impervious, dull
περιαιρέω 1. slip anchor
περιέρχομαι sail around, make a circuit
περίκειμαι 2. wear something
πίμπρημι swell up, burn with fever
προσλαλέω speak to, address
πυρά, ᾶς, ἡ fire
πυρετός, οῦ, ὁ fever
στρατοπέδαρχος, ου, ὁ military com-
    mander
συγκαλέω call together, mid.: summon
συζήτησις, εως, ἡ dispute, discussion
συστρέφω 1. gather up, bring together
σωτήριος, ον neut. subst.: salvation
ταβέρναι, ῶν, αἱ taverns, stores
ὑετός, οῦ, ὁ rain
φιλανθρωπία, ας, ἡ hospitality, love
    for mankind
φιλοφρόνως in a friendly manner,
    hospitably
φονεύς, έως, ὁ murderer
φρύγανον, ου, τό pl.: brushwood
ψῦχος, ους, τό cold

# THE EPISTLE TO THE ROMANS

**Chapter 1**

ἁγιωσύνη, ης, ἡ holiness
ἀδιαλείπτως constantly
ἀδόκιμος, ον worthless, base
ἀΐδιος, ον eternal
ἀλαζών, όνος, ὁ boaster, braggart
ἀλλάσσω change, exchange
ἀναπολόγητος, ον without excuse
ἀνελεήμων, ον unmerciful
ἀνόητος, ον unintelligent, foolish
ἀντιμισθία, ας, ἡ penalty
ἀόρατος, ον unseen, invisible
ἀπειθής, ές disobedient
ἀποστολή, ῆς, ἡ apostleship
ἄρσην, εν male
ἀσέβεια, ας, ἡ godlessness, impiety
ἄστοργος, ον unloving
ἀσύνετος, ον senseless, foolish
ἀσύνθετος, ον faithless
ἀσχημοσύνη, ης, ἡ shameless deed
ἀτιμάζω dishonor, insult
ἀτιμία, ας, ἡ dishonor, shame
ἄφθαρτος, ον immortal, imperishable
βάρβαρος, ον 2. subst.: not Greek,
    foreigner, barbarian
δεῦρο (come), 2. until now
ἐκκαίω kindle

ἐπιποθέω long for, desire
ἔρις, ιδος, ἡ strife, contention
ἑρπετόν, οῦ, τό reptile
εὐλογητός, ή, όν blessed, praised
εὐοδόω pass.: get along well, succeed
ἐφευρετής, οῦ, ὁ contriver
θειότης, ητος, ἡ divine nature
θεοστυγής, ές hating God
θῆλυς, εια, υ female, woman
καθήκω be proper, fitting
καθοράω perceive, notice
κακοήθεια, ας, ἡ malice, craftiness
κατάλαλος, ον subst.: slanderer
ματαιόω make futile, pass.: be foolish
μεστός, ή, όν full
μεταδίδωμι impart, share
μεταλλάσσω exchange
μνεία, ας, ἡ remembrance, 2. mention
μωραίνω make, become foolish
ὁμοίωμα, ατος, τό image, likeness
ὄρεξις, εως, ἡ longing, desire
ὁρίζω 1. appoint, declare
ὀφειλέτης, ου, ὁ debtor, one under
    obligation
πάθος, ους, τό 2. passion
ποίημα, ατος, τό what is made, creation
πονηρία, ας, ἡ wickedness, sinfulness

προεπαγγέλλω promise beforehand
πρόθυμος, ον ready, *neut. subst.*: desire
προτίθημι set before, plan, propose
σεβάζομαι worship
σκοτίζω *pass.*: be(come) dark
συμπαρακαλέω encourage together
συνευδοκέω agree with, approve of
τετράπους, ουν four-footed (animal)
ὑβριστής, οῦ, ὁ violent, insolent man
ὑπερήφανος, ον arrogant, proud
φάσκω say, assert
φθαρτός, ή, όν perishable
φθόνος, ου, ὁ envy, jealousy
φόνος, ου, ὁ murder, killing
φυσικός, ή, όν natural
χρῆσις, εως, ἡ use, function, relations
ψιθυριστής, οῦ, ὁ whisperer

## Chapter 2

ἀκροατής, οῦ, ὁ a hearer
ἀμετανόητος, ον unrepentant
ἀναπολόγητος, ον without excuse
ἀνόμως without the law
ἀνοχή, ῆς, ἡ 2. forbearance
ἀτιμάζω dishonor, insult
ἀφθαρσία, ας, ἡ incorruptability, im-
    mortality
βδελύσσομαι abhor, detest
γραπτός, ή, όν written
δικαιοκρισία, ας, ἡ righteous judgment
ἐκφεύγω 2. escape
ἐπαναπαύομαι rest, 2. rely on
ἐπονομάζω call, name
ἐριθεία, ας, ἡ strife, contentiousness
    (cf. AG)
θησαυρίζω store up, save
ἱεροσυλέω rob temples, commit sacrilege
καταφρονέω look down on, scorn
κατηχέω teach, instruct
λογισμός, οῦ, ὁ reasoning, thoughts
μεταξύ between, among
μόρφωσις, εως, ἡ embodiment, outward
    form
ὁδηγός, οῦ, ὁ leader
παιδευτής, οῦ, ὁ instructor
παράβασις, εως, ἡ transgression
παραβάτης, ου, ὁ transgressor
ποιητής, οῦ, ὁ one who does something,
    doer
προσωποληψία, ας, ἡ partiality
σκληρότης, ητος, ἡ stubbornness
στενοχωρία, ας, ἡ distress, anguish
συμμαρτυρέω testify with, confirm

χρηστός, ή, όν useful, *neut. subst.*:
    kindness

## Chapter 3

ἁμάρτημα, τος, τό sin, transgression
ἀνοχή, ῆς, ἡ 2. forbearance
ἀπέναντι 1. before, opposite
ἀπιστέω disbelieve, 2. be unfaithful
ἀρά, ᾶς, ἡ curse
ἀσπίς, ίδος, ἡ asp
ἀχρειόω make useless, 2. become worth-
    less
διαστολή, ῆς, ἡ difference, distinction
δολιόω deceive
δωρεάν 1. as a gift
εἴπερ if indeed, (cf. AG εἰ VI. 11) since
ἐκζητέω 1. seek out, search for
ἐκκλείω shut out, exclude
ἐκκλίνω turn away, aside
ἔνδειξις, εως, ἡ sign, proof
ἔνδικος, ον just, deserved
ἐπιφέρω bring (upon), 4. inflict
ἱλαστήριον, ου, τό gift to procure ex-
    piation
ἰός, οῦ, ὁ 1. poison
λάρυγξ, γγος, ὁ throat
λόγιον, ου, τό saying
ὀξύς, εῖα, ύ 2. quick, swift
πάντως 5. (*w. neg.*) not at all
πάρεσις, εως, ἡ passing over, letting
    go unpunished
περισσός, ή, όν advantage
πικρία, ας, ἡ bitterness
προαιτιάομαι accuse beforehand
προγίνομαι be done before, originate
προέχω (cf. AG 2) have advantage,
    make excuses
προτίθημι set before, display publicly
σύντριμμα, ατος, τό destruction
ταλαιπωρία, ας, ἡ misery, distress
τάφος, ου, ὁ grave, tomb
ὑπόδικος, ον accountable
φράσσω shut, close
χεῖλος, ους, τό lip
ψεῦσμα, ατος, τό lie, lying
ὠφέλεια, ας, ἡ use, advantage

## Chapter 4

ἀσεβής, ές godless, impious
βέβαιος, α, ον firm, reliable
δικαίωσις, εως, ἡ justification
ἑκατονταετής, ές one hundred years
    old

ἐνδυναμόω strengthen, *pass.:* grow strong
ἐπικαλύπτω cover
ἴχνος, ους, τό footprint
κατέναντι before, opposite
κενόω make empty
μακαρισμός, οῦ, ὁ blessing
μήτρα, ας, ἡ womb
νεκρόω *pass.:* be worn out, impotent
νέκρωσις, εως, ἡ death, deadness
ὀφείλημα, ατος, τό debt, one's due
παράβασις, εως, ἡ transgression
πληροφορέω fill, 2. convince fully
πού 2. about, approximately
προπάτωρ, ορος, ὁ forefather
στοιχέω hold to, follow

### Chapter 5
ἀσεβής, ές godless, impious
δικαίωσις, εως, ἡ justification
δοκιμή, ῆς, ἡ character, test
δώρημα, ατος, τό gift
ἐλλογέω charge to someone's account
κατάκριμα, ατος, τό punishment
καταλλαγή, ῆς, ἡ reconciliation
καταλλάσσω reconcile
μόλις scarcely, 2. only rarely, 3. hardly
ὁμοίωμα, ατος, τό likeness
παράβασις, εως, ἡ transgression
παρακοή, ῆς, ἡ unwillingness to hear, disobedience
παρεισέρχομαι slip in
περισσεία, ας, ἡ surplus, abundance
πλεονάζω grow, increase
προσαγωγή, ῆς, ἡ access, approach
τάχα perhaps, possibly
ὑπερπερισσεύω be present in abundance

### Chapter 6
ἀνθρώπινος, η, ον human
δοῦλος, η, ον slavish, servile
δουλόω enslave, subject
ἐλευθερόω (set) free
ἐφάπαξ once for all, at once
θνητός, ή, όν mortal
καινότης, ητος, ἡ newness
κυριεύω be lord, rule (over)
ὁμοίωμα, ατος, τό likeness
ὅπλον, ου, τό 1. tool
ὀψώνιον, ου, τό wages, compensation
πλεονάζω grow, increase
συζάω live (together) with

σύμφυτος, ον grown together, united
συνθάπτω bury (together) with
συσταυρόω crucify (together) with

### Chapter 7
αἰχμαλωτίζω capture, make prisoner
ἀναζάω come to life again
ἀντιστρατεύομαι be at war with
ἀφορμή, ῆς, ἡ occasion, opportunity
ἐνοικέω live, dwell in
ἐξαπατάω deceive, cheat
ἔσω in(side), within, inner
καινότης, ητος, ἡ newness
καρποφορέω bear fruit
κυριεύω be lord, rule (over)
μοιχαλίς, ίδος, ἡ adulteress
οἰκέω live, dwell
παλαιότης, ητος, ἡ age, obsoleteness
παράκειμαι be at hand, ready
πιπράσκω sell (as a slave)
σάρκινος, η, ον fleshly
σύμφημι agree
συνήδομαι (joyfully) agree with
ταλαίπωρος, ον miserable, wretched
ὕπανδρος, ον subject to a man
ὑπερβολή, ῆς, ἡ excess, καθ' ὑπ. utterly
χρηματίζω 2. bear a name, be called

### Chapter 8
ἀββά father (abba)
ἀλάλητος, ον unexpressed, wordless
ἀπαρχή, ῆς, ἡ first-fruits
ἀπεκδέχομαι await eagerly, wait
ἀποκαραδοκία, ας, ἡ eager expectation
βάθος, ους, τό depth
γυμνότης, ητος, ἡ nakedness
δουλεία, ας, ἡ slavery
ἐγκαλέω accuse, bring charges against
εἴπερ since
ἑκών, οῦσα, όν of one's own free will
ἐλευθερόω free, set free
ἐνίστημι 1. be present, have come
ἐνοικέω live, dwell (in)
ἐντυγχάνω 1. meet, appeal to, petition
ἐραυνάω search, examine
ἔχθρα, ας, ἡ enmity
θνητός, ή, όν mortal
καθό (δεῖ) 1. as (it is fitting)
κατάκριμα, ατος, τό punishment
κίνδυνος, ου, ὁ danger, risk

ματαιότης, ητος, ἡ emptiness, futility
οἰκέω live, dwell
ὁμοίωμα, ατος, τό likeness (cf. AG 4)
ὀφειλέτης, ου, ὁ debtor
πρᾶξις, εως, ἡ 4. b. evil deed
προγινώσκω know in advance
προορίζω decide in advance, predestine
πρωτότοκος, ον firstborn
στεναγμός, οῦ, ὁ sigh, groaning
στενάζω sigh, groan
στενοχωρία, ας, ἡ distress, trouble
συγκληρονόμος, ον *subst.*: fellow heir
συμμαρτυρέω testify with, confirm
σύμμορφος, ον similar in form
συμπάσχω suffer with
συναντιλαμβάνομαι take part with, help
συνδοξάζω *pass.*: be glorified with
συνεργέω work with, help (cf. AG)
συνωδίνω suffer agony together
συστενάζω lament, groan together
σφαγή, ῆς, ἡ slaughter
υἱοθεσία, ας, ἡ adoption
ὑπερεντυγχάνω plead, intercede
ὑπερνικάω win a most glorious victory
ὕψωμα, ατος, τό height
φθορά, ᾶς, ἡ destruction, decay
φρόνημα, ατος, τό way of thinking, aim

## Chapter 9
ἀδιάλειπτος, ον unceasing, constant
ἄμμος, ου, ἡ sand
ἀνάθεμα, ατος, τό (cf. AG : object of a curse)
ἀνταποκρίνομαι answer back
ἀτιμία, ας, ἡ dishonor, disgrace, shame
βούλημα, ατος, τό intention
διαγγέλλω 1. proclaim far and wide
ἐκλογή, ῆς, ἡ selection, election
ἐλάσσων, ἔλασσον smaller, younger
ἐλεάω have mercy on
ἐξεγείρω awaken, 4. bring into being
εὐλογητός, ή, όν blessed, praised
εὔχομαι pray, wish
κεραμεύς, έως, ὁ potter
κοίτη, ης, ἡ bed, 2. sexual intercourse
λατρεία, ας, ἡ service, worship
μέμφομαι find fault with, blame
μενοῦν rather, indeed
μήπω not yet
νομοθεσία, ας, ἡ lawgiving, law

ὀδύνη, ης, ἡ pain, woe
οἰκτίρω have compassion
πηλός, οῦ, ὁ clay, mud
πλάσμα, ατος, τό that which is formed, image
πλάσσω form, mold
προετοιμάζω prepare beforehand
πρόσκομμα, ατος, τό stumbling
προσκόπτω 1. strike, 2. take offense at, reject
σκληρύνω harden
συμμαρτυρέω testify with, confirm
συντελέω complete, fulfill
συντέμνω cut short (cf. AG)
υἱοθεσία, ας, ἡ adoption
ὑπόλειμμα, ατος, τό remnant
φαῦλος, η, ον worthless, bad, evil
φθάνω 2. arrive, attain
φύραμα, ατος, τό dough, what is mixed

## Chapter 10
ἄβυσσος, ου, ἡ abyss, underworld
ἀντιλέγω 2. oppose, *abs.*: be obstinate
ἀποτολμάω be bold
ἀσύνετος, ον senseless, foolish
διαστολή, ῆς, ἡ difference, distinction
ἐκπετάννυμι spread, hold out
ἐμφανής, ές visible
εὐδοκία, ας, ἡ 1. good will, 3. desire
κατάγω lead, bring down
μενοῦν rather, indeed
παραζηλόω provoke to jealousy
παροργίζω make angry
πέρας, ατος, τό end, limit, boundry
φθόγγος, ου, ὁ sound, voice
ὡραῖος, α, ον beautiful, lovely, fair

## Chapter 11
ἀγριέλαιος, ου, ἡ wild olive tree
ἀμεταμέλητος, ον without regret
ἀνεξεραύνητος, ον unsearchable
ἀνεξιχνίαστος, ον incomprehensible
ἀνταποδίδωμι give back, repay
ἀνταπόδομα, ατος, τό recompense
ἀπαρχή, ῆς, ἡ first-fruits
ἀπείθεια, ας, ἡ disobedience, disbelief
ἀποβολή, ῆς, ἡ rejection, loss
ἀποστρέφω 1. a. turn away
ἀποτομία, ας, ἡ severity
ἀπωθέω push aside, 2. repudiate
ἀσέβεια, ας, ἡ godlessness, impiety
βάθος, ους, τό depth

ἐγκεντρίζω graft
ἐκκλάω break off
ἐκλογή, ῆς, ἡ election, 2. what is
  elected
ἐντυγχάνω 1. meet, appeal to
ἐπιτυγχάνω obtain, attain
ἑπτακισχίλιοι, αι, α seven thousand
ἥττημα, ατος, τό defeat
θήρα, ας, ἡ net, trap
καλλιέλαιος, ου, ἡ cultivated olive tree
κάμπτω bend, bow
κατακαυχάομαι 1. exult over
καταλλαγή, ῆς, ἡ reconciliation
κατάνυξις, εως, ἡ stupefaction
κατασκάπτω tear down
λεῖμμα, ατος, τό remnant
νῶτος, ου, ὁ back
παγίς, ίδος, ἡ trap, snare
παραζηλόω provoke to jealousy
πιότης, ητος, ἡ fatness, richness
προγινώσκω know beforehand
προδίδωμι 1. give in advance
πρόσλη(μ)ψις, εως, ἡ acceptance
πταίω stumble, trip
πωρόω harden, petrify
πώρωσις, εως, ἡ hardening, obstinacy
σκοτίζομαι be(come) dark(ened)
συγκάμπτω (cause to) bend
συγκλείω 2. confine, imprison
συγκοινωνός, οῦ, ὁ participant
σύμβουλος, ου, ὁ advisor, counsellor
ὑπολείπω leave remaining
φύραμα, ατος, τό dough, lump
χρηματισμός, οῦ, ὁ divine statement or
  answer

## Chapter 12

ἀνακαίνωσις, εως, ἡ renewal
ἀνακαινόω renew
ἀναλογία, ας, ἡ: κατὰ ἀ. in agreement
  with (or proportion to)
ἄνθραξ, ακος, ὁ charcoal
ἀνταποδίδωμι give back, repay
ἀνυπόκριτος, ον genuine, sincere
ἁπλότης, ητος, ἡ 2. generosity, liberali-
  ty
ἀποστυγέω hate, abhor
διάφορος, ον 1. different
εἰρηνεύω reconcile, 2. live in peace
ἐκδικέω 1. avenge, punish
ἐκδίκησις, εως, ἡ vengence, punish-
  ment

εὐάρεστος, ον pleasing, acceptable
ζέω boil, burn with zeal
ἱλαρότης, ητος, ἡ cheerfulness, gra-
  ciousness
καταράομαι curse
κοινωνέω share, take interest in
λατρεία, ας, ἡ service, worship
λογικός, ή, όν rational, spiritual
μεταδίδωμι share, give
μεταμορφόω transform
οἰκτιρμός, οῦ, ὁ mercy, compassion
ὀκνηρός, ά, όν idle, lazy
πρᾶξις, εως, ἡ 1. activity, function
προηγέομαι go before
προΐστημι 1. be at head of, 2. give aid
προνοέω 2. take thought for
συναπάγω carry away with (cf. AG)
συσχηματίζω form like, pass.: be con-
  formed to
σωρεύω heap up
σωφρονέω be of sound mind, sensible
ταπεινός, ή, όν lowly, poor
ὑπερφρονέω think too highly of oneself
φιλαδελφία, ας, ἡ love of the brethren
φιλοξενία, ας, ἡ hospitality
φιλόστοργος, ον loving dearly
ψωμίζω 1. feed (someone)

## Chapter 13

ἀνακεφαλαιόω sum up, recapitulate
ἀντιτάσσω oppose, resist
ἀποτίθημι put off
διαταγή, ῆς, ἡ ordination, direction,
  ordinance
εἰκῇ 3. to no purpose
ἔκδικος, ον avenging, subst.: avenger
ἔρις, ιδος, ἡ strife, discord
εὐσχημόνως decently
κοίτη, ης, ἡ bed, 2. pl.: sexual excesses
κῶμος, ου, ὁ feasting, revelry
λειτουργός, οῦ, ὁ servant (relig.)
μέθη, ης, ἡ drunkenness
ὅπλον, ου, τό tool, weapon
ὀφειλή, ῆς, ἡ debt, obligation
προκόπτω go forward, advance
πρόνοια, ας, ἡ foresight, 2. provision
ὑπερέχω surpass, 2. be in authority
ὕπνος, ου, ὁ sleep
φορέω bear regularly, wear
φόρος, ου, ὁ tribute, tax

## Chapter 14

διάκρισις, εως, ἡ 2. quarrel

δόκιμος, ον approved, respected
δυνατέω be strong, be able
εὐάρεστος, ον pleasing, acceptable
κάμπτω bend, bow
κρέας, κρέως, τό meat
κυριεύω rule, be lord over
λάχανον, ου, τό herb, vegetable
οἰκέτης, ου, ὁ domestic, slave
πληροφορέω fill, 2. convince fully
πόσις, εως, ἡ 1. (act of) drinking
πρόσκομμα, ατος, τό stumbling,
    2. obstacle in the way
προσκόπτω 1. strike, 2. take offense at

## Chapter 15

ἀγαθωσύνη, ης, ἡ goodness
αἰνέω praise
ἀσθένημα, ατος, τό weakness
βεβαιόω confirm, establish
διαπορεύομαι go, pass through
ἐγκόπτω hinder, thwart
ἐμπί(μ)πλημι fill, 3. enjoy
ἐπαινέω praise
ἐπαναμιμνήσκω remind
ἐπιποθία, ας, ἡ longing, desire
εὐπρόσδεκτος, ον acceptable
ἡμέτερος, α, ον our
ἱερουργέω perform holy service
κλίμα, ατος, τό district, region
κοινωνέω (have a) share
κύκλῳ around (in a circle) (cf. AG 1)
λειτουργέω perform (public, religious)
    service
λειτουργός, οῦ, ὁ servant (relig.)
μεστός, ή, όν full
νουθετέω admonish, instruct
ὀνειδισμός, οῦ, ὁ reproach, insult

ὀφειλέτης, ου, ὁ one who is obligated
προγράφω 1. write beforehand
προπέμπω escort, send on one's way
προσφορά, ᾶς, ἡ 2. gift, offering
σαρκικός, ή, όν fleshly
συναγωνίζομαι fight along with, help
συναναπαύομαι rest (with)
τολμηροτέρως rather boldly
φιλοτιμέομαι consider it an honor,
    aspire
ψάλλω sing (praise)

## Chapter 16

ἄκακος, ον innocent, guileless
ἀκέραιος, ον pure, innocent
ἀξίως worthily, suitably
ἀπαρχή, ῆς, ἡ first-fruits
ἀφικνέομαι reach
διχοστασία, ας, ἡ dissension
δόκιμος, ον approved, tried and true
ἐκκλίνω turn away (from)
ἐξαπατάω deceive, cheat
ἐπίσημος, ον 1. splendid, outstanding
ἐπιταγή, ῆς, ἡ command, order
κήρυγμα, ατος, τό preaching
προστάτις, ιδος, ἡ patroness, helper
προφητικός, ή, όν prophetic
σιγάω be silent, 2. keep secret
σκοπέω notice, look out for
συναιχμάλωτος, ου, ὁ fellow prisoner
συντρίβω crush, annihilate
τάχος, ους, τό speed, ἐν τ. soon
τράχηλος, ου, ὁ neck, throat
ὑποτίθημι 1. lay down, risk
φίλημα, ατος, τό kiss
χρῄζω (have) need (of)
χρηστολογία, ας, ἡ smooth, plausible
    speech

# THE FIRST EPISTLE TO THE CORINTHIANS

## Chapter 1

ἀγενής, ές base, low
ἀνέγκλητος, ον blameless
ἀπεκδέχομαι await eagerly
βεβαιόω make firm, establish, confirm
γνώμη, ης, ἡ 1. purpose, intention
δηλόω reveal, give information
ἔρις, ιδος, ἡ strife, contention
εὐγενής, ές 1. wellborn
κενόω make empty, 2. make of no effect
κήρυγμα, ατος, τό proclamation

μωραίνω 1. make, show to be foolish
μωρία, ας, ἡ foolishness
πλουτίζω make rich
συζητητής, οῦ, ὁ debater
σύνεσις, εως, ἡ intelligence, shrewdness
συνετός, ή, όν intelligent, wise
σχίσμα, ατος, τό split, division

## Chapter 2

ἀνθρώπινος, η, ον human
ἀπόδειξις, εως, ἡ proof

61

ἀποκρύπτω hide, conceal
βάθος, ους, τό depth
διδακτός, ή, όν taught
ἐραυνάω search, examine
κήρυγμα, ατος, τό proclamation
μωρία, ας, ή foolishness
πειθός, ή, όν persuasive (cf. AG)
πνευματικῶς spiritually
προορίζω decide beforehand
συγκρίνω 1. combine, 2. compare,
    3. interpret (cf. AG)
συμβιβάζω 4. instruct, advise
τρόμος, ου, ὁ trembling
ὑπεροχή, ῆς, ἡ 1. superiority
ψυχικός, ή, όν physical

## Chapter 3

ἀρχιτέκτων, ονος, ὁ masterbuilder
γάλα, γάλακτος, τό milk
γεώργιον, ου, τό field
δηλόω reveal
δράσσομαι catch, seize
ἐνίστημι 1. be present
ἐξαπατάω deceive, cheat
ἐποικοδομέω build on
ἔρις, ιδος, ἡ strife, contention
ζημιόω pass.: 2. be punished
καλάμη, ης, ἡ stalk, straw
μάταιος, αία, αιον idle, useless
μωρία, ας, ή foolishness
οἰκέω live, dwell
ὁποῖος, οία, οἶον of what sort
πανουργία, ας, ἡ craftiness
σάρκινος, η, ον fleshly
φθείρω destroy, corrupt

## Chapter 4

ἀναμιμνήσκω remind
ἀνθρώπινος, η, ον human
ἀποδείκνυμι 1. appoint, 2. display
ἀστατέω be unsteady, homeless
ἄτιμος, ον unhonored, dishonored
γυμνιτεύω be poorly clothed
δυσφημέω slander, defame
ἔνδοξος, ον 1. honored, 2. glorious
ἐντρέπω make ashamed
ἐπιθανάτιος, ον condemned to death
θέατρον, ου, τό 2. spectacle
κολαφίζω strike with fist, beat
κορέννυμι satiate, fill
λοιδορέω revile, abuse
μετασχηματίζω transform, apply as a
    figure of speech

μιμητής, οῦ, ὁ imitator
μυρίος, α, ον countless
νουθετέω admonish, instruct
ὄφελον O that, would that
παιδαγωγός, οῦ, ὁ attendant, guide
πανταχοῦ everywhere
περικάθαρμα, ατος, τό refuse
περίψημα, ατος, τό off-scouring
συμβασιλεύω rule (as king) with
σύνοιδα 2. σ. ἐμαυτῷ be conscious
φυσιόω puff up, make proud

## Chapter 5

ἄζυμος, ον unleavened, neut. subst.: un-
    leavened bread
ἄπειμι be absent
ἅρπαξ, αγος rapacious, subst.: robber,
    swindler
εἰδωλολάτρης, ου, ὁ idolater
εἰλικρίνεια, ας, ἡ sincerity of motive
ἐκκαθαίρω clean out
ἐξαίρω remove, drive away
ἑορτάζω celebrate a festival
ἔσω in, into, inside
ζυμόω to ferment, leaven
λοίδορος, ου, ὁ reviler
μέθυσος, ου, ὁ drunkard
ὄλεθρος, ου, ὁ destruction, ruin
ὅλως generally speaking, actually
πάντως 5. (w. neg.) by no means
πλεονέκτης, ου, ὁ one who is greedy,
    a covetous person
πονηρία, ας, ἡ wickedness, sinfulness
συναναμείγνυμι mix, pass.: mingle with
συνεσθίω eat with
φύραμα, ατος, τό dough, what is mixed
φυσιόω puff up, make proud

## Chapter 6

ἁμάρτημα, τος, τό sin, transgression
ἀνάξιος, ον unworthy
ἀπολούω mid.: wash oneself
ἀποστερέω steal, rob, defraud
ἅρπαξ, αγος rapacious, subst.: robber,
    swindler
ἀρσενοκοίτης, ου, ὁ male homosexual
βιωτικός, ή, όν belonging to daily life
δή now, therefore
εἰδωλολάτρης, ου, ὁ idolater
ἐκτός outside
ἔνι there is

ἐντροπή, ῆς, ἡ shame
ἐξεγείρω awaken, raise (up)
ἐξουσιάζω have right, power over
ἥττημα, ατος, τό defeat
κριτήριον, ου, τό lawcourt, lawsuit
λοίδορος, ου, ὁ abusive person
μαλακός, ή, όν soft, effeminate
μέθυσος, ου, ὁ drunkard
μήτι γε not to speak of, let alone
μοιχός, οῦ, ὁ adulterer
ὅλως generally speaking, actually
πλεονέκτης, ου, ὁ a greedy, covetous person
πορνεύω practice sexual immorality, fornicate

## Chapter 7
ἄγαμος, ου, ὁ, ἡ unmarried person
ἀκρασία, ας, ἡ lack of self control
ἀμέριμνος, ον free from care
ἀπελεύθερος, ου, ὁ freedman
ἀπερισπάστως without distraction
ἀποστερέω steal, defraud, deprive
ἀσχημονέω behave disgracefully
βρόχος, ου, ὁ noose
γαμίζω give in marriage
γνώμη, ης, ἡ 2. judgment, opinion
δουλόω enslave, subject
ἐγκρατεύομαι control oneself, abstain
ἑδραῖος, (αία), αῖον firm, steadfast
ἐνίστημι 1. be present, 2. impend
ἐξουσιάζω have right, power over
ἐπισπάομαι 3. pull over the foreskin
ἐπιταγή, ῆς, ἡ command, order
εὐπάρεδρος, ον constant
εὐσχήμων, ον proper
καταλλάσσω reconcile
καταχράομαι use
λύσις, εως, ἡ divorce
οἰκέω live, dwell
ὀφειλή, ῆς, ἡ debt
πυρόω pass.: burn
συγγνώμη, ης, ἡ concession
σύμφορος, ον beneficial, neut. subst.: benefit
σύμφωνος, ον neut. subst.: agreement
συνευδοκέω agree (with), be willing
συστέλλω limit, shorten
σχῆμα, ατος, τό manner, form
σχολάζω have time, devote oneself to
τήρησις, εως, ἡ custody, observance
ὑπέρακμος, ον past one's prime

## Chapter 8
διόπερ therefore
εἰδωλεῖον, ου, τό idol's temple
εἰδωλόθυτος, ον neut. subst.: meat offered an idol
εἴπερ if indeed
κρέας, κρέως, τό meat
μή πως 1. b. that perhaps, lest somehow
μολύνω stain, defile
πρόσκομμα, ατος, τό offense
συνήθεια, ας, ἡ 2. habit, being accustomed
φυσιόω puff up, make proud

## Chapter 9
ἀγωνίζομαι 1. engage in contest
ἀδάπανος, ον free of charge
ἀδήλως aimlessly
ἀδόκιμος, ον unfit, disqualified
ἀήρ, έρος, ὁ air
ἄκων, ἄκουσα, ἆκον unwilling(ly)
ἀλοάω thresh
ἄνομος, ον lawless
ἀπολογία, ας, ἡ defense
ἀποστολή, ῆς, ἡ apostleship
ἀροτριάω plow
ἄφθαρτος, ον imperishable
βοῦς, βοός, ὁ, ἡ ox, cow
βραβεῖον, ου, τό prize
γάλα, γάλακτος, τό milk
δουλαγωγέω bring into subjection
δουλόω enslave, subject
ἐγκοπή, ῆς, ἡ hinderance
ἐγκρατεύομαι exercise self-control
ἑκών, οῦσα, όν of own free will
ἔννομος, ον subject to the law
ἐπίκειμαι 2. c. be imposed upon
ἦ (cf. AG) truly
ἱερός, ά, όν holy
καταχράομαι use
κενόω 2. render void
κημόω muzzle
μετέχω share in
μή πως 1. a. lest somehow
οἰκονομία, ας, ἡ 1. b. commission
ὀψώνιον, ου, τό 1. a. expense
πάντως 1. by all means, 4. at least
παρεδρεύω wait on, serve
περιάγω take along with
ποίμνη, ης, ἡ flock
πυκτεύω fight with fists
σαρκικός, ή, όν fleshly, material

στάδιον, ου, τό 2. stadium
στέγω 2. bear, endure
στρατεύομαι serve as soldier
συγκοινωνός, οῦ, ὁ partner
συμμερίζομαι share with
τοίνυν hence, so
ὑπωπιάζω 2. treat roughly
φθαρτός, ή, όν perishable
φιμόω muzzle

**Chapter 10**
ἀνθρώπινος, η, ον human
ἀπρόσκοπος, ον 2. giving no offense
γογγύζω grumble, murmur
διόπερ therefore
εἰδωλόθυτος, ον *neut. subst.:* meat
  offered to idol
εἰδωλολάτρης, ου, ὁ idolater
εἰδωλολατρία, ας, ἡ idolatry
ἔκβασις, εως, ἡ a way out, end
ἐκπειράζω test, tempt
ἐπιθυμητής, οῦ, ὁ one who desires
ἱερόθυτος, ον *neut. subst.:* meat sacri-
  ficed to idols
ἱνατί why
καταστρώννυμι lay low, kill
μάκελλον, ου, τό meat market
μετέχω share in
μηνύω make known, inform
νουθεσία, ας, ἡ instruction, warning
ὀλοθρευτής, οῦ, ὁ destroyer
παίζω play
παραζηλόω make jealous
πόμα, ατος, τό drink
πορνεύω practice sexual immorality,
  fornicate
συμβαίνω meet, happen
σύμφορος, ον beneficial, *neut. subst.:*
  benefit
τυπικῶς as an example
ὑποφέρω bear (up under), endure

**Chapter 11**
αἵρεσις, εως, ἡ 1. c. dissension
αἰσχρός, ά, όν ugly, shameful
ἀκατακάλυπτος, ον uncovered
ἀνάμνησις, εως, ἡ remembrance
ἀναξίως in unworthy, careless manner
ἄρρωστος, ον sick, ill
ἀτιμία, ας, ἡ dishonor, shame
δειπνέω eat, dine
δόκιμος, ον tried and true

ἐκδέχομαι expect, wait
ἐπαινέω praise
ἥσσων, ον lesser, worse
κατακαλύπτω cover, veil
καταφρονέω look down on, scorn
κείρω shear
κομάω wear long hair
κόμη, ης, ἡ hair (of woman)
κυριακός, ή, όν the Lord's
μεθύω be drunk
μιμητής, οῦ, ὁ imitator
ξυράω (-έω) *mid.:* have oneself shaved
ὁσάκις as often as
περιβόλαιον, ου, τό covering
πρέπω be fitting
προλαμβάνω 2. a. take, get
συνήθεια, ας, ἡ 2. b. custom, habit
σχίσμα, ατος, τό split, schism
φιλόν(ε)ικος, ον 1. quarrelsome

**Chapter 12**
ἀναγκαῖος, α, ον 1. necessary
ἀνάθεμα, ατος, τό (cf. AG) object of
  a curse
ἀντίλημψις, εως, ἡ helpful deeds
ἀσχήμων, ον shameful, unpresentable
ἄτιμος, ον unhonored
ἄφωνος, ον 1. silent, dumb
διαίρεσις, εως, ἡ apportionment,
  variety
διαιρέω distribute, divide
διάκρισις, εως, ἡ 1. distinguishing
διερμηνεύω interpret, translate
ἐνέργημα, ατος, τό activity
ἑρμηνεία, ας, ἡ interpretation
εὐσχημοσύνη, ης, ἡ presentability
εὐσχήμων, ον proper, presentable
ἴαμα, ατος, τό healing
κυβέρνησις, εως, ἡ administration
ὄσφρησις, εως, ἡ sense of smell
περιτίθημι 2. grant, bestow on
συγκεράννυμι unite, compose
συγχαίρω 1. rejoice with
συμπάσχω suffer with
σχίσμα, ατος, τό split, schism
ὑπερβολή, ῆς, ἡ excess, καθ' ὑπ. still
  better
φανέρωσις, εως, ἡ disclosure

**Chapter 13**
αἴνιγμα, ατος, τό riddle, indistinct
  image

ἀλαλάζω wail loudly (clash)
ἀσχημονέω behave dishonorably
ἔσοπτρον, ου, τό mirror
ἠχέω sound, ring out
κύμβαλον, ου, τό cymbal
μεθίστημι (-τάνω) remove, relocate
παροξύνω irritate
περπερεύομαι boast, brag
στέγω 1. keep confidential, 2. bear,
  endure
συγχαίρω rejoice with
φυσιόω *pass.*: be puffed up, conceited
χαλκός, οῦ, ὁ copper, brass, bronze
χρηστεύομαι be kind, merciful
ψωμίζω (cf. AG) 2. dole out, fritter
  away

## Chapter 14
ἄδηλος, ον indistinct
ἀήρ, έρος, ὁ air
αἰσχρός, ά, όν disgraceful
ἄκαρπος, ον unproductive
ἀκαταστασία, ας, ἡ disorder
ἀναπληρόω fill, (cf. AG 4) occupy
αὐλέω play the flute
αὐλός, οῦ, ὁ flute
ἄφωνος, ον 2. incapable of conveying
  meaning
ἄψυχος, ον lifeless
βάρβαρος, ον 1. speaking a strange
  language
διαστολή, ῆς, ἡ distinction
διερμηνευτής, οῦ, ὁ interpreter
διερμηνεύω translate, interpret
εἰσακούω listen to, 1. obey
ἐκτός except, ἐ. εἰ μή unless, except
ἑρμηνεία, ας, ἡ interpretation
ἑρμηνευτής, οῦ, ὁ translator, interpreter
ἑτερόγλωσσος, ον speaking foreign
  language
εὔσημος, ον clear
εὐσχημόνως decently
ζηλωτής, οῦ, ὁ enthusiast
ἰδιώτης, ου, ὁ (cf. AG 2) outsider
κατηχέω 2. teach, instruct
κιθάρα, ας, ἡ lyre, harp
κιθαρίζω play lyre or harp
μαίνομαι be out of one's mind
μυρίος, α, ον innumerable
νηπιάζω be a child
ὅμως nevertheless, likewise (cf. AG)
παραμυθία, ας, ἡ encouragement

παρασκευάζω prepare
σιγάω be(come) silent, keep still
τάξις, εως, ἡ 2. (good) order
φθόγγος, ου, ὁ sound, tone
φρήν, φρενός, ἡ thinking, understanding
χεῖλος, ους, τό lip
ψάλλω sing
ψαλμός, οῦ, ὁ song of praise, psalm

## Chapter 15
ἀγνωσία, ας, ἡ ignorance
ἀθανασία, ας, ἡ immortality
ἀλλάσσω change, alter
ἀμετακίνητος, ον immovable
ἀπαρχή, ῆς, ἡ first-fruits
ἀτιμία, ας, ἡ dishonor
ἄτομος, ον indivisible: ἐν ἀ. in a
  moment
ἀφθαρσία, ας, ἡ immortality
ἄφθαρτος, ον immortal
δῆλος, η, ον evident
δικαίως 1. b. uprightly, as (you) ought
ἑδραῖος, (αία), αῖον firm, steadfast
εἰκῆ 3. to no purpose, 4. without due
  consideration
ἐκνήφω be sober
ἐκτός except, ἐ. εἰ μή unless, except
ἔκτρωμα, ατος, τό untimely birth
ἐλεεινός, ή, όν miserable
ἐντροπή, ῆς, ἡ shame
ἐπίγειος, ον earthly
ἐφάπαξ 1. at one time
ἦθος, ους, τό custom, habit
θηριομαχέω fight with wild animals
θνητός, ή, όν mortal
καταπίνω swallow (up)
κέντρον, ου, τό 1. sting
κήρυγμα, ατος, τό preaching
κινδυνεύω be in danger, in peril
κόκκος, ου, ὁ seed, grain
κτῆνος, ους, τό (domesticated) animal
μάταιος, αία, αιον empty, futile
νή by (*in an oath*)
νῖκος, ους, τό victory
ὅλως actually
ὁμιλία, ας, ἡ 1. association, company
ὄφελος, ους, τό benefit, good
πεντακόσιοι, αι, α five hundred
πτηνός, (ἡ), όν *neut. subst.*: bird
ῥιπή, ῆς, ἡ "twinkling"
σελήνη, ης, ἡ moon
τάγμα, ατος, τό class, group

φθαρτός, ή, όν perishable
φθείρω ruin, corrupt
φθορά, ᾶς, ἡ 1. perishable state
φορέω bear, wear
χοϊκός, ή, όν earthy
χρηστός, ή, όν good
ψευδόμαρτὺς, υρος, ὁ false witness
ψυχικός, ή, όν 1. unspiritual, physical
ὡσπερεί like, as it were

**Chapter 16**
ἀνάθεμα, ατος, τό (cf. AG) a curse
ἀναπληρόω fill up, 3. make up for
ἀνδρίζομαι act in manly way
ἀντίκειμαι be opposed, subst.: opponent
ἀπαρχή, ῆς, ἡ first-fruits
ἀποφέρω 1. b. take
ἀφόβως without fear
ἐκδέχομαι expect

ἐνεργής, ές effective
εὐκαιρέω have opportunity
εὐοδόω prosper
θησαυρίζω store up, save
καταμένω stay
κραταιόω strengthen
λογεία, ας, ἡ collection
μαράνα θᾶ (cf. AG) (Aram.) Lord
come
πάντως 5. (w. neg.) not at all
παραμένω stay, remain
παραχειμάζω (spend the) winter
πάροδος, ου, ἡ 2. passing by
πεντηκοστή, ῆς, ἡ Pentecost
προπέμπω 2. send on one's way
συνεργέω help, work together with
ὑστέρημα, ατος, τό need, absence
φίλημα, ατος, τό kiss

# THE SECOND EPISTLE TO THE CORINTHIANS

**Chapter 1**
ἁγιότης, ητος, ἡ holiness
ἀπόκριμα, ατος, τό official decision
ἀρραβών, ῶνος, ὁ pledge, deposit
βαρέω burden
βέβαιος, α, ον reliable, steadfast
βεβαιόω make firm, establish
βουλεύω 2. resolve, decide
εἰλικρίνεια, ας, ἡ sincerity
ἐλαφρία, ας, ἡ vacillation
ἐξαπορέω doubt, despair
εὐλογητός, ή, όν blessed, praised
κυριεύω rule, lord it (over)
οἰκτιρμός, οῦ, ὁ mercy, compassion
πεποίθησις, εως, ἡ confidence
προπέμπω 2. send on one's way
σαρκικός, ή, όν fleshly
συνυπουργέω join in helping
τηλικοῦτος, αύτη, οῦτο so great
ὑπερβολή, ῆς, ἡ: καθ' ὑπ. beyond
measure
χρίω anoint

**Chapter 2**
ἄνεσις, εως, ἡ rest, relaxing
ἀποτάσσω 1. take leave of
δοκιμή, ῆς, ἡ 1. character
εἰλικρίνεια, ας, ἡ purity of motive
ἐναντίον 2. τοὐναντίον on the other
hand

ἐπιβαρέω burden
ἐπιτιμία, ας, ἡ punishment
εὐωδία, ας, ἡ aroma, fragrance
θριαμβεύω 2. cause to triumph (cf. AG)
καπηλεύω peddle, adulterate
καταπίνω swallow, 1. c. overwhelm
κατέναντι opposite, 2. b. in sight of
κυρόω 2. decide in favor of, affirm
μή πως 1. a. lest somehow
νόημα, ατος, τό 2. purpose, design
ὀσμή, ῆς, ἡ fragrance
πλεονεκτέω 1. take advantage of, out-
wit
συνοχή, ῆς, ἡ 2. distress, anguish
ὑπήκοος, ον obedient

**Chapter 3**
ἀνάγνωσις, εως, ἡ (public) reading
ἀνακαλύπτω uncover, unveil
ἐγγράφω write in
εἵνεκεν on account of
ἐντυπόω carve
ἡνίκα (at the time) when
ἱκανότης, ητος, ἡ fitness
ἱκανόω qualify
καθώσπερ (just) as
κάλυμμα, ατος, τό covering, veil
κατάκρισις, εως, ἡ condemnation
κατοπτρίζω see in mirror, contemplate
λίθινος, η, ον (made of) stone

μέλας, μέλαινα, μέλαν *neut. subst.*: ink
μεταμορφόω change, transform
νόημα, ατος, τό 1. thought, mind
πεποίθησις, εως, ἡ (self-)confidence
περιαιρέω take away, remove
πλάξ, πλακός, ἡ flat stone, tablet
πωρόω harden, make dull
σάρκινος, η, ον (made of) flesh
συστατικός, ἡ, όν commendatory
ὑπερβάλλω go beyond, surpass
χρῄζω (have) need (of)

**Chapter 4**
ἀεί 3. continually
αἰσχύνη, ης, ἡ modesty, shame
ἀνακαινόω renew
ἀπεῖπον disown, renounce
ἀπορέω be uncertain, at a loss
αὐγάζω (cf. AG) see, shine forth
βάρος, ους, τό weight, 3. fullness
διαφθείρω ruin, destroy
δολόω falsify, adulterate
ἐγκακέω despair, become weary
ἐλαφρός, ά, όν 1. light, insignificant
ἐξαπορέω be in great doubt, despair
ἔσω 2. inside, inner
θνητός, ή, όν mortal
καλύπτω cover, hide
καταβάλλω 1. throw down
λάμπω shine (forth)
νέκρωσις, εως, ἡ death
νόημα, ατος, τό 1. thought, mind
ὀστράκινος, η, ον earthen(ware)
πανουργία, ας, ἡ craftiness
παραυτίκα for the present, momentary
περιφέρω carry about
πλεονάζω grow, increase
πρόσκαιρος, ον temporary
σκοπέω look (out) for, notice
στενοχωρέω crowd, crush
τυφλόω blind
ὑπερβολή, ῆς, ἡ extraordinary quality,
    καθ' ὑπ. beyond measure, utterly
φανέρωσις, εως, ἡ disclosure, an-
    nouncement
φωτισμός, οῦ, ὁ illumination, light

**Chapter 5**
ἀρραβών, ῶνος, ὁ deposit, pledge
ἀφορμή, ῆς, ἡ pretext, occasion
ἀχειροποίητος, ον not made by hand
βαρέω burden, weigh down, oppress

εἶδος, ους, τό 3. sight
ἐκδημέω leave, be away
ἐκδύω strip, take off
ἐνδημέω be at home
ἐπενδύομαι put on (in addition)
ἐπίγειος, ον earthly
ἐπιποθέω desire, long for
εὐάρεστος, ον pleasing, acceptable
θαρρέω be confident
θνητός, ή, όν mortal
καταλλαγή, ῆς, ἡ reconciliation
καταλλάσσω reconcile
καταπίνω swallow (up)
οἰκητήριον, ου, τό dwelling
πρεσβεύω be an ambassador
σκῆνος, ους, τό tent, lodging
στενάζω sigh, groan
σωφρονέω be of sound mind
φαῦλος, η, ον bad, evil
φιλοτιμέομαι aspire

**Chapter 6**
ἁγνότης, ητος, ἡ sincerity
ἀγρυπνία, ας, ἡ wakefulness
ἀεί 1. always
ἀκαταστασία, ας, ἡ disturbance
ἀντιμισθία, ας, ἡ (cf. AG) exchange
ἀνυπόκριτος, ον genuine, sincere
ἀριστερός, ά, όν left, defense
ἀτιμία, ας, ἡ dishonor, shame
βοηθέω help, come to the aid of
δεκτός, ή, όν acceptable, favorable
δυσφημία, ας, ἡ slander
εἰσδέχομαι take in, receive
ἐμπεριπατέω walk about, move
ἐνοικέω live, dwell (in, among)
ἐπακούω hear, listen to
ἑτεροζυγέω be mismated
εὐπρόσδεκτος, ον acceptable
εὐφημία, ας, ἡ good repute
μερίς, ίδος, ἡ share, part
μετοχή, ῆς, ἡ (cf. AG) participation
μωμάομαι find fault with
νηστεία, ας, ἡ fasting, hunger
ὅπλον, ου, τό 2. weapon
πλάνος, ον *subst.*: imposter
πλατύνω enlarge, open wide
πλουτίζω make rich
προσκοπή, ῆς, ἡ occasion for offence
στενοχωρέω confine, restrict
στενοχωρία, ας, ἡ distress, difficulty
συγκατάθεσις, εως, ἡ agreement

67

συμφώνησις, εως, ἡ agreement
συνεργέω work (together) with
(cf. AG)

## Chapter 7

ἀγανάκτησις, εως, ἡ indignation
ἁγιωσύνη, ης, ἡ holiness
ἁγνός, ἡ, όν pure, innocent
ἀμεταμέλητος, ον not to be regretted
ἀναμιμνῄσκω remind
ἄνεσις, εως, ἡ relaxing, relief
ἀπολογία, ας, ἡ defense
ἐκδίκησις, εως, ἡ punishment
ἐπιπόθησις, εως, ἡ longing
ζημιόω 1. suffer damage, loss
θαρρέω be able to depend (upon), be
confident
κατάκρισις, εως, ἡ condemnation
μάχη, ης, ἡ battle, strife
μεταμέλομαι (feel) regret, change mind
μολυσμός, οῦ, ὁ defilement
ὀδυρμός, οῦ, ὁ mourning
πλεονεκτέω 1. take advantage of
συζάω live (together) with
συναποθνῄσκω die with
ταπεινός, ἡ, όν low(ly), downhearted
τρόμος, ου, ὁ trembling
ὑπερπερισσεύω 2. pass.: overflow
φθείρω ruin, corrupt

## Chapter 8

ἁδρότης, ητος, ἡ lavish gift
ἄνεσις, εως, ἡ relaxing, relief
ἁπλότης, ητος, ἡ 2. generosity
αὐθαίρετος, ον of one's own accord
βάθος, ους, τό depth, κατὰ β. extreme
γνήσιος, α, ον 2. neut. subst.: genuine-
ness
γνώμη, ης, ἡ 2. opinion, judgment
δοκιμή, ῆς, ἡ 2. test, ordeal
ἐλαττονέω have less, too little
ἔνδειξις, εως, ἡ sign, proof
ἐπιταγή, ῆς, ἡ command, order
εὐπρόσδεκτος, ον acceptable
ἰσότης, ητος, ἡ equality
καθό 2. in so far as
μωμάομαι find fault with, ensure
πεποίθησις, εως, ἡ confidence
περισσεία, ας, ἡ surplus, abundance
περίσσευμα, ατος, τό abundance
πέρυσι last year
πλεονάζω 1. b. have too much
προενάρχομαι begin (beforehand)

προθυμία, ας, ἡ readiness, good will
πρόκειμαι be set before, be present
προνοέω 2. take thought for
πτωχεία, ας, ἡ (extreme) poverty
πτωχεύω be (extremely) poor
σπουδαῖος, α, ον eager, diligent, earnest
στέλλω mid.: (try to) avoid
συμπέμπω send (with)
συνέκδημος, ου, ὁ traveling-companion
ὑστέρημα, ατος, τό need, want
χειροτονέω choose

## Chapter 9

ἀναγκαῖος, α, ον 1. necessary
ἀνεκδιήγητος, ον indescribable
ἀπαρασκεύαστος, ον not ready
ἁπλότης, ητος, ἡ 2. generosity
αὐτάρκεια, ας, ἡ sufficiency
γένημα, ατος, τό fruit, harvest
δοκιμή, ῆς, ἡ 1. approved character
δότης, ου, ὁ giver
δυνατέω be strong, be able
ἐπιποθέω long for
ἐπιχορηγέω provide, give
ἐρεθίζω arouse, provoke
ἱλαρός, ά, όν cheerful, glad
κενόω make empty, unjustified
λειτουργία, ας, ἡ service
μή πως 1. a. lest somehow
ὁμολογία, ας, ἡ confession
παρασκευάζω prepare
πένης, ητος, ὁ poor man
περισσός, ἡ, όν unnecessary
πέρυσι last year
πλουτίζω make rich
προαιρέω 2. mid.: undertake, decide
προεπαγγέλλω promise previously
προθυμία, ας, ἡ readiness, good will
προκαταρτίζω arrange in advance
προσαναπληρόω fill up, supply
σκορπίζω scatter, distribute
σπόρος, ου, ὁ 2. seed
ὑπερβάλλω go beyond, surpass
ὑπόστασις, εως, ἡ 2. confidence
ὑποταγή, ῆς, ἡ subjection, obedience
ὑστέρημα, ατος, τό need, deficiency
φειδομένως sparingly
χορηγέω provide, supply (well)

## Chapter 10

αἰσχύνω be put to shame
αἰχμαλωτίζω capture

ἄμετρος, ον immeasurable
ἄπειμι I. be absent, away
βαρύς, εῖα, ύ heavy, severe
δόκιμος, ον approved, genuine
ἐγκρίνω class
ἐκδικέω 2. take vengeance for
ἐκφοβέω frighten, terrify
ἐπιείκεια, ας, ἡ graciousness
ἐφικνέομαι come to, reach
θαρρέω be confident, bold
καθαίρεσις, εως, ἡ destruction
καθαιρέω 2. destroy
κανών, όνος, ὁ 1. rule, 2. limits
λογισμός, οῦ, ὁ reasoning, sophistry
μεγαλύνω magnify, pass.: grow
νόημα, ατος, τό 2. purpose, design
ὅπλον, ου, τό 2. weapon
ὀχύρωμα, ατος, τό fortress
παρακοή, ῆς, ἡ disobedience
πεποίθησις, εως, ἡ confidence
περισσεία, ας, ἡ abundance
σαρκικός, ή, όν fleshly
στρατεία, ας, ἡ campaign, warfare
στρατεύομαι serve as a soldier
στρατιά, ᾶς, ἡ 2. campaign, warfare
συγκρίνω 2. compare
ταπεινός, ή, όν low, 2. a. subservient
ὑπερέκεινα subst. pl.: (lands) that lie beyond
ὑπερεκτείνω overextend
ὕψωμα, ατος, τό 2. exaltation, pride
φθάνω 2. arrive, attain
ὡσάν as if, as it were

**Chapter 11**

ἀβαρής, ές not burdensome
ἁγνός, ή, όν chaste, pure
ἁγνότης, ητος, ἡ purity
ἀγρυπνία, ας, ἡ wakefulness
ἁπλότης, ητος, ἡ 1. sincerity
ἁρμόζω join, 3. betroth
ἀτιμία, ας, ἡ disgrace, shame
ἀφορμή, ῆς, ἡ pretext
ἀφροσύνη, ης, ἡ foolishness
βυθός, οῦ, ὁ depth, (sea)
γυμνότης, ητος, ἡ nakedness, destitution
δίψος, ους, τό thirst
δόλιος, ία, ον deceitful
δωρεάν 1. as a gift, without payment
ἐθνάρχης, ου, ὁ ethnarch, governor
ἐκφεύγω 1. run away, 2. escape

ἐξαπατάω deceive
ἐπίστασις, εως, ἡ (cf. AG) pressure, oversight, hinderance
ἐρημία, ας, ἡ desert
εὐλογητός, ή, όν blessed, praised
ἡδέως gladly
θαῦμα, ατος, τό object of wonder
θυρίς, ίδος, ἡ window
ἰδιώτης, ου, ὁ layman
καταδουλόω reduce to slavery
καταναρκάω (be a) burden
κίνδυνος, ου, ὁ danger
κλίμα, ατος, τό district
λιθάζω stone
μέριμνα, ης, ἡ anxiety, worry
μετασχηματίζω change, mid.: disguise
μή πως 1. b. that perhaps, lest somehow
μόχθος, ου, ὁ labor, hardship
ναυαγέω suffer shipwreck
νηστεία, ας, ἡ fasting, hunger
νόημα, ατος, τό 1. thought, mind
νυχθήμερον, ου, τό a day and night
ὁδοιπορία, ας, ἡ journey, walking
ὄφελον O that, would that
ὀψώνιον, ου, τό 1. b. (financial) support
πανουργία, ας, ἡ craftiness
παραφρονέω be beside oneself
παρεκτός external, unmentioned
πεντάκις five times
προσαναπληρόω supply, fill up besides
πυρόω pass.: burn, 1. b. be inflamed
ῥαβδίζω beat with a rod
σαργάνη, ης, ἡ basket
συλάω rob
τεῖχος, ους, τό (city) wall
ὑπερβαλλόντως surpassingly
ὑπερλίαν exceedingly, super-
ὑπόστασις, εως, ἡ 2. conviction
ὑστέρημα, ατος, τό need, want
φθείρω ruin, pass.: be led astray
φράσσω close, stop
φρουρέω guard
χαλάω let down
ψευδάδελφος, ου, ὁ false brother
ψευδαπόστολος, ου, ὁ false apostle
ψῦχος, ους, τό cold

**Chapter 12**

ἀκαταστασία, ας, ἡ disorder
ἀναγκάζω 1. compel, force
ἀρκέω be enough
ἄρρητος, ον inexpressible

69

δαπανάω spend (freely)
δεκατέσσαρες fourteen
ἐκδαπανάω spend, exhaust
ἐκτός outside
ἐπισκηνόω dwell
ἐριθεία, ας, ἡ (cf. AG) dispute
ἔρις, ιδος, ἡ strife
ἐσσόομαι be inferior
ἑτοίμως: ἑ. ἔχειν be ready, willing
ἡδέως gladly, superl.: very gladly
ἥσσων, ον less
ἡττάομαι be inferior
θησαυρίζω store up, save
ἴχνος, ους, τό footprint
καταβαρέω (be a) burden
καταλαλιά, ᾶς, ἡ slander
καταναρκάω (be a) burden
κατέναντι opposite, 2. b. in sight of
κολαφίζω beat (cf. AG 2 on theories)
μή πως 1. b. that perhaps, lest somehow
ὀπτασία, ας, ἡ vision
πάλαι 2. a. for a long time, all along
πανοῦργος, ον crafty
παράδεισος, ου, ὁ paradise
πλεονεκτέω 1. take advantage of

προαμαρτάνω sin beforehand
σκόλοψ, οπος, ὁ stake, thorn
στενοχωρία, ας, ἡ distress, difficulty
συναποστέλλω send (together) with
ὕβρις, εως, ἡ 2. shame, insult
ὑπεραίρομαι exalt oneself
ὑπερβολή, ῆς, ἡ extraordinary character
ὑπερλίαν exceedingly, super-
φυσίωσις, εως, ἡ pride, conceit
ψιθυρισμός, οῦ, ὁ whispering, gossip

**Chapter 13**
ἀδόκιμος, ον unqualified
ἄπειμι be absent, away
ἀποτόμως severely
δοκιμή, ῆς, ἡ 2. test, proof
δόκιμος, ον approved
δυνατέω be strong
εἰρηνεύω 2. keep the peace
εὔχομαι 1. pray
καθαίρεσις, εως, ἡ destruction
κατάρτισις, εως, ἡ completion
προαμαρτάνω sin beforehand
προλέγω tell beforehand
φίλημα, ατος, τό kiss

# THE EPISTLE TO THE GALATIANS

**Chapter 1**
ἀνάθεμα, ατος, τό (cf. AG) a curse
ἀνέρχομαι go, come up
δεκαπέντε fifteen
ἐνίστημι be present, have come
ἐξαιρέω 2. mid.: deliver
ζηλωτής, οῦ, ὁ zealot, enthusiast
ἱστορέω visit
κλίμα, ατος, τό district
μεταστρέφω change, pervert
μετατίθημι mid.: change mind, desert
πατρικός, ή, όν from one's father
πορθέω destroy, annihilate
προκόπτω progress, advance
προσανατίθημι 2. consult with
συνηλικιώτης, ου, ὁ a contemporary
ὑπερβολή, ῆς, ἡ: καθ' ὑπ. beyond
measure

**Chapter 2**
ἀναγκάζω 1. compel, force
ἀνατίθημι mid.: declare, lay before
ἀποστολή, ῆς, ἡ apostleship

ἄρα (interrogative particle, cf. AG)
δεκατέσσαρες fourteen
διαμένω remain, continue
δωρεάν 3. in vain, to no purpose
ἐθνικῶς like the heathen
εἴκω yield
ἐναντίον 2. τοὐναντίον on the other
hand
ἰουδαΐζω live as a Jew
καταγινώσκω condemn
καταδουλόω enslave
κατασκοπέω spy out
μή πως 2. that perhaps
ὁποῖος, οἵα, οἷον of what sort
ὀρθοποδέω walk straight, act rightly
παραβάτης, ου, ὁ transgressor
παρείσακτος, ον secretly brought in,
sneaked in
παρεισέρχομαι slip in, sneak in
προσανατίθημι 1. add, contribute
στῦλος, ου, ὁ pillar, column
συμπαραλαμβάνω take along
συναπάγω lead away, carry off with

συνεσθίω eat with
συνυποκρίνομαι join in playing the
hypocrite
συσταυρόω crucify (together) with
ὑπόκρισις, εως, ἡ hypocrisy
ὑποστέλλω draw back, withdraw
ὑποταγή, ῆς, ἡ subjection, submission
ψευδάδελφος, ου, ὁ false brother

## Chapter 3

ἀκυρόω make void
ἀνόητος, ον unintelligent, foolish
ἄρσην, ἐν male
βασκαίνω 1. bewitch
δῆλος, η, ον clear, δ. ὅτι it is clear
that
εἰκῆ 2. in vain
ἐμμένω 2. persevere in, abide by
ἐνάρχομαι begin
ἐνευλογέω bless
ἔνι there is
ἐξαγοράζω 1. redeem
ἐπιδιατάσσομαι add a codicil
ἐπικατάρατος, ον cursed
ἐπιχορηγέω 2. give, grant
θῆλυς, εια, υ female
κατάρα, ας, ἡ curse
κρεμάννυμι hang
κυρόω 1. confirm, ratify
μεσίτης, ου, ὁ mediator
ὅμως nevertheless, yet (cf. AG)
παιδαγωγός, οῦ, ὁ custodian
παράβασις, εως, ἡ transgression
προγράφω 2. proclaim publically
προευαγγελίζομαι proclaim gospel in
advance
προκυρόω ratify previously
προοράω 2. foresee, see in advance
συγκλείω enclose, 2. imprison
τετρακόσιοι, αι, α four hundred
φρουρέω guard, hold in custody
χάριν on account of

## Chapter 4

ἀββά (Aram.) father, (abba)
ἀληθεύω tell the truth
ἀλλάσσω change, alter
ἀλληγορέω speak allegorically
ἄνω above
ἀπορέω be at a loss, in doubt
δουλεία, ας, ἡ slavery

δουλόω enslave, subject
εἰκῆ 2. in vain, to no avail
ἐκκλείω shut out, exclude
ἐκπτύω spit, disdain
ἐξαγοράζω 1. redeem
ἐξορύσσω dig out
ἐπίτροπος, ου, ὁ 3. guardian
μακαρισμός, οῦ, ὁ blessing
μή πως that perhaps, lest somehow
μορφόω form, shape
παρατηρέω observe (carefully)
προθεσμία, ας, ἡ appointed time
ῥήγνυμι 2. tear, let loose
στεῖρα, ας, ἡ barren, sterile
στοιχεῖον, οῦ, τό pl.: 3. elemental
spirits (cf. AG)
συστοιχέω correspond
τεκνίον, ου, τό (little) child
υἱοθεσία, ας, ἡ adoption
ὠδίνω give birth to amid throes, have
birth pains

## Chapter 5

ἀγαθωσύνη, ης, ἡ generosity
αἵρεσις, εως, ἡ 1. c. dissension
ἀναλόω consume
ἀναστατόω disturb, upset
ἀντίκειμαι be opposed
ἀπεκδέχομαι await eagerly
ἀποκόπτω 2. castrate
ἀφορμή, ῆς, ἡ occasion, pretext
δάκνω bite
διχοστασία, ας, ἡ dissension
δουλεία, ας, ἡ slavery
ἐγκόπτω hinder, thwart
ἐγκράτεια, ας, ἡ self-control, chastity
εἰδωλολατρία, ας, ἡ idolatry
ἐλευθερόω (set) free
ἐνέχω 2. be subject to
ἐριθεία, ας, ἡ (cf. AG) selfishness
ἔρις, ιδος, ἡ strife, discord
ἔχθρα, ας, ἡ enmity
ζυγός, οῦ, ὁ 1. yoke
ζυμόω leaven, ferment
κενόδοξος, ον boastful
κῶμος, ου, ὁ excessive feasting
μαρτύρομαι 1. testify, bear witness
μέθη, ης, ἡ drunkenness
ὀφειλέτης, ου, ὁ 2. b. debtor
ὄφελον O that, would that
πεισμονή, ῆς, ἡ persuasion
προκαλέω provoke

προλέγω tell beforehand
στοιχέω follow, hold to
φαρμακεία, ας, ἡ pl.: magic arts
φθονέω envy, be jealous
φθόνος, ου, ὁ envy, jealousy
φύραμα, ατος, τό (lump of) dough

**Chapter 6**
ἀναγκάζω 1. compel, force
ἀναπληρόω 2. fulfill
βάρος, ους, τό weight, burden
ἐγκακέω become weary, lose heart
ἐκλύω give out, lose courage
εὐπροσωπέω make good showing
ἡλίκος, η, ον how great

κανών, όνος, ὁ 1. rule, standard
κατηχέω teach
κοινωνέω share, give
μυκτηρίζω treat with contempt, outwit
οἰκεῖος, (α), ον subst. pl.: members of
  the household
πηλίκος, η, ον how large
προλαμβάνω 2. b. detect, overtake
σκοπέω notice, consider
στίγμα, ατος, τό mark, brand
στοιχέω follow, hold to
σωτήριος, ον neut. subst.: salvation
φθορά, ᾶς, ἡ ruin, destruction
φορτίον, ου, τό burden, load
φρεναπατάω deceive

# THE EPISTLE TO THE EPHESIANS

**Chapter 1**
ἄμωμος, ον blameless
ἀνακεφαλαιόω sum up, bring together
ἀρραβών, ῶνος, ὁ pledge, down payment
ἐνέργεια, ας, ἡ working
εὐδοκία, ας, ἡ 2. favor, good pleasure
εὐλογητός, ή, όν blessed
κατενώπιον before, in presence of
κληρόω 1. pass.: be appointed by lot, be destined, chosen
κυριότης, ητος, ἡ 3. pl.: dominions
μέγεθος, ους, τό greatness, size
μνεία, ας, ἡ remembrance, 2. mention
οἰκονομία, ας, ἡ (cf. AG) 2. b. plan of salvation
περιποίησις, εως, ἡ 3. possession
προελπίζω hope before
προορίζω predestine, decide beforehand
προτίθημι mid.: plan, propose
υἱοθεσία, ας, ἡ adoption
ὑπεράνω (high) above
ὑπερβάλλω surpass
φρόνησις, εως, ἡ 2. understanding
χαριτόω bless, bestow favor upon

**Chapter 2**
ἀήρ, έρος, ὁ air
ἄθεος, ον without God
ἀκρογωνιαῖος, α, ον lying at corner, extreme corner
ἀπαλλοτριόω estrange, alienate
ἀπείθεια, ας, ἡ disobedience

ἀποκαταλλάσσω reconcile
δόγμα, ατος, τό 1. decree, ordinance
ἐπέρχομαι 1. come (on), approach
ἐποικοδομέω build on (to)
ἔχθρα, ας, ἡ enmity
κατοικητήριον, ου, τό dwelling (place)
μεσότοιχον, ου, τό dividing wall
οἰκεῖος, (α), ον subst. pl.: members of
  the household
πάροικος, ον subst.: stranger, alien
ποίημα, ατος, τό what is made, work
πολιτεία, ας, ἡ 2. commonwealth
προετοιμάζω prepare beforehand
προσαγωγή, ῆς, ἡ approach, access
συγκαθίζω 1. cause to sit down
συζωοποιέω make alive together with
συμπολίτης, ου, ὁ fellow citizen
συναρμολογέω fit or join together
συνεγείρω 2. rise up together
συνοικοδομέω pass.: 1. build up (together)
ὑπερβάλλω surpass
φραγμός, οῦ, ὁ fence, wall
χειροποίητος, ον made by human hands

**Chapter 3**
ἀνεξιχνίαστος, ον incomprehensible
ἀποκρύπτω hide, conceal
βάθος, ους, τό depth
ἐγκακέω become weary, despair
ἐνέργεια, ας, ἡ working
ἐξισχύω be able, strong
ἔσω 2. inside, inner

θεμελιόω found, 2. strengthen
κάμπτω bend, bow
κραταιόω strengthen
μῆκος, ους, τό length
οἰκονομία, ας, ἡ 1. b. stewardship,
2. plan
πατριά, ᾶς, ἡ 3. family
πεποίθησις, εως, ἡ confidence, trust
πλάτος, ους, τό breadth, width
πολυποίκιλος, ον many-sided
προγράφω 1. write beforehand
προσαγωγή, ῆς, ἡ approach, access
ῥιζόω cause to take root, fix firmly
συγκληρονόμος, ον subst.: fellow heir
συμμέτοχος, ον sharing with
σύνεσις, εως, ἡ 2. insight, under-
standing
σύσσωμος, ον belonging to same body,
subst.: fellow slave
ὑπερβάλλω surpass
ὑπερεκπερισσοῦ infinitely more than
ὕψος, ους, τό height
χάριν on account of, for the sake of

## Chapter 4
ἄγνοια, ας, ἡ ignorance
αἰχμαλωσία, ας, ἡ captivity, prisoners
of war
αἰχμαλωτεύω capture
ἀληθεύω be truthful
ἀνανεόω 1. renew
ἀξίως worthily, in a manner worthy of
ἀπαλγέω become callous
ἀπαλλοτριόω alienate, estrange
ἀπάτη, ης, ἡ 1. deception, deceit
ἀποτίθημι 1. take off, put away
αὔξησις, εως, ἡ growth
ἀφή, ῆς, ἡ ligament
δόμα, δόματος, τό gift
ἐνέργεια, ας, ἡ working
ἑνότης, ητος, ἡ unity
ἐπιδύω set
ἐπιχορηγία, ας, ἡ support
ἐργασία, ας, ἡ 1. practice
εὐαγγελιστής, ου, ὁ evangelist
εὔσπλαγχνος, ον tenderhearted
ἡλικία, ας, ἡ 1. age, 2. stature
καταρτισμός, οῦ, ὁ equipment
κατώτερος, α, ον lower
κλυδωνίζομαι be tossed by waves
κραυγή, ῆς, ἡ 1. clamor
κυβεία, ας, ἡ craftiness

μαρτύρομαι 2. affirm
ματαιότης, ητος, ἡ futility
μεθοδεία, ας, ἡ scheming
μεταδίδωμι give, share
ὀργίζω pass.: be angry
ὁσιότης, ητος, ἡ piety, holiness
πανουργία, ας, ἡ cunning
παροργισμός, οῦ, ὁ anger
περιφέρω carry here and there by
πικρία, ας, ἡ bitterness
πώρωσις, εως, ἡ dullness
σαπρός, ά, όν rotten, bad
σκοτόω darken
συμβιβάζω 1. unite
συναρμολογέω fit together
σύνδεσμος, ου, ὁ bond
ταπεινοφροσύνη, ης, ἡ humility
ὑπεράνω (high) above
ὕψος, ους, τό height
φθείρω destroy, corrupt
χρηστός, ή, όν useful, good, kind

## Chapter 5
ἀγαθωσύνη, ης, ἡ goodness
ᾄδω sing
αἰσχρός, ά, όν ugly, shameful
αἰσχρότης, ητος, ἡ ugliness
ἄκαρπος, ον unfruitful, useless
ἀκριβῶς carefully, well
ἄμωμος, ον blameless
ἀνήκω 2. be proper, fitting
ἀπατάω 1. deceive, mislead
ἀπείθεια, ας, ἡ disobedience
ἄσοφος, ον unwise, foolish
ἀσωτία, ας, ἡ debauchery
εἰδωλολάτρης, ου, ὁ idolater
ἐκτρέφω nourish, rear
ἔνδοξος, ον 1. honored, 2. glorious
ἐξαγοράζω redeem (cf. AG 2)
ἐπιφαύσκω arise, appear
εὐάρεστος, ον pleasing, acceptable
εὐτραπελία, ας, ἡ coarse jesting
εὐωδία, ας, ἡ aroma, fragrance
θάλπω cherish, comfort
κρυφῇ in secret
λουτρόν, οῦ, τό washing, bath
μεθύσκω get drunk
μιμητής, οῦ, ὁ imitator
μωρολογία, ας, ἡ foolish talk
ὀσμή, ῆς, ἡ fragrance, odor
πλεονέκτης, ου, ὁ a greedy person
πρέπω be fitting, suitable

73

προσκολλάω *pass.*: be faithfully
  devoted to
προσφορά, ᾶς, ἡ 2. gift, offering
ῥυτίς, ίδος, ἡ wrinkle
σπίλος, ου, ὁ spot, stain
συγκοινωνέω participate in (with)
συμμέτοχος, ον sharing with
ὕμνος, ου, ὁ hymn, song
ψάλλω sing, sing praise
ψαλμός, οῦ, ὁ song of praise, psalm
ᾠδή, ῆς, ἡ song

## Chapter 6
ἀγρυπνέω 2. guard, care for
ἀνθρωπάρεσκος, ον men-pleaser
ἀνίημι 3. give up, cease
ἄνοιξις, εως, ἡ opening
ἀπειλή, ῆς, ἡ threat
ἁπλότης, ητος, ἡ 1. simplicity, sincerity
ἀφθαρσία, ας, ἡ incorruptibility, im-
  mortality
βέλος, ους, τό arrow
δυναμόω strengthen
ἐκτρέφω nourish, rear
ἐνδυναμόω *pass.*: grow strong
ἑτοιμασία, ας, ἡ readiness, equipment

εὖ well, εὖ γίνομαι prosper
εὔνοια, ας, ἡ good will, 2. zeal
θυρεός, οῦ, ὁ shield
θώραξ, ακος, ὁ 1. breastplate
κοσμοκράτωρ, ορος, ὁ world-ruler
μακροχρόνιος, ον long-lived
μεθοδεία, ας, ἡ craftiness
νουθεσία, ας, ἡ admonition, instruction
ὀσφῦς, ύος, ἡ waist, loins
ὀφθαλμοδουλία, ας, ἡ eye-service
παιδεία, ας, ἡ discipline
πάλη, ης, ἡ struggle
πανοπλία, ας, ἡ full armor, panoply
παροργίζω make angry
παρρησιάζομαι 1. speak freely
περιζώννυμι (-νύω) gird about
περικεφαλαία, ας, ἡ helmet
πονηρία, ας, ἡ wickedness
πρεσβεύω be an ambassador
προσκαρτέρησις, εως, ἡ perseverance,
  patience
προσωπολημψία, ας, ἡ partiality
πυρόω *pass.*: burn
σβέννυμι extinguish, put out
σωτήριος, ον *neut. subst.*: salvation
τρόμος, ου, ὁ trembling
ὑποδέω tie beneath, put on (shoes)

# THE EPISTLE TO THE PHILIPPIANS

## Chapter 1
ἁγνῶς purely, sincerely
ἀγών, ἀγῶνος, ὁ 2. struggle, fight
αἱρέω *mid.*: choose, prefer
αἴσθησις, εως, ἡ experience
αἰσχύνω 2. be put to shame, dis-
  appointed
ἀναγκαῖος, α, ον 1. necessary
ἀναλύω 2. depart, return
ἀντίκειμαι be opposed, *subst.*: enemy
ἀξίως worthily
ἄπειμι be absent, away
ἀποβαίνω 2. turn out, lead (to)
ἀποκαραδοκία, ας, ἡ eager expecta-
  tion
ἀπολογία, ας, ἡ defense
ἀπρόσκοπος, ον 1. blameless
ἀφόβως without fear
βεβαίωσις, εως, ἡ confirmation
εἰλικρινής, ές pure, sincere
ἐνάρχομαι begin

ἔνδειξις, εως, ἡ sign, omen, proof
ἐπιποθέω long for, desire
ἐπίσκοπος, ου, ὁ overseer, bishop
ἐπιχορηγία, ας, ἡ support
ἐριθεία, ας, ἡ selfishness (cf. AG)
ἔρις, ιδος, ἡ strife, discord
εὐδοκία, ας, ἡ 1. good will
κέρδος, ους, τό gain
μεγαλύνω magnify, 2. *pass.*: be glorified
μνεία, ας, ἡ memory, 2. mention
οἴομαι think, suppose, expect
παραμένω remain, stay
πολιτεύομαι 3. live, lead one's life
πραιτώριον, ου, τό praetorium
προκοπή, ῆς, ἡ progress, advancement
πρόφασις, εως, ἡ 2. pretext
πτύρω frighten, *pass.*: let oneself be in-
  timidated
συγκοινωνός, οῦ, ὁ partner
συναθλέω struggle along with
φθόνος, ου, ὁ envy, jealousy

## Chapter 2

ἀδημονέω be in anxiety
ἀκέραιος, ον pure, innocent
ἄλυπος, ον free from anxiety
ἄμεμπτος, ον blameless
ἄμωμος, ον blameless
ἀναγκαῖος, α, ον 1. necessary
ἀναπληρόω 3. replace, make up for
ἀπουσία, ας, ἡ absence
ἁρπαγμός, οῦ, ὁ robbery (cf. AG)
ἀφοράω 2. see
γνησίως sincerely, genuinely
γογγυσμός, οῦ, ὁ 1. complaint
διαστρέφω 1. make crooked, pervert
δοκιμή, ῆς, ἡ character
ἔντιμος, ον 1. honored, esteemed
ἐξαυτῆς at once, immediately
ἐπέχω 1. hold fast
ἐπίγειος, ον earthly
ἐπιποθέω long for, desire
ἐριθεία, ας, ἡ selfishness (cf. AG)
εὐδοκία, ας, ἡ 1. good will
εὐψυχέω be glad, have courage
ἴσος, η, ον equal
ἰσόψυχος, ον of like mind (soul)
κάμπτω bend
καταχθόνιος, ον under the earth
κενοδοξία, ας, ἡ vanity, illusion
κενόω make empty
λειτουργία, ας, ἡ (sacrificial) service
λειτουργός, οῦ, ὁ servant (relig.)
μορφή, ῆς, ἡ form
οἰκτιρμός, οῦ, ὁ compassion
ὁμοίωμα, ατος, τό likeness (cf. AG 4)
παραβολεύομαι risk
παραμύθιον, ου, τό encouragement
παραπλήσιος, ία, ιον neut. adv.: nearly
σκολιός, ά, όν crooked, dishonest
σκοπέω look (out) for
σπένδω offer a libation
σπουδαίως 1. with haste
συγχαίρω rejoice with, congratulate
σύμψυχος, ον harmonious
συστρατιώτης, ου, ὁ fellow soldier
σχῆμα, ατος, τό form, shape, manner
ταπεινοφροσύνη, ης, ἡ humility
τρόμος, ου, ὁ trembling
ὑπερέχω excel, surpass
ὑπερυψόω raise to the loftiest height
ὑπήκοος, ον obedient
ὑστέρημα, ατος, τό need, absence

φωστήρ, ῆρος, ὁ 1. light-giving body, star

## Chapter 3

αἰσχύνη, ης, ἡ shame
ἄμεμπτος, ον blameless
ἄνω above, upward, up
ἀπεκδέχομαι await eagerly
ἀσφαλής, ές 2. safe, secure
βραβεῖον, ου, τό prize
ἐνέργεια, ας, ἡ working, action
ἐξανάστασις, εως, ἡ resurrection
ἐπεκτείνομαι stretch out (toward)
ἐπίγειος, ον earthly
ἐπιλανθάνομαι forget
ἑτέρως differently
ζημία, ας, ἡ loss, forfeit
ζημιόω 1. suffer loss
καίπερ although
κατατομή, ῆς, ἡ mutilation
κέρδος, ους, τό gain
κύων, κυνός, ὁ dog
μενοῦν rather, on the contrary
μετασχηματίζω change, transform
ὀκνηρός, ά, όν 2. causing trouble
ὀκταήμερος, ον eighth day
πεποίθησις, εως, ἡ trust
πολίτευμα, ατος, τό commonwealth
σκοπέω look (out) for, notice
σκοπός, οῦ, ὁ goal, mark
σκύβαλον, ου, τό refuse, rubbish
στοιχέω hold to, follow
συμμιμητής, οῦ, ὁ fellow imitator
συμμορφίζω pass.: be conformed to
σύμμορφος, ον similar in form
ταπείνωσις, εως, ἡ humiliation
ὑπερέχω excel, subst.: surpassing greatness
φθάνω 2. reach, attain

## Chapter 4

ἁγνός, ή, όν pure, holy
αἴτημα, τος, τό request
ἀκαιρέομαι have no opportunity
ἀναθάλλω grow up again, cause to grow
ἀρετή, ῆς, ἡ 1. moral excellence, virtue
αὐτάρκης, ες content
γνήσιος, α, ον legitimate, true
δεκτός, ή, όν acceptable
δίς again
δόμα, δόματος, τό gift

75

δόσις, εως, ἡ 2. giving
ἐνδυναμόω strengthen
ἐπιεικής, ές gentle, kind
ἐπιπόθητος, ον longed for
εὐάρεστος, ον pleasing, acceptable
εὔφημος, ον auspicious, attractive
εὐωδία, ας, ἡ aroma, fragrance
κοινωνέω give a share, make a partner
λῆμψις, εως, ἡ receiving
μεγάλως greatly
μυέω initiate, pass.: learn

νόημα, ατος, τό 1. thought, mind
ὀσμή, ῆς, ἡ fragrance, odor
πλεονάζω become great, increase
προσφιλής, ές pass.: pleasing, lovely
σεμνός, ή, όν honorable, holy
συγκοινωνέω participate in with
σύζυγος, ον comrade
συναθλέω contend along with
ὑπεοέχω surpass, excel
ὑστέρησις, εως, ἡ need, poverty
φρουρέω guard, protect

# THE EPISTLE TO THE COLOSSIANS

## Chapter 1

ἀγωνίζομαι 2. to fight, struggle
ἄμωμος, ον blameless
ἀνέγκλητος, ον blameless, irreproacha-
    ble
ἀνταναπληρόω fill up, complete
ἀξίως worthily
ἀόρατος, ον unseen, invisible
ἀπαλλοτριόω estrange, alienate
ἀποκαταλλάσσω reconcile
ἀπόκειμαι be put away, stored up
ἀποκρύπτω hide, conceal
ἀρεσκεία, ας, ἡ desire to please
δηλόω reveal, show
δυναμόω strengthen
ἑδραῖος, (αία), αῖον firm, steadfast
εἰρηνοποιέω make peace
ἐνέργεια, ας, ἡ 1. working
θεμελιόω found, 2. strengthen
ἱκανόω authorize, qualify
καρποφορέω bear fruit, crops
κατενώπιον before, in presence of
κυριότης, ητος, ἡ 3. pl.: dominions
μεθίστημι remove, transfer
μερίς, ίδος, ἡ 2. share, portion
μετακινέω shift, remove
νουθετέω admonish, warn, instruct
οἰκονομία, ας, ἡ 1. office, commission
ὁρατός, ή, όν visible
προακούω hear beforehand
πρωτεύω be first, have first place
πρωτότοκος, ον firstborn
σύνεσις, εως, ἡ 2. insight, understanding
ὑστέρημα, ατος, τό want, deficiency

## Chapter 2

ἀγών, ἀγῶνος, ὁ 2. care, concern
ἀπάτη, ης, ἡ 1. deception, deceitfulness

ἄπειμι I. be absent, away
ἀπεκδύομαι 2. disarm
ἀπέκδυσις, εως, ἡ removal, stripping
    off
ἀπόκρυφος, ον hidden
ἀπόχρησις, εως, ἡ consuming, using up
αὔξησις, εως, ἡ growth, increase
ἀφειδία, ας, ἡ severe treatment
ἁφή, ῆς, ἡ ligament
ἀχειροποίητος, ον not made by hand,
    spiritual
βεβαιόω confirm, establish
δειγματίζω mock, expose
δόγμα, ατος, τό 1. decree, ordinance
δογματίζω pass.: submit to rules and
    regulations
ἐθελοθρησκία, ας, ἡ self-made religion
εἰκῇ 1. without cause
ἐμβατεύω enter into (cf. AG 3 and 4)
ἐνέργεια, ας, ἡ working
ἔνταλμα, ατος, τό commandment
ἐξαλείφω 2. remove, destroy
ἐπιχορηγέω 3. support
ἐποικοδομέω build on (to)
ἡλίκος, η, ον how great
θεότης, ητος, ἡ deity, divinity
θιγγάνω touch
θρησκεία, ας, ἡ the worship of God
θριαμβεύω triumph over
καταβραβεύω decide against, condemn
νεομηνία, ας, ἡ new moon
παραλογίζομαι 1. deceive, delude
πιθανολογία, ας, ἡ persuasive speech
πληροφορία, ας, ἡ full assurance
πλησμονή, ῆς, ἡ indulgence
πόσις, εως, ἡ 1. (the act of) drinking
προσηλόω nail (fast)
ῥιζόω fix firmly, cause to take root

σκιά, ᾶς, ἡ shadow, foreshadowing
στερέωμα, ατος, τό 2. firmness, stead-
   fastness
στοιχεῖον, ου, τό *pl.*: 3. elemental
   spirits (cf. AG)
συζωοποιέω make alive together with
συλαγωγέω carry off as captive, rob
συμβιβάζω 1. unite, 4. instruct
σύνδεσμος, ου, ὁ bond
συνεγείρω awaken *or* rise up together
σύνεσις, εως, ἡ 2. insight, understanding
συνθάπτω bury (together) with
σωματικῶς bodily, corporeally
τάξις, εως, ἡ 2. (good) order
ταπεινοφροσύνη, ης, ἡ humility,
   modesty
ὑπεναντίος, α, ον opposed, hostile
φθορά, ᾶς, ἡ destruction
φιλοσοφία, ας, ἡ philosophy
φυσιόω puff up, make proud *or* arrogant
χειρόγραφον, ου, τό bill of debt, bond

**Chapter 3**
ᾄδω sing
ἀθυμέω be discouraged, lose heart
αἰσχρολογία, ας, ἡ abusive, obscene
   speech
ἀνακαινόω renew
ἀνήκω 2. it is proper, fitting
ἀνθρωπάρεσκος, ου, ὁ men-pleaser
ἀνταπόδοσις, εως, ἡ repaying, reward
ἄνω above
ἀπείθεια, ας, ἡ disobedience
ἀπεκδύομαι 1. take off, strip off
ἁπλότης, ητος, ἡ 1. simplicity, sincerity,
   uprightness, frankness
ἀποτίθημι 1. b. lay aside, rid oneself of
βάρβαρος, ον 2. *subst.*: a person not
   Greek, foreigner, barbarian
βραβεύω be judge, decide, control, rule

εἰδωλολατρία, ας, ἡ idolatry
ἔνι there is
ἐνοικέω live, dwell (in)
ἐρεθίζω irritate, embitter
εὐάρεστος, ον pleasing, acceptable
εὐχάριστος, ον thankful
μομφή, ῆς, ἡ blame
νεκρόω put to death
νουθετέω admonish, warn, instruct
οἰκτιρμός, οῦ, ὁ mercy, compassion
ὀφθαλμοδουλία, ας, ἡ eyeservice
πάθος, ους, τό passion
πικραίνω make bitter, embitter
πλουσίως richly, abundantly
πρᾶξις, εως, ἡ 4. b. evil deed
προσωπολημψία, ας, ἡ partiality
σύνδεσμος, ου, ὁ bond
συνεγείρω awaken *or* rise up together
ταπεινοφροσύνη, ης, ἡ humility,
   modesty
τελειότης, ητος, ἡ perfection, com-
   pleteness
ὕμνος, ου, ὁ hymn, song
ψαλμός, οῦ, ὁ song of praise, psalm
ᾠδή, ῆς, ἡ song

**Chapter 4**
ἀγωνίζομαι 2. labor, strive
ἅλας, ατος, τό salt
ἀνεψιός, οῦ, ὁ cousin
ἀρτύω season
ἐξαγοράζω 1. redeem (cf. AG 2)
ἰατρός, οῦ, ὁ physician
ἱερός, ά, όν holy
ἰσότης, ητος, ἡ fairness
παρηγορία, ας, ἡ comfort
πληροφορέω fill, 2. convince fully
πόνος, ου, ὁ 1. (hard) labor, toil
συναιχμάλωτος, ου, ὁ fellow prisoner

# THE FIRST EPISTLE TO THE THESSALONIANS

**Chapter 1**
ἀδιαλείπτως constantly, unceasingly
ἀναμένω wait for, expect
εἴσοδος, ου, ἡ 1. entrance, welcome
ἐκλογή, ῆς, ἡ selection, election
ἐξηχέω sound forth
μιμητής, οῦ, ὁ imitator
μνεία, ας, ἡ 2. mention
ὁποῖος, οία, οῖον of what sort

πληροφορία, ας, ἡ full assurance

**Chapter 2**
ἀγών, ἀγῶνος, ὁ 2. struggle, fight
ἀδιαλείπτως constantly, unceasingly
ἀμέμπτως blamelessly
ἀναπληρόω 1. make complete
ἀξίως worthily, in a manner worthy of,
   suitably

77

ἀπορφανίζω make an orphan of
βάρος, ους, τό weight, ἐν β. εἶναι
 wield authority
δικαίως 1. b. uprightly
δίς again
ἐγκόπτω hinder, thwart
εἴσοδος, ου, ἡ 1. entrance, welcome
ἐκδιώκω persecute severely
ἐναντίος, α, ον 2. opposed, hostile
ἐπιβαρέω weigh down, burden
ἤπιος, α, ον gentle
θάλπω cherish, comfort
κολακεία, ας, ἡ flattery
μαρτύρομαι 2. affirm, insist
μεταδίδωμι impart, share
μιμητής, οῦ, ὁ imitator
μόχθος, ου, ὁ labor, exertion
ὁμείρομαι have a kindly feeling
ὁσίως devoutly
παραμυθέομαι encourage, cheer up
παρρησιάζομαι 2. have the courage
προπάσχω suffer previously
πρόφασις, εως, ἡ 2. pretext, excuse
συμφυλέτης, ου, ὁ fellow countryman,
 compatriot
τροφός, οῦ, ἡ nurse, mother
ὑβρίζω mistreat
φθάνω 2. arrive, come

## Chapter 3

ἁγιωσύνη, ης, ἡ holiness
ἄμεμπτος, ον blameless, faultless
ἀμέμπτως blamelessly
ἀνταποδίδωμι give back, repay, return
ἐπιποθέω long for, desire
κατευθύνω make straight, direct
μνεία, ας, ἡ 1. remembrance, thought
πλεονάζω 2. b. cause to increase
προλέγω tell beforehand
σαίνω move, disturb
στέγω 2. bear, endure
ὑπερεκπερισσοῦ quite beyond all
 measure
ὑστέρημα, ατος, τό deficiency, short-
 coming

## Chapter 4

ἀήρ, έρος, ὁ air
ἀπάντησις, εως, ἡ meeting, to meet
ἀρχάγγελος, ου, ὁ archangel
ἔκδικος, ον avenging, *subst.:* avenger

εὐσχημόνως decently
ἡσυχάζω be quiet, rest
θεοδίδακτος, ον taught by God
κέλευσμα, ατος, τό (cry of) command
κτάομαι acquire, get
μή πως 1. b. that perhaps, lest somehow
πάθος, ους, τό passion
παραγγελία, ας, ἡ instruction
περιλείπομαι remain, be left behind
πλεονεκτέω 1. take advantage of
τοιγαροῦν for that very reason then,
 therefore
ὑπερβαίνω 2. overstep, transgress, break
φθάνω 1. come before, preceed
φιλαδελφία, ας, ἡ love of the brethren
φιλοτιμέομαι aspire

## Chapter 5

ἀδιαλείπτως constantly, unceasingly
αἰφνίδιος, ον sudden
ἀκριβῶς accurately, carefully, well
ἀμέμπτως blamelessly
ἀντέχω 2. take an interest in, pay atten-
 tion to, help
ἀσφάλεια, ας, ἡ 2. safety, security
ἄτακτος, ον 2. disorderly, idle
γαστήρ, τρός, ἡ 2. womb, ἐν γαστρὶ
 ἔχειν be pregnant
εἶδος, ους, τό 2. kind
εἰρηνεύω 2. keep the peace
ἐκφεύγω 2. escape
ἐνορκίζω adjure
θώραξ, ακος, ὁ 1. breastplate
μεθύσκω get drunk
μεθύω be drunk
νήφω be sober
νουθετέω admonish, warn, instruct
ὄλεθρος, ου, ὁ destruction
ὀλιγόψυχος, ον *subst.:* fainthearted
ὁλόκληρος, ον whole, complete
ὁλοτελής, ές quite complete, wholly
παραμυθέομαι encourage, cheer up
περικεφαλαία, ας, ἡ helmet
περιποίησις, εως, ἡ 2. gaining, ob-
 taining
προΐστημι 2. be concerned about, care
 for
σβέννυμι extinguish, quench
ὑπερεκπερισσοῦ beyond all measure
ὑπερεκπερισσῶς most highly
φίλημα, ατος, τό kiss
ὠδίν, ῖνος, ἡ birthpain(s)

# THE SECOND EPISTLE TO THE THESSALONIANS

**Chapter 1**
ἀγαθωσύνη, ης, ἡ goodness
ἄνεσις, εως, ἡ rest, relaxation, relief
ἀνταποδίδωμι give back, repay, return
ἀξιόω 1. make worthy
δίκη, ης, ἡ 1. penalty, punishment
ἐγκαυχάομαι boast
ἐκδίκησις, εως, ἡ vengeance, punishment
ἔνδειγμα, ατος, τό evidence
ἐνδοξάζομαι be glorified, honored
ἐνέχω *pass.*: be subject to
εὐδοκία, ας, ἡ 1. good will
καταξιόω consider worthy
ὄλεθρος, ου, ὁ destruction, death
πλεονάζω grow, increase
τίνω pay, undergo (punishment)
ὑπεραυξάνω increase abundantly
φλόξ, φλογός, ἡ flame

**Chapter 2**
αἱρέω *mid.*: choose
ἀναλόω consume
ἄνομος, ον lawless
ἀντίκειμαι be opposed, *subst.*: adversary
ἀπαρχή, ῆς, ἡ first-fruits
ἀπάτη, ης, ἡ 1. deception, deceitfulness
ἀποδείκνυμι 1. make, render, proclaim, appoint
ἀποτασία, ας, ἡ rebellion

ἐνέργεια, ας, ἡ influence, action
ἐνίστημι 1. be present, have come
ἐξαπατάω deceive, cheat
ἐπισυναγωγή, ῆς, ἡ 2. assembling
ἐπιφάνεια, ας, ἡ appearance
θροέω be disturbed, frightened
περιποίησις, εως, ἡ 2. gaining
σέβασμα, ατος, τό an object of worship
ὑπεραίρομαι rise up, exalt oneself

**Chapter 3**
ἀτακτέω be idle, lazy
ἀτάκτως in a disorderly manner
ἄτοπος, ον 2. evil, wrong, improper
δωρεάν 1. as a gift, without payment
ἐγκακέω become weary, lose heart
ἐντρέπω *pass.*: be put to shame
ἐπιβαρέω weigh down, burden
ἡσυχία, ας, ἡ 1. quietness, rest
καλοποιέω do what is right, good
κατευθύνω lead, direct
μιμέομαι imitate, emulate, follow
μόχθος, ου, ὁ labor, exertion
νουθετέω admonish, warn, instruct
περιεργάζομαι do something unnecessary
σημειόω 2. mark, take special notice of
στέλλω *mid.*: 1. keep away, stand aloof
συναναμείγνυμι mix, *pass.*: mingle with

# THE FIRST EPISTLE TO TIMOTHY

**Chapter 1**
ἀνδραποδιστής, οῦ, ὁ slave-dealer, kidnapper
ἀνδροφόνος, ου, ὁ murderer
ἄνομος, ον lawless
ἀνόσιος, ον unholy, wicked
ἀντίκειμαι be opposed, in opposition
ἀνυπόκριτος, ον genuine, sincere
ἀνυπότακτος, ον 2. undisciplined, disobedient, rebellious
ἀόρατος, ον unseen, invisible
ἀπέραντος, ον endless, limitless
ἀποδοχή, ῆς, ἡ acceptance, approval
ἀπωθέω 2. reject, repudiate
ἀρσενοκοίτης, ου, ὁ male homosexual
ἀσεβής, ές godless, impious
ἀστοχέω miss, fail, deviate, depart

ἄφθαρτος, ον imperishable, incorruptible, immortal
βέβηλος, ον godless, profane
βλάσφημος, ον blasphemous
γενεαλογία, ας, ἡ genealogy
γνήσιος, α, ον legitimate, true child
διαβεβαιόομαι speak confidently, insist
διώκτης, ου, ὁ persecutor
ἐκζήτησις, εως, ἡ useless speculation
ἐκτρέπω turn, turn away
ἐνδυναμόω strengthen
ἐπίορκος, ον *subst.*: perjurer
ἐπιταγή, ῆς, ἡ command, order
ἑτεροδιδασκαλέω teach a different (*i.e.* heretical) doctrine
ματαιολογία, ας, ἡ fruitless talk
μητρολῴας, ου, ὁ one who murders his mother, a matricide

μῦθος, ου, ὁ tale, story, myth
ναυαγέω suffer shipwreck
νομίμως lawfully
νομοδιδάσκαλος, ου, ὁ teacher of the law
οἰκονομία, ας, ἡ 3. training
παραγγελία, ας, ἡ instruction
πατρολῴας, ου, ὁ one who kills one's father, a parracide
προσμένω 2. remain longer, further
στρατεία, ας, ἡ warfare, fight
στρατεύομαι serve as a soldier
ὑβριστής, οῦ, ὁ a violent, insolent man
ὑπερπλεονάζω be present in abundance
ὑποτύπωσις, εως, ἡ prototype

## Chapter 2
αἰδώς, οῦς, ἡ 1. modesty
ἀντίλυτρον, ου, τό ransom
ἀπατάω 1. deceive, cheat, mislead
ἀπόδεκτος, ον pleasing
αὐθεντέω have authority, domineer
διάγω spend one's life, live
ἔντευξις, εως, ἡ 2. (intercessory) prayer
ἐξαπατάω deceive, cheat
ἤρεμος, ον quiet, tranquil
ἡσυχία, ας, ἡ 2. silence
ἡσύχιος, ον quiet
θεοσέβεια, ας, ἡ reverence for God
ἱματισμός, οῦ, ὁ clothing, apparel
καταστολή, ῆς, ἡ deportment, clothing
κῆρυξ, υκος, ὁ preacher
κόσμιος, (ια), ον modest, respectable
κοσμίως modestly
μαργαρίτης, ου, ὁ pearl
μεσίτης, ου, ὁ mediator
ὅσιος, ία, ον 1. devout, pious, holy
παράβασις, εως, ἡ transgression, ἐν π. γιν. fall into sin
πλάσσω form, mold
πλέγμα, ατος, τό anything braided
πολυτελής, ές (very) expensive, costly
πρέπω be fitting, be seemly
σεμνότης, ητος, ἡ 1. reverence, dignity
σωφροσύνη, ης, ἡ 2. good judgment, decency
τεκνογονία, ας, ἡ the bearing of children
ὑπεροχή, ῆς, ἡ 2. a place of prominence
ὑποταγή, ῆς, ἡ subordination, obedience

## Chapter 3
αἰσχροκερδής, ές fond of dishonest gain
ἄμαχος, ον peaceable
ἀνέγκλητος, ον blameless, irreproachable
ἀνεπίλημπτος, ον irreproachable
ἀφιλάργυρος, ον not loving money, not greedy
βαθμός, οῦ, ὁ rank, standing
βραδύνω hesitate, delay
διδακτικός, ή, όν skillful in teaching
δίλογος, ον insincere
ἑδραίωμα, ατος, τό foundation
ἐμπίπτω 2. fall (into, among)
ἐπιεικής, ές yielding, gentle, kind
ἐπιμελέομαι care for, take care of
ἐπισκοπή, ῆς, ἡ the office of bishop
ἐπίσκοπος, ου, ὁ bishop, overseer
κόσμιος, (ία), ον respectable, honorable
νεόφυτος, ον newly converted
νηφάλιος, ία, ον temperate, sober
ὁμολογουμένως undeniably
ὀνειδισμός, οῦ, ὁ reproach, disgrace
ὀρέγω mid.: aspire to, strive for
παγίς, ίδος, ἡ trap, snare
πάροινος, ον drunken, addicted to wine
περιποιέω 2. acquire, obtain
πλήκτης, ου, ὁ pugnacious man, bully
προΐστημι 1. manage, conduct
σεμνός, ή, όν worthy of respect, noble
σεμνότης, ητος, ἡ 1. reverence, dignity
στῦλος, ου, ὁ support, pillar
σώφρων, ον prudent, self-controlled
τάχος, ους, τό speed, ἐν τ. soon
τυφόομαι 1. be puffed up, conceited
ὑποταγή, ῆς, ἡ subjection, obedience
φιλόξενος, ον hospitable

## Chapter 4
ἁγνεία, ας, ἡ purity
ἀγωνίζομαι 2. labor, strive
ἀμελέω to neglect, be unconcerned
ἀνάγνωσις, εως, ἡ (public) reading
ἀπόβλητος, ον rejected
ἀποδοχή, ῆς, ἡ acceptance, approval
βέβηλος, ον profane
γραώδης, ες characteristic of old women, "old wives'"
γυμνάζω exercise, train
γυμνασία, ας, ἡ training

ἔντευξις, εως, ἡ 2. prayer (of thanks-giving)
ἐντρέφω bring up, rear
ἐπέχω: ἐ. σεαυτῷ take pains with yourself
ἐπίθεσις, εως, ἡ laying on
καταφρονέω look down on, despise
καυστηριάζω scar, brand
κτίσμα, ατος, τό that which is created
μελετάω 2. practice
μετάλημψις, εως, ἡ receiving
μῦθος, ου, ὁ tale, fable, myth
νεότης, ητος, ἡ youth
παρακολουθέω follow (with the mind)
πλάνος, ον deceitful
πρεσβυτέριον, ου, τό 2. presbytery
προκοπή, ῆς, ἡ progress, advancement
ῥητῶς expressly, explicitly
σωματικός, ή, όν 2. pertaining to the body, bodily
ὑπόκρισις, εως, ἡ hyprocrisy, pretense
ὑποτίθημι 2. make known, teach
ψευδολόγος, ον lying, subst.: liar
ὠφέλιμος, ον useful, beneficial

## Chapter 5
ἁγνεία, ας, ἡ purity, propriety
ἁγνός, ή, όν pure, holy
ἄλλως otherwise, in another way
ἀλοάω thresh
ἀμοιβή, ῆς, ἡ a return, recompense
ἀνεπίλημπτος, ον irreproachable
ἀντίκειμαι be opposed, subst.: adversary
ἀξιόω 1. a. consider worthy, deserving
ἀπόδεκτος, ον pleasing
ἀργός, ή, όν 2. idle, lazy
ἀφορμή, ῆς, ἡ occasion, pretext
βαρέω weigh down, burden
βοῦς, βοός, ὁ, ἡ ox, cow
διπλοῦς, ῆ, οῦν double, twofold
ἔκγονος, ον subst. pl.: grandchildren
ἐκτός: ἐ. εἰ μὴ unless, except
ἐκτρέπω turn, turn away
ἐλάσσων, ἔλασσον less
ἑξήκοντα sixty
ἐπακολουθέω 2. devote oneself to
ἐπαρκέω help, aid
ἐπιπλήσσω strike at, rebuke
εὐσεβέω show piety toward someone
θνήσκω die
καταλέγω enroll
καταστρηνιάω alienate

κατηγορία, ας, ἡ accusation
κοινωνέω share, particpate
λοιδορία, ας, ἡ abuse, abusive action
μονόω pass.: be left alone
ξενοδοχέω show hospitality
οἰκεῖος, (α), ον subst. pl.: members of the household
οἰκοδεσποτέω manage one's household
παραδέχομαι accept, acknowledge
περίεργος, ον subst.: a busybody
περιέρχομαι go around
πρόγονος, ον subst. pl.: ancestors
πρόδηλος, ον clear, evident
προΐστημι 1. be at the head of, rule
πρόκριμα, ατος, τό prejudgment
προνοέω care for, provide for
πρόσκλισις, εως, ἡ: κατὰ πρό. in a spirit of partiality
προσμένω 1. b. continue in
πυκνός, ή, όν frequent, numerous
σπαταλάω live luxuriously
στόμαχος, ου, ὁ stomach
τεκνογονέω bear or beget children
τεκνοτροφέω bring up children
ὑδροποτέω drink (only) water
φιμόω tie shut, muzzle
φλύαρος, ον gossipy, foolish
χάριν for the sake of

## Chapter 6
ἀγαθοεργέω do good
ἀγών, ἀγῶνος, ὁ 2. struggle, fight
ἀγωνίζομαι 2. to fight, struggle
ἀδηλότης, ητος, ἡ uncertainty
ἀθανασία, ας, ἡ immortality
ἀνεπίλημπτος, ον irreproachable
ἀνόητος, ον unintelligent, foolish
ἀντίθεσις, εως, ἡ opposition, objection, contradiction
ἀντιλαμβάνω 2. take part in, 3. enjoy
ἀποθησαυρίζω store up, lay up
ἀπόλαυσις, εως, ἡ enjoyment
ἀποπλανάω wander away, go astray
ἀποστερέω steal, rob
ἀπρόσιτος, ον unapproachable
ἀρκέω be satisfied, content
ἄσπιλος, ον spotless, without blemish
ἀστοχέω miss, fail, deviate, depart
αὐτάρκεια, ας, ἡ (self-)sufficiency
βέβηλος, ον accessible to everyone, profane, unhallowed
βλαβερός, ά, όν harmful

βυθίζω sink, plunge
διαπαρατριβή, ῆς, ἡ mutual irritation
διατροφή, ῆς, ἡ means of subsistence, food
διαφθείρω ruin, corrupt
δυνάστης, ου, ὁ 1. ruler, sovereign
εἰσφέρω bring in, carry in
ἐκτρέπω turn, turn away
ἐκφέρω carry, bring out
ἐμπίπτω fall (into, among)
ἐπιφάνεια, ας, ἡ appearing
ἔρις, ιδος, ἡ strife, discord
ἐτεροδιδασκαλέω teach a different (i.e. heretical) doctrine
εὐεργεσία, ας, ἡ 1. the doing of good
εὐμετάδοτος, ον generous
ζήτησις, εως, ἡ 1. investigation
ζυγός, οῦ, ὁ 1. yoke
ζωογονέω 1. give life to, make alive
καταφρονέω scorn, treat with contempt
κενοφωνία, ας, ἡ chatter, empty talk
κοινωνικός, ή, όν liberal, generous
κυριεύω be lord or master, rule

λογομαχία, ας, ἡ word-battle
νοσέω be sick, ailing
ὀδύνη, ης, ἡ pain, woe
οἰκέω inhabit, dwell in
ὄλεθρος, ου, ὁ destruction, ruin
ὁμολογία, ας, ἡ confession
ὀρέγω mid.: aspire to, strive for
παγίς, ίδος, ἡ trap, snare
παραθήκη, ης, ἡ property entrusted to another
περιπείρω pierce through, impale
πλουσίως richly, abundantly
πορισμός, οῦ, ὁ means of gain
πραϋπάθεια, ας, ἡ gentleness
σκέπασμα, ατος, τό covering, house
τυφόω pass.: 1. be puffed up, conceited
ὑπόνοια, ας, ἡ conjecture, suspicion
ὑψηλοφρονέω be proud, haughty
φθόνος, ου, ὁ envy, jealousy
φιλαργυρία, ας, ἡ love of money, avarice, miserliness
ψευδώνυμος, ον falsely called

# THE SECOND EPISTLE TO TIMOTHY

## Chapter 1

ἀδιάλειπτος, ον unceasing, constant
ἀναζωπυρέω rekindle, kindle, inflame
ἀναμιμνήσκω remind
ἀναψύχω refresh, revive
ἀνυπόκριτος, ον genuine, sincere
ἀποστρέφω 3. a. turn away, reject, repudiate
ἀφθαρσία, ας, ἡ incorruptibility, immortality
βελτίων, ον better, very well
δειλία, ας, ἡ cowardice
ἐνοικέω live, dwell (in)
ἐπίθεσις, εως, ἡ laying on
ἐπιποθέω long for, desire
ἐπιφάνεια, ας, ἡ appearing
κῆρυξ, υκος, ὁ preacher
μάμμη, ης, ἡ grandmother
μνεία, ας, ἡ 1. memory, remembrance
παραθήκη, ης, ἡ property entrusted to another
πρόγονος, ον pl. subst.: ancestors
σπουδαίως 2. diligently, earnestly
συγκακοπαθέω suffer together with
σωφρονισμός, οῦ, ὁ 2. moderation, self-discipline

ὑπόμνησις, εως, ἡ remembrance
ὑποτύπωσις, εως, ἡ example, standard

## Chapter 2

ἀθλέω compete in a contest
ἀναλόω consume
ἀνανήφω become sober
ἀνατρέπω upset, overturn, destroy
ἀνεξίκακος, ον bearing evil without resentment, patient
ἀνεπαίσχυντος, ον who does not need to be ashamed
ἀντιδιατίθημι oppose oneself, be opposed
ἀπαίδευτος, ον uninstructed, uneducated
ἀπιστέω be unfaithful
ἀργυροῦς, ᾶ, οῦν (made of) silver
ἀσέβεια, ας, ἡ godlessness, impiety
ἀστοχέω miss, fail, deviate, depart
ἀτιμία, ας, ἡ dishonor, disgrace
βέβηλος, ον accessible to everyone, profane, unhallowed
γάγγραινα, ης, ἡ gangrene, cancer
διδακτικός, ή, όν skillful in teaching
δόκιμος, ον approved, genuine

82

ἐκκαθαίρω cleanse
ἐμπλέκω entangle
ἐνδυναμόω *pass.*: be strong
εὔχρηστος, ον useful, serviceable
ζήτησις, εως, ἡ 1. investigation
ζωγρέω capture alive
ἤπιος, α, ον gentle, kind
κακοπαθέω 1. suffer misfortune
κακοῦργος, ον *subst.*: criminal
καταστροφή, ῆς, ἡ ruin, destruction
κενοφωνία, ας, ἡ chatter, empty talk
λογομαχέω dispute about words
μάχη, ης, ἡ quarrel
μάχομαι fight, quarrel, dispute
μέντοι nevertheless, actually
μεταλαμβάνω receive (one's share)
νεωτερικός, ή, όν youthful
νομή, ῆς, ἡ 2. spreading
νομίμως in accordance with rule(s)
ξύλινος, η, ον wooden
ὀρθοτομέω guide along a straight path
ὀστράκινος, η, ον earthen(ware)
    vessels
παγίς, ίδος, ἡ trap, snare
περιΐστημι 2. avoid, shun
πραγματεία, ας, ἡ *pl.* affairs
προκόπτω progress, advance
στερεός, ά, όν 1. firm, hard, strong
στεφανόω wreathe, crown
στρατεύομαι serve as a soldier
στρατολογέω enlist soldiers
συγκακοπαθέω suffer together with
συζάω live (together) with
συμβασιλεύω rule (as king) with
συναποθνήσκω die with
σύνεσις, εως, ἡ 2. insight, understanding
ὑπομιμνήσκω call to mind, bring up
χρήσιμος, η, ον useful, beneficial, advantageous

### Chapter 3
ἀγωγή, ῆς, ἡ way of life, conduct
ἀδόκιμος, ον not standing the test
αἰχμαλωτίζω 3. carry away, deceive
ἀκρατής, ές without self-control
ἀλαζών, όνος, ὁ boaster, braggart
ἀνήμερος, ον savage, brutal, untamed
ἄνοια, ας, ἡ folly
ἀνόσιος, ον unholy, wicked
ἀπειθής, ές disobedient
ἀποτρέπω turn away from, avoid

ἄρτιος, ία, ον complete, capable, proficient
ἄσπονδος, ον irreconcilable
ἄστοργος, ον unloving
ἀφιλάγαθος, ον not loving the good
ἀχάριστος, ον ungrateful
βλάσφημος, ον *subst.*: blasphemer
βρέφος, ους, τό 2. baby, ἀπὸ β. from
    childhood
γόης, ητος, ὁ swindler, cheat
γυναικάριον, ου, τό idle, silly woman
ἔκδηλος, ον quite evident, plain
ἐλεγμός, οῦ, ὁ reproof, punishment
ἐνδύνω go (in), enter, creep (in)
ἐνίστημι 2. impend, be imminent
ἐξαρτίζω 2. equip, finish
ἐπανόρθωσις, εως, ἡ improvement
εὐσεβῶς in a godly manner
θεόπνευστος, ον inspired by God
ἱερός, ά, όν holy
καταφθείρω 2. ruin, corrupt
μηδέποτε never
μόρφωσις, εως, ἡ 2. outward
παιδεία, ας, ἡ *act.*: upbringing, training
παρακολουθέω 2. follow (with the
    mind), understand
πιστόω 2. feel confidence, be convinced
προδότης, ου, ὁ traitor, betrayer
προκόπτω progress, advance
προπετής, ές rash, reckless
σοφίζω 1. a. make wise, teach
σωρεύω 2. fill with, overwhelm
τυφόομαι 1. be puffed up, conceited
ὑπερήφανος, ον arrogant, haughty
ὑποφέρω bear (up under), submit to,
    endure
φιλάργυρος, ον fond of money, avaricious
φίλαυτος, ον loving oneself, selfish
φιλήδονος, ον loving pleasure, given
    over to pleasure
φιλόθεος, ον loving God, devout
χαλεπός, ή, όν hard, difficult
ὠφέλιμος, ον useful, beneficial, advantageous

### Chapter 4
ἀγών, ἀγῶνος, ὁ 2. struggle, fight
ἀγωνίζομαι 2. fight, struggle
ἀκαίρως inconveniently (out of season)
ἀνάλυσις, εως, ἡ departure
ἀπόκειμαι be put away, stored up

83

ἀπολείπω 1. leave behind
ἀπολογία, ας, ἡ defense
ἀποστρέφω 1. a. turn away
δρόμος, ου, ὁ course
ἐκτρέπω turn, turn away
ἐνδυναμόω strengthen
ἐπισωρεύω heap up, accumulate
ἐπιφάνεια, ας, ἡ appearing
εὐαγγελιστής, οῦ, ὁ evangelist
εὐκαίρως conveniently (in season)
εὔχρηστος, ον useful, serviceable
ἡμέτερος, α, ον our
κακοπαθέω 2. bear hardship patiently

κήρυγμα, ατος, τό preaching
κνήθω itch, pass.: κ. τὴν ἀκοήν have one's ears tickled
λέων, οντος, ὁ lion
μεμβράνα, ης, ἡ parchment
μῦθος, ου, ὁ myth, tale
νήφω be self-controlled
πληροφορέω fulfill
σπένδω offer up
φαιλόνης, ου, ὁ cloak
χαλκεύς, έως, ὁ coppersmith, smith
χειμών, ῶνος, ὁ 2. winter

# THE EPISTLE TO TITUS

## Chapter 1

ἀδόκιμος, ον unqualified, unfit
ἀεί 2. from the beginning
αἰσχροκερδής, ές fond of dishonest gain
αἰσχρός, ά, όν dishonest
ἀνατρέπω cause to fall, ruin, destroy
ἀνέγκλητος, ον blameless, irreproachable
ἀντέχω 1. cling to, be devoted to
ἀντιλέγω 1. speak against, contradict
ἀνυπότακτος, ον 2. undisciplined, disobedient, rebellious
ἀπειθής, ές disobedient
ἀπολείπω 1. leave behind
ἀποστρέφω 3. a. reject, repudiate
ἀποτόμως severely, rigorously
ἀργός, ή, όν 2. idle, lazy
ἀσωτία, ας, ἡ debauchery, dissipation
αὐθάδης, ες self-willed, stubborn, arrogant
ἀψευδής, ές free from all deceit, truthful, trustworthy
βδελυκτός, ή, όν abominable, detestable
γαστήρ, τρός, ἡ 1. belly, glutton
γνήσιος, α, ον born in wedlock, legitimate
ἐγκρατής, ές self-controlled
ἐπιδιορθόω set right (cf. AG)
ἐπίσκοπος, ου, ὁ overseer, bishop
ἐπιστομίζω silence
ἐπιταγή, ῆς, ἡ command, order
κατηγορία, ας, ἡ charge
κέρδος, ους, τό gain
κήρυγμα, ατος, τό preaching
λείπω 2. lack

ματαιολόγος, ον subst.: idle talker
μιαίνω stain, defile
μῦθος, ου, ὁ tale, story, myth
ὀργίλος, η, ον inclined to anger
ὅσιος, ία, ον 1. a. devout, holy (cf. AG)
πάροινος, ον drunken, addicted to wine
πλήκτης, ου, ὁ pugnacious man, bully
σώφρων, ον prudent, self-controlled
φιλάγαθος, ον loving what is good
φιλόξενος, ον hospitable
φρεναπάτης, ου, ὁ deceiver, misleader
χάριν for the sake of

## Chapter 2

ἁγνός, ή, όν chaste, pure
ἀκατάγνωστος, ον not condemned, beyond
ἀντιλέγω 1. speak against, contradict
ἀσέβεια, ας, ἡ godlessness, impiety
ἀφθορά, ᾶς, ἡ soundness
δικαίως 1. b. uprightly
δουλόω enslave, subject
ἐναντίος, α, ον opposed, against, 3. b. ὁ ἐξ ἐ. the opponent
ἐντρέπω pass.: be put to shame
ἐπιταγή, ῆς, ἡ command, order
ἐπιφαίνω show oneself
ἐπιφάνεια, ας, ἡ appearing
εὐάρεστος, ον 2. εὐ. εἶναι give satisfaction
εὐσεβῶς in a godly manner
ζηλωτής, οῦ, ὁ zealot, enthusiast
ἱεροπρεπής, ές holy
καλοδιδάσκαλος, ον teaching what is good
κατάστημα, ατος, τό behavior

κοσμικός, ή, όν 2. worldly
λυτρόω mid.: set free, redeem
νηφάλιος, ία, ον temperate, sober
νοσφίζω misappropriate, keep back
οἰκουργός, όν working at home
περιούσιος, ον chosen, especial
περιφρονέω disregard, look down on
πρέπω be fitting, be seemly
πρεσβύτης, ου, ὁ old man
πρεσβῦτις, ιδος, ἡ old(er) woman
σεμνός, ή, όν worthy of respect, noble
σεμνότης, ητος, ἡ 1. reverence, dignity
σωτήριος, ον 1. bringing salvation
σωφρονέω 2. be reasonable, sensible
σωφρονίζω encourage, advise, urge
σωφρόνως soberly, moderately
σώφρων, ον prudent, modest
φαῦλος, η, ον worthless, bad
φίλανδρος, ον loving her husband
φιλότεκνος, ον loving one's children

**Chapter 3**
αἱρετικός, ή, όν factious, heretical
ἄκαρπος, ον unproductive, fruitless
ἄμαχος, ον peaceable
ἀναγκαῖος, α, ον 1. necessary
ἀνακαίνωσις, εως, ἡ renewal
ἀνόητος, ον unintelligent, foolish
ἀνωφελής, ές 2. harmful
ἀπειθής, ές disobedient
αὐτοκατάκριτος, ον self-condemned
γενεαλογία, ας, ἡ genealogy

διαβεβαιόομαι speak confidently, insist
διάγω live
ἐκστρέφω pervert
ἐπιεικής, ές yielding, gentle, kind
ἐπιφαίνω show oneself
ἔρις, ιδος, ἡ strife, discord
ζήτησις, εως, ἡ 1. investigation, 2. controversial question, controversy
ἡδονή, ῆς, ἡ 1. pleasure, enjoyment
ἡμέτερος, α, ον our
λείπω 2. lack
λουτρόν, οῦ, τό bath, washing
μάταιος, αία, αιον fruitless
μάχη, ης, ἡ pl. quarrels, strife
νουθεσία, ας, ἡ admonition
παλιγγενεσία, ας, ἡ rebirth, regeneration
παραχειμάζω (spend the) winter
πειθαρχέω obey
περιίστημι 2. avoid, shun
πλουσίως richly, abundantly
προΐστημι 2. be concerned about, care for
προπέμπω 2. help on one's journey
σπουδαίως 2. diligently, earnestly
στυγητός, ή, όν hated, hateful
ὑπομιμνήσκω remind
φθόνος, ου, ὁ envy, jealousy
φιλανθρωπία, ας, ἡ love for mankind
φροντίζω think of, be careful about
ὠφέλιμος, ον useful, beneficial, advantageous

# THE EPISTLE TO PHILEMON

ἀναπέμπω 2. send back
ἀνήκω 2. it is proper, fitting
ἀποτίνω make compensation, pay the damages
ἄχρηστος, ον useless, worthless
γνώμη, ης, ἡ 3. previous knowledge, consent
ἑκούσιος, ία, ιον of one's free will
ἐλλογέω charge to someone's account
ἐνεργής, ές effective, powerful

εὔχρηστος, ον useful, serviceable
μνεία, ας, ἡ 2. mention
ξενία, ας, ἡ hospitality, guest room
ὀνίνημι aor. mid. opt.: may I have joy
πρεσβύτης, ου, ὁ old man (cf. AG: ambassador)
προσοφείλω owe besides
συναιχμάλωτος, ου, ὁ fellow prisoner
συστρατιώτης, ου, ὁ fellow soldier
τάχα perhaps, possibly, probably

# THE EPISTLE TO THE HEBREWS

**Chapter 1**
ἀγαλλίασις, εως, ἡ exultation, gladness
ἀλάσσω change, alter

ἀπαύγασμα, ατος, τό radiance
διαμένω remain
διάφορος, ον 2. excellent
ἐκλείπω come to an end

ἐλίσσω roll up
εὐθύτης, ητος, ἡ righteousness
θεμελιόω found
καθαρισμός, οῦ, ὁ purification
λειτουργικός, ή, όν: λ. πνεύματα
spirits in holy service
λειτουργός, οῦ, ὁ servant (relig.)
μεγαλωσύνη, ης, ἡ majesty
μέτοχος, ον subst.: partner
πάλαι long ago, formerly
παλαιόω pass.: become old
περιβόλαιον, ου, τό wrap, cloak
πολυμερῶς in many ways
πολυτρόπως in various ways
πρωτότοκος, ον first-born
ὑποπόδιον, ου, τό footstool
ὑποστάσις, εως, ἡ 1. substantial
nature, essence, reality
φλόξ, φλογός, ἡ flame
χαρακτήρ, ῆρος, ὁ 1. representation
χρίω anoint

### Chapter 2
ἀμελέω neglect, disregard
ἀνυπότακτος, ον 1. not made subject,
independent
ἀπαλλάσσω free, release
ἀρχηγός, οῦ, ὁ 3. originator, founder
βέβαιος, α, ον valid, permanent
βεβαιόω make firm, establish, guarantee
βοηθέω help, come to the aid of
βραχύς, εῖα, ύ short, little
δή indeed, now, then
δήπου of course, surely
δουλεία, ας, ἡ slavery
ἐκφεύγω 2. escape
ἐλαττόω 1. make lower, inferior
ἐλεήμων, ον merciful
ἔνδικος, ον just, deserved
θέλησις, εως, ἡ will
ἱλάσκομαι expiate
κοινωνέω (have a) share
μερισμός, οῦ, ὁ 2. distribution
μετέχω (have a) share
μισθαποδοσία, ας, ἡ penalty
παράβασις, εως, ἡ transgression
παρακοή, ῆς, ἡ unwillingness to hear,
disobedience
παραπλησίως similarly, likewise
παραρρέω be washed away, drift away
πού 1. somewhere
πρέπω be fitting, be seemly

στεφανόω 2. honor, crown
συνεπιμαρτυρέω testify at the same
time
τηλικοῦτος, αύτη, οῦτο so great
ὑμνέω sing the praise of, sing hymns

### Chapter 3
ἀεί 3. continually, constantly
ἀξιόω 1. a. consider worthy, deserving
ἀπάτη, ης, ἡ 1. deception, deceitfulness
βέβαιος, α, ον certain, firm
δοκιμασία, ας, ἡ test
θεράπων, οντος, ὁ servant
κατάπαυσις, εως, ἡ 2. place of rest
κῶλον, ου, τό dead body, corpse
μέτοχος, ον sharing, participating in
ὁμολογία, ας, ἡ confession
παραπικραίνω 2. be disobedient, re-
bellious
παραπικρασμός, οῦ, ὁ revolt, rebellion
προσοχθίζω be angry, offended,
provoked
σκληρύνω harden
ὑπόστασις, εως, ἡ 2. confidence, con-
viction

### Chapter 4
ἀπείθεια, ας, ἡ disobedience, disbelief
ἀπολείπω 2. remain
ἁρμός, οῦ, ὁ joint
ἀφανής, ές invisible, hidden
βοήθεια, ας, ἡ help
διϊκνέομαι pierce, penetrate
δίστομος, ον double-edged
ἕβδομος, η, ον seventh
ἐνεργής, ές active, powerful
ἐνθύμησις, εως, ἡ thought, reflexion
ἔννοια, ας, ἡ thought
εὔκαιρος, ον well-timed, suitable
καίτοι and yet
καταπαύσις, εως, ἡ 2. place of rest
καταπαύω 1. b. bring to rest, 2. rest
κριτικός, ή, όν able to judge
μερισμός, οῦ, ὁ 1. separation
μυελός, οῦ, ὁ marrow
ὁμοιότης, ητος, ή: καθ' ὁ. in quite the
same way
ὁμολογία, ας, ἡ confession
ὁρίζω 1. determine, appoint, fix, set
πού 1. somewhere
σαββατισμός, οῦ, ὁ Sabbath rest
σκληρύνω harden

συγκεράννυμι blend, unite
συμπαθέω sympathize with
τομός, ή, όν cutting, sharp
τραχηλίζω be laid open
ὑπόδειγμα, ατος, τό example, model

**Chapter 5**
αἰσθητήριον, ου, τό sense, faculty
αἴτιος, ία, ον *masc. subst.*: 1. cause,
    source
ἄπειρος, ον I. unacquainted with, un-
    accustomed to
γάλα, γάλακτος, τό milk
γυμνάζω exercise, train
διάκρισις, εως, ή 1. distinguishing
δυσερμήνευτος, ον hard to explain
εἰσακούω 2. hear
ἕξις, εως, ή exercise, practice
εὐλάβεια, ας, ή awe, fear, piety
    (cf. AG)
ἱκετηρία, ας, ή supplication, prayer
καθώσπερ (just) as
καίπερ although
κραυγή, ῆς, ή 1. a loud cry
λόγιον, ου, τό saying
μετέχω live, share, partake of, live on
μετριοπαθέω deal gently
νωθρός, ά, όν lazy, sluggish
περίκειμαι 2. b. be subject to
προσαγορεύω 2. call, name, designate
στερεός, ά, όν solid
στοιχεῖον, ου, τό 1. elements (of
    learning), fundamental principles
τάξις, εως, ή order, 4. nature

**Chapter 6**
ἄγκυρα, ας, ή anchor
ἀδόκιμος, ον worthless, unfit
ἀμετάθετος, ον unchangeable(ness)
ἀνακαινίζω renew, restore
ἀνασταυρόω crucify (again)
ἀντιλογία, ας, ή 1. contradiction,
    dispute
ἀσφαλής, ές 1. firm
βαπτισμός, οῦ, ὁ dipping, washings
βέβαιος, α, ον firm, secure
βεβαίωσις, εως, ή confirmation
βοτάνη, ης, ή vegetation, herb, plant
γεωργέω cultivate
εἰ μήν surely, certainly
ἐκφέρω 3. produce
ἐπιδείκνυμι demonstrate, give proof
ἐπίθεσις, εως, ή laying on

ἐπιλανθάνομαι 2. neglect, overlook
ἐπιτυγχάνω obtain, attain to
ἐσώτερος, α, ον inner, inside
εὔθετος, ον fit, suitable
ἦ (cf. AG) truly
καταβάλλω 2. found
καταπέτασμα, ατος, τό curtain
κατάρα, ας, ή curse, imprecation
καταφεύγω take refuge
καῦσις, εως, ή burning
μεσιτεύω guarantee
μεταλαμβάνω share in, receive
μέτοχος, ον 1. sharing, participating in
μιμητής, οῦ, ὁ imitator
νωθρός, ά, όν lazy, sluggish
παραδειγματίζω hold up to contempt,
    make an example of
παραπίπτω fall away, commit apostasy
πέρας, ατος, τό end, 2. conclusion
πληροφορία, ας, ή full assurance
πρόδρομος, ον forerunner
πρόκειμαι be set before, lie before
τάξις, εως, ή order, 4. nature
τελειότης, ητος, ή maturity
τρίβολος, ου, ὁ thistle
ὑετός, οῦ, ὁ rain

**Chapter 7**
ἀγενεαλόγητος, ον without genealogy
ἀθέτησις, εως, ή annulment
ἄκακος, ον innocent, guileless
ἀκατάλυτος, ον indestructible
ἀκροθίνιον, ου, τό first-fruits, booty,
    spoil
ἀμήτωρ, ορος without mother
ἀμίαντος, ον undefiled, pure
ἀνατέλλω be descended
ἀντιλογία, ας, ή 1. contradiction,
    dispute
ἀνωφελής, ές 1. useless
ἀπαράβατος, ον without successor
ἀπάτωρ, ορος fatherless, without father
ἀποδεκατόω 2. collect a tithe
ἀφομοιόω be like, resemble
γενεαλογέω trace descent
δέκατος, η, ον tenth, tithe
δεκατόω collect, pay tithes
διηνεκής, ές continuous, forever
ἔγγυος, ον guarantee
ἐλάσσω, ἔλασσον inferior
ἐντυγχάνω plead for
ἐπεισαγωγή, ῆς, ή introduction

ἔπος, ους, τό word, ὡς ἔ. εἰπεῖν one
  might almost say
ἑρμηνεύω 2. translate
ἐφάπαξ 2. once for all
ἱερατεία, ας, ἡ priestly office
ἱερωσύνῃ, ης, ἡ priesthood
καίπερ although
κατάδηλος, ον very clear
κοπή, ῆς, ἡ cutting down
μετάθεσις, εως, ἡ 2. change
μεταμέλομαι change one's mind
μετατίθημι change, alter
μετέχω participate, belong
νομοθετέω 1. function as a lawgiver
ὁμοιότης, ητος, ἡ : καθ' ὁ. in the same
  way
ὁρκωμοσία, ας, ἡ oath, taking an oath
ὅσιος, ία, ον 1. holy
ὀσφῦς, ύος, ἡ loins
παντελής, ές 1. completely, 3. forever
παραμένω 2. continue in an occupation
πατριάρχης, ου, ὁ patriarch
πηλίκος, η, ον how great
πρέπω be fitting, be seemly
πρόδηλος, ον known to all
σάρκινος, η, ον fleshly
συναντάω meet
τάξις, εως, ἡ order, 4. nature
τελείωσις, εως, ἡ perfection, fulfilment

## Chapter 8
ἀμελέω neglect, be unconcerned about
ἄμεμπτος, ον blameless, faultless
ἀναγκαῖος, α, ον 1. necessary
ἀφανισμός, οῦ, ὁ disappearance,
  destruction
γηράσκω grow old
διατίθημι 1. decree, ordain
διάφορος, ον 2. outstanding, excellent
ἐμμένω 2. persevere in, stand by
ἐπιγράφω write on
ἵλεως, ων gracious, merciful
κεφάλαιον, ου, τό 1. main point, thing
λειτουργία, ας, ἡ (sacrificial) service
λειτουργός, οῦ, ὁ servant (relig.)
μεγαλωσύνη, ης, ἡ majesty
μέμφομαι find fault with, blame
μεσίτης, ου, ὁ mediator
νομοθετέω 2. ordain, enact
παλαιόω make, become old
πήγνυμι 2. set up
πολίτης, ου, ὁ (fellow) citizen
σκιά, ᾶς, ἡ shadow, foreshadowing

συντελέω complete, fulfill
ὑπόδειγμα, ατος, τό copy, imitation
χρηματίζω 1. impart a revelation, in-
  junction, warning

## Chapter 9
ἀγνόημα, ατος, τό sin committed in
  ignorance
ἀθέτησις, εως, ἡ removal, annulment
αἱματεκχυσία, ας, ἡ shedding of blood
ἄμωμος, ον unblemished
ἀντίτυπος, ον neut. subst.: copy, anti-
  type
ἀπεκδέχομαι await eagerly
ἀπόκειμαι 2. impers.: be reserved, be
  destined
βαπτισμός, οῦ, ὁ washings
βέβαιος, α, ον valid, permanent
βλαστάνω bud, sprout
δάμαλις, εως, ἡ heifer, young cow
δηλόω give information
διατίθημι 3. make a will
διάφορος, ον 1. different
διόρθωσις, εως, ἡ improvement
ἐγκαινίζω 2. inaugurate, dedicate
εἴσειμι go in, into
ἐνίστημι 1. be present, have come
ἐπίκειμαι 2. c. be imposed, be incumbent
ἔριον, ου, τό wool
ἐφάπαξ 2. once for all
θυμιατήριον, ου, τό altar of incense
ἱλαστήριον, ου, ὁ mercy-seat
καθαρότης, ητος, ἡ purity
καταπέτασμα, ατος, τό curtain
κατασκιάζω overshadow
κιβωτός, οῦ, ἡ ark
κόκκινος, η, ον red, scarlet
κοσμικός, ἡ, όν 1. earthly
λατρεία, ας, ἡ service, worship
λειτουργία, ας, ἡ service
λύτρωσις, εως, ἡ ransoming, redemp-
  tion
μάννα, τό manna
μεσίτης, ου, ὁ mediator
μήπω not yet
μόσχος, ου, ὁ calf, young bull, ox
πάντοθεν on all sides, entirely
παράβασις, εως, ἡ transgression
περικαλύπτω cover, conceal
πλάξ, πλακός, ἡ flat stone, tablet, table
πόμα, ατος, τό drink
ῥαντίζω sprinkle

σποδός, οῦ, ἡ ashes
στάμνος, ου, ἡ, ὁ jar
στάσις, εως, ἡ 1. existence, continuance
συντέλεια, ας, ἡ completion, end
σχεδόν nearly, almost
ταῦρος, ου, ὁ bull, ox
τράγος, ου, ὁ he-goat
ὑπεράνω (high) above
ὑπόδειγμα, ατος, τό 2. copy, imitation
ὕσσωπος, ου, ἡ, ὁ (ὕσσωπον, τό) hyssop
χειροποίητος, ον made by human hands

### Chapter 10

ἄθλησις, εως, ἡ contest, struggle
ἀκλινής, ές without wavering
ἀναμιμνήσκω remind
ἀνάμνησις, εως, ἡ reminder, remembrance
ἀνταποδίδωμι give back, repay, return
ἀνώτερος, έρα, ον above, earlier
ἀξιόω 1. consider worthy, deserving
ἀποβάλλω 2. lose
ἀπολείπω 2. remain
ἁρπαγή, ῆς, ἡ 1. robbery, plunder
διατίθημι 1. decree, ordain
διηνεκής, ές continually, forever
ἐγκαινίζω 1. renew
εἴσοδος, ου, ἡ 1. (a way of) entering
ἐκδέχομαι wait
ἐκδίκησις, εως, ἡ vengeance, punishment
ἐκδοχή, ῆς, ἡ expectation
ἑκουσίως deliberately, intentionally
ἐμπίπτω fall (into, among)
ἐνυβρίζω insult, outrage
ἐπιγράφω write on, in
ἐπισυναγωγή, ῆς, ἡ 1. meeting
ἐφάπαξ 2. once for all
θεατρίζω expose publicly
καταπατέω trample under foot
καταπέτασμα, ατος, τό curtain
κεφαλίς, ίδος, ἡ: κ. βιβλίου the roll of a book
λειτουργέω perform a public service
λούω wash
μισθαποδοσία, ας, ἡ reward
οἰκτιρμός, οῦ, ὁ pity, mercy
ὁλοκαύτωμα, ατος, τό whole burnt-offering
ὁμολογία, ας, ἡ confession
ὀνειδισμός, οῦ, ὁ reproach, insult

παροξυσμός, οῦ, ὁ 1. stirring up
περιαιρέω take away, remove
περιποίησις, εως, ἡ 1. keeping safe
πληροφορία, ας, ἡ full assurance
πρόσφατος, ον new, recent
προσφορά, ᾶς, ἡ offering, gift
ῥαντίζω sprinkle, 2. b. purify
σκιά, ᾶς, ἡ shadow, foreshadowing
συμπαθέω sympathize with
ταῦρος, ου, ὁ bull, ox
τιμωρία, ας, ἡ punishment
τράγος, ου, ὁ he-goat
ὕπαρξις, εως, ἡ 2. what one has, property
ὑπεναντίος, α, ον subst. pl.: adversaries
ὑποπόδιον, ου, τό footstool
ὑποστέλλω draw back
ὑποστολή, ῆς, ἡ shrinking, timidity
φοβερός, ά, όν fearful, terrible
χρονίζω take time, linger, fail to come

### Chapter 11

αἴγειος, εία, ειον of a goat
αἱρέω mid.: choose, prefer
ἄκρον, ου, τό high point, top
ἄμμος, ου, ἡ sand
ἀναδέχομαι accept, receive
ἀνακάμπτω return
ἀναρίθμητος, ον innumerable
ἀόρατος, ον unseen, invisible
ἀποβλέπω look, pay attention
ἀπόλαυσις, εως, ἡ enjoyment
ἀστεῖος, α, ον 1. beautiful, well-formed
ἄστρον, ου, τό star, constellation
δέρμα, ατος, τό skin
δημιουργός, οῦ, ὁ craftsman
διαβαίνω go through, cross
διάταγμα, ατος, τό edict, command
διηγέομαι tell, relate
δυναμόω strengthen
ἐκβαίνω go out, come from
ἐκδέχομαι expect, wait
ἐκζητέω 1. seek out, search for
ἔλεγχος, ου, ὁ 1. proof, proving
ἐμπαιγμός, οῦ, ὁ scorn, mocking
ἔξοδος, ου, ἡ 1. the Exodus
ἐπιλείπω fail
ἐπιτυγχάνω obtain, attain to
ἐρημία, ας, ἡ uninhabited region
ἐρυθρός, ά, όν red
εὐαρεστέω 1. please, be pleasing
εὐλαβέομαι 1. be afraid, be concerned

89

ἡλικία, ας, ἡ: παρὰ καιρὸν ἡλ. past
   the normal age
θιγγάνω touch
κακουχέω maltreat, torment
καρτερέω be strong, persevere
καταγωνίζομαι defeat, overcome
καταπίνω swallow (up)
κατάσκοπος, ου, ὁ spy
κιβωτός, οῦ, ἡ ark
κλίνω 1. d. cause to fall, turn to flight
κυκλόω go around, encircle
λέων, οντος, ὁ lion
λιθάζω stone
μάστιξ, ιγος, ἡ pl.: lashing, lashes
μετάθεσις, εως, ἡ 1. removal
μετατίθημι be taken up, translated
μηδέπω not yet
μηλωτή, ῆς, ἡ sheepskin
μισθαποδοσία, ας, ἡ reward
μισθαποδότης, ου, ὁ rewarder
μονογενής, ές only
νεκρόω pass.: be as good as dead
ξηρός, ή, όν dry, dried (up)
ὀλοθρεύω destroy, ruin
ὀνειδισμός, οῦ, ὁ reproach
ὀπή, ῆς, ἡ opening, whole
ὀρέγω mid.: aspire to, strive for
ὀστέον, ου, τό bone
παρεπίδημος, ον subst.: sojourner
παροικέω 1. c. migrate
πατρίς, ίδος, ἡ homeland
πεῖρα, ας, ἡ act, attempt, pass.: ex-
   perience
περιέρχομαι go from place to place,
   wander about
πόρρωθεν from a distance
πρίζω saw (in two)
προβλέπω see beforehand, foresee
πρόσκαιρος, ον temporary
πρόσχυσις, εως, ἡ pouring, sprinkling
πρωτότοκος, ον first-born
σβέννυμι extinguish, put out
σπήλαιον, ου, τό cave, den
συγκακουχέομαι suffer with
συγκληρονόμος, ον subst.: fellow heir
συναπόλλυμι mid.: be destroyed, perish
   with
τεῖχος, ους, τό (city) wall
τεχνίτης, ου, ὁ architect
τρίμηνος, ον (a period of) three months
τυμπανίζω torment, torture

ὑπόστασις, εως, ἡ 2. confidence,
   assurance
φόνος, ου, ὁ murder, killing
φράσσω 1. shut, close, stop
χεῖλος, ους, τό 2. shore, bank
χρηματίζω 1. impart a revelation, in-
   junction, warning

## Chapter 12

ἁγιότης, ητος, ἡ holiness
ἀγών, ἀγῶνος, ὁ 1. contest, race
αἰσχύνη, ης, ἡ shame, disgrace
ἀναλογίζομαι consider
ἀνορθόω rebuild, restore
ἀνταγωνίζομαι struggle
ἀντικαθίστημι oppose, resist
ἀντιλογία, ας, ἡ 2. hostility, rebellion
ἄνω upward(s), up
ἀπογράφω register, record
ἀποδοκιμάζω reject, declare useless
ἀποστρέφω 3. a. turn away from, reject
ἀποτίθημι 1. b. lay aside, rid oneself
ἀρχηγός, οῦ, ὁ 3. originator, founder
ἀσάλευτος, ον immovable, unshaken
ἀφοράω 1. look away, fix one's eyes
βέβηλος, ον irreligious, profane
γνόφος, ου, ὁ darkness
γυμνάζω exercise, train
δέος, ους, τό fear, awe
δηλόω indicate
διαστέλλω order, give orders
εἰρηνικός, ή, όν peaceful
ἐκζητέω 1. seek out, search for
ἐκλανθάνομαι forget (altogether)
ἐκλύω give out, lose heart
ἐκτρέπω turn, be dislocated
ἔκτρομος, ον trembling
ἐκφεύγω 2. escape
ἔκφοβος, ον terrified
ἐνοχλέω cause trouble
ἐντρέπω mid.: have regard for, respect
ἔντρομος, ον trembling
ἐπισκοπέω look at, care for
εὐαρέστως in an acceptable manner
εὐλάβεια, ας, ἡ awe
εὐπερίστατος easily ensnaring
ζόφος, ου, ὁ darkness, gloom
ἦχος, ου, ὁ 1. sound, tone, noise
θιγγάνω touch
θύελλα, ης, ἡ storm, whirlwind
καίπερ although
κάμνω 1. be weary, fatigued

καταναλίσκω consume
καταφρονέω care nothing for, disregard
λιθοβολέω 2. stone (to death)
μαστιγόω punish, whip
μεσίτης, ου, ὁ mediator
μετάθεσις, εως, ἡ 1. removal
μεταλαμβάνω receive one's share
μετέπειτα afterwards
μέτοχος, ον sharing, participating in
μιαίνω stain, defile
μυριάς, άδος, ἡ myriad
νέφος, ους, τό cloud, host
νόθος, η, ον illegitimate
ὄγκος, ου, ὁ weight, burden, impediment
ὀλιγωρέω think lightly, make light
ὀρθός, ή, όν 1. straight
παιδεία, ας, ἡ discipline
παιδευτής, οῦ, ὁ corrector
πανήγυρις, εως, ἡ festal gathering
παραδέχομαι accept, receive
παραλύω undo, weaken, disable
παρίημι 2. a. weakened, listless, drooping
περίκειμαι 1. lie, be placed around
πικρία, ας, ἡ bitterness
πρόκειμαι be set before, lie before
πρωτοτόκια, ων, τά birthright
πρωτότοκος, ον first-born
ῥαντισμός, οῦ, ὁ sprinkling
σείω shake
τελειωτής, οῦ, ὁ perfecter
τοιγαροῦν for that very reason then, therefore
τροχιά, ᾶς, ἡ way, path
φαντάζω pass.: become visible, appear
φοβερός, ά, όν fearful, terrible
φύω grow (up), come up
χρηματίζω 1. impart a revelation, injunction, warning

ψηλαφάω feel (about for), touch, grope after

**Chapter 13**
ἀγρυπνέω 2. keep watch over, guard
αἴνεσις, εως, ἡ praise
ἀλυσιτελής, ές unprofitable
ἀμίαντις, ον undefiled, pure
ἀναθεωρέω examine, observe carefully
ἀνίημι 2. abandon, desert
ἀποκαθίστημι (-τάνω) 3. restore
ἀρκέω be satisfied, content
ἀφιλάργυρος, ον not loving money, not greedy
βεβαιόω make firm, strengthen
βοηθός, όν helpful, subst.: helper
βραχύς, εῖα, ὑ short, little
εἰσφέρω bring in, carry in
ἔκβασις, εως, ἡ a way out, end
ἐπιλανθάνομαι 2. neglect, overlook
ἐπιστέλλω write
εὐαρεστέω 2. be satisfied
εὐάρεστος, ον pleasing, acceptable
εὐποιΐα, ας, ἡ 1. the doing of good
ἐχθές yesterday
θαρρέω be confident
κακουχέω maltreat, torment
κοίτη, ης, ἡ marriage bed
λανθάνω escape notice, be hidden
μιμέομαι imitate
μοιχός, οῦ, ὁ adulterer
ὀνειδισμός, οῦ, ὁ reproach
παραφέρω 2. lead, carry away
στενάζω sigh, groan
συνδέω bind, imprison (together with)
τοίνυν hence, so, indeed
ὑπείκω yield, give way, submit
φιλαδελφία, ας, ἡ love of the brethren
φιλοξενία, ας, ἡ hospitality
χεῖλος, ους, τό lip

# THE EPISTLE OF JAMES

**Chapter 1**
ἀκατάστατος, ον unstable
ἀκροατής, οῦ, ὁ a hearer
ἀμίαντος, ον undefiled
ἀνατέλλω rise, spring up
ἀνεμίζω be moved by the wind
ἄνθος, ους, τό blossom, flower
ἀπαρχή, ῆς, ἡ first-fruits
ἀπατάω deceive, cheat, mislead

ἀπείραστος, ον without temptation
ἁπλῶς generously, without reserve
ἀποκυέω bear, give birth to
ἀποσκίασμα, ατος, τό shadow
ἀποτελέω 1. finish, bring to completion
ἀποτίθημι put off, lay aside
ἄσπιλος, ον spotless, without blemish
βραδύς, εῖα, ὑ slow
γένεσις, εως, ἡ 2. existence (natural)

91

δελεάζω lure
διασπορά, ᾶς, ἡ dispersion
δίψυκος, ον doubting, double-minded
δοκίμιον, ου, τό 1. testing
δόκιμος, ον 1. approved, genuine
δόσις, εως, ἡ 1. gift
δώρημα, ατος, τό gift, present
ἔμφυτος, ον implanted
ἔνι there is
ἐξέλκω drag away
ἔοικα be like, resemble
ἐπιλανθάνομαι forget
ἐπιλησμονή, ῆς, ἡ forgetfulness
ἔσοπτρον, ον, τό mirror
εὐπρέπεια, ας, ἡ fine appearance,
    beauty
θρησκεία, ας, ἡ religion, worship of
    God
θρησκός, όν religious
καύσων, ωνος, ὁ heat, burning (sun)
κλύδων, ωνος, ὁ rough water, waves
κτίσμα, ατος, τό creature
λείπω 1. fall short, be in need
μαραίνω fade, disappear
μάταιος, αία, αιον worthless
οἴομαι think, suppose, expect
ὁλόκληρος whole, intact, blameless
ὁποῖος, οία, οῖον of what sort
ὀρφανός, ή, όν orphaned
παρακύπτω 2. (bend over to) look (in)
παραλλαγή, ῆς, ἡ change, variation
παραλογίζομαι 1. deceive, delude
παραμένω 2. continue (in an occupa-
    tion), serve
περιπίπτω encounter, fall into
περισσεία, ας, ἡ surplus, abundance
ποίησις, εως, ἡ doing, working
ποιητής, οῦ, ὁ a doer, one who does
πορεία, ας, ἡ 1. journey (cf. AG)
ῥιπίζω blow here and there, toss
ῥυπαρία, ας, ἡ moral uncleanness
ταπεινός, ή, όν poor, lowly
ταπείνωσις, εως, ἡ humiliation
τροπή, ῆς, ἡ turn(ing), variation,
    change
ὕψος, ους, τό height, high position
χαλιναγωγέω bridle, hold in check

## Chapter 2

ἀνέλεος, ον merciless
ἀργός, ή, όν 3. useless
ἀτιμάζω dishonor, insult

βασιλικός, ή, όν royal
ἕλκω drag, draw
ἐπιβλέπω look at, care about
ἐπιτήδειος, εία, ον necessary
ἐσθής, ῆτος, ἡ clothing
ἐφήμερος, ον for the day
θερμαίνομαι warm oneself
καταδυναστεύω exploit
κατακαυχάομαι 2. triumph over
κριτήριον, ου, τό 1. lawcourt
λαμπρός, ά, όν bright, shining
λείπω lack, be in need
μέντοι really, actually
ὄφελος, ους, τό benefit, good
παραβάτης, ου, ὁ transgressor
προσωπολημπτέω show partiality
προσωπολημψία, ας, ἡ partiality
πταίω stumble, trip
ῥυπαρός, ά, όν dirty
συνεργέω work (together) with
ὑποδέχομαι welcome (as a guest)
ὑποπόδιον, ου, τό footstool
φορέω wear
φρίσσω shudder
χρυσοδακτύλιος, ον with a gold ring
    on one's finger

## Chapter 3

ἁγνός, ή, όν pure, holy
ἀδιάκριτος, ον unwavering
ἀκαταστασία, ας, ἡ disorder, unruli-
    ness
ἀκατάστατος, ον unstable, restless
ἁλυκός, ή, όν salty
ἄμπελος, ου, ἡ (grape)vine
ἀνάπτω kindle
ἀνθρώπινος, η, ον human
ἀνυπόκριτος, ον genuine, sincere
αὐχέω boast
βρύω pour forth
γένεσις, εως, ἡ (cf. AG) 4. course of
    life
γλυκύς, εῖα, ύ sweet
δαιμονιώδης, ες demonic
δαμάζω tame, subdue
εἰρηνικός, ή, όν peaceable
ἐλαύνω drive
ἐνάλιος, ον sea creatures
ἐπίγειος, ον earthly
ἐπιεικής, ές yielding, gentle, kind
ἐπιστήμων, ον expert
ἐριθεία, ας, ἡ selfishness (cf. AG)

ἑρπετόν, οῦ, τό reptile
εὐθύνω 2. guide straight, (steer)
εὐπειθής, ές obedient, compliant
ἡλίκος, η, ον how great, how small
θανατηφόρος, ον death bringing
ἰός, οῦ, ὁ 1. poison
κατακαυχάομαι 1. boast against, brag
κατάρα, ας, ἡ curse, imprecation
καταράομαι curse
μεστός, ή, όν full
μετάγω guide
ὁμοίωσις, εως, ἡ likeness, resemblance
ὀπή, ῆς, ἡ opening, hole
ὁρμή, ῆς, ἡ impulse, inclination, desire
πηδάλιον, ου, τό steering paddle, rudder
πικρός, ά, όν bitter
πταίω stumble, trip
σκληρός, ά, όν hard, rough
σπιλόω stain, defile
σῦκον, ου, τό (ripe) fig
τηλικοῦτος, αύτη, οῦτο so great, so
    large
τροχός, οῦ, ὁ wheel
ὕλη, ης, ἡ 1. forest
φαῦλος, η, ον worthless, bad
φλογίζω set on fire
χαλιναγωγέω bridle, hold in check
χαλινός, οῦ, ὁ bit, bridle
χρή it is necessary, it ought
ψυχικός, ή, όν 1. unspiritual

Chapter 4
ἄγε come !
ἁγνίζω purify
ἀλαζονεία, ας, ἡ pretension, arrogance
ἀντιτάσσω oppose, resist
ἀτμίς, ίδος, ἡ mist, vapor
ἀφανίζω render invisible, pass.: perish
γέλως, ωτος, ὁ laughter
δαπανάω spend (freely)
δίψυκος, ον double-minded
ἐμπορεύομαι carry on business
ἐντεῦθεν from this
ἐπιποθέω long for, desire
ἐπιτυγχάνω reach, obtain
ἔχθρα, ας, ἡ enmity
ἡδονή, ῆς, ἡ 1. lust, pleasure, enjoy-
    ment
καταλαλέω speak against, defame
κατήφεια, ας, ἡ gloominess
κατοικίζω cause to dwell
κενῶς idly, in vain

μάχη, ης, ἡ pl. quarrels, strife
μάχομαι fight, quarrel
μεταστρέφω change, alter
μετατρέπω pass.: be turned
μοιχαλίς, ίδος, ἡ adulteress, 2. a. (adj.)
    adulterous
νομοθέτης, ου, ὁ lawgiver
πένθος, ους, τό grief, sadness, mourning
(ποία, ας, ἡ grass, herb, weed ; read
    rather as fem. of ποῖος; cf. AG)
ποιητής, οῦ, ὁ doer
πολεμέω make war
στρατεύομαι serve as a soldier
ταλαιπωρέω 1. lament, complain, be
    wretched
ταπεινός, ή, όν lowly, humble
ὑπερήφανος, ον arrogant, haughty
φθόνος, ου, ὁ envy, jealousy
φιλία, ας, ἡ friendship, love

Chapter 5
ἄγε come !
ἀλείφω anoint
ἀμάω mow
ἀντιτάσσω oppose, resist
ἄργυρος, ου, ὁ silver
ἀφυστερέω withhold
βλαστάνω produce, put forth
βοή, ῆς, ἡ cry, shout
βρέχω 2. send rain
ἐκδέχομαι wait, expect
ἐπέρχομαι come on, approach
εὐθυμέω be cheerful
εὐχή, ῆς, ἡ 1. prayer
εὔχομαι 1. pray
θησαυρίζω store up treasure
ἰός, οῦ, ὁ 2. rust
κακοπάθεια (-θία), ας, ἡ perseverance
    (cf. AG)
κακοπαθέω suffer misfortune
καλύπτω cover (up)
κάμνω 2. be ill
καταδικάζω condemn
κατιόω become tarnished
μακαρίζω consider blessed, happy
οἰκτίρμων, ον merciful, compassionate
ὀλολύζω cry out
ὁμοιοπαθής, ές with the same nature
ὄψιμος, ον late rain
πολύσπλαγχνος, ον sympathetic,
    merciful
πρόϊμος, ον masc. subst.: early rain
σήπω decay, rot

93

σητόβρωτος, ον motheaten
σπαταλάω live luxuriously
σφαγή, ῆς, ἡ slaughter
στενάζω sigh, groan
ταλαιπωρία, ας, ἡ wretchedness, distress

τρέφω feed, nourish
τρυφάω revel, carouse
ὑετός, οῦ, ὁ rain
ὑπόδειγμα, ατος, τό 1. example, model
ψάλλω sing, sing praise

# THE FIRST EPISTLE OF PETER

## Chapter 1
ἁγνίζω purify
ἄγνοια, ας, ἡ ignorance
ἀμάραντος, ον unfading
ἀμίαντος, ον undefiled, pure
ἀμνός, οῦ, ὁ lamb
ἄμωμος, ον unblemished
ἀναγεννάω beget again, cause to be born again
ἀναζώννυμι bind up, gird up
ἀνεκλάλητος, ον inexpressible
ἄνθος, ους, τό blossom, flower
ἀνυπόκριτος, ον genuine, sincere
ἀπροσωπολήμπτως impartially
ἄσπιλος, ον spotless, without blemish
ἄφθαρτος, ον imperishable, incorruptible, immortal
δηλόω reveal, point out
διασπορά, ᾶς, ἡ dispersion
δοκίμιον, ου, τό 2. genuine
ἐκζητέω 1. seek out, search for
ἐκτενῶς fervently, constantly
ἐξεραυνάω inquire carefully
ἐραυνάω search, examine
εὐλογητός, ή, όν blessed, praised
λυτρόω mid.: free (by paying a ransom), redeem
μάταιος, αία, αιον futile
νήφω be well balanced
ὀσφῦς, ύος, ἡ waist, loins
παρακύπτω bend over (to look in)
παρεπίδημος, ον subst.: sojourner, stranger
παροικία, ας, ἡ 1. the stay in a strange place
πατροπαράδοτος, ον inherited
πολύτιμος, ον comp.: more precious
προγινώσκω know beforehand, in advance
πρόγνωσις, εως, ἡ foreknowledge
προμαρτύρομαι bear witness to beforehand, predict
ῥαντισμός, οῦ, ὁ sprinkling

σπορά, ᾶς, ἡ seed, sowing
συσχηματίζω pass.: be formed like, be conformed to
τελείως fully, perfectly, completely
φθαρτός, ή, όν mortal, perishable
φιλαδελφία, ας, ἡ love of the brethren
φρουρέω guard, protect

## Chapter 2
ἀγαθοποιέω do good
ἀγαθοποιός, όν doing good, upright
ἀγνωσία, ας, ἡ ignorance
ἀδελφότης, ητος, ἡ brotherhood
ἀδίκως unjustly, undeservedly
ἄδολος, ον unadulterated
ἀκρογωνιαῖος, α, ον: ἀ. λίθος cornerstone or capstone
ἀνθρώπινος, η, ον human
ἀντιλοιδορέω revile in return
ἀπειλέω threaten, warn
ἀπιστέω disbelieve, refuse to believe
ἀπογίνομαι die
ἀποδοκιμάζω reject, declare useless
ἀποτίθημι 1. b. lay aside, rid oneself of
ἀρετή, ῆς, ἡ 2. praise (cf. AG)
ἀρτιγέννητος, ον newly born
βασίλειος, ον royal
βρέφος, ους, τό 2. baby, infant
γάλα, γάλακτος, τό milk
γωνία, ας, ἡ corner
δικαίως justly
ἐκδίκησις, εως, ἡ vengeance, punishment
ἔντιμος, ον 2. valuable, precious
ἐξαγγέλλω proclaim, report
ἐπακολουθέω follow, come after
ἐπιεικής, ές yielding, gentle, kind
ἐπικάλυμμα, ατος, τό cover, veil
ἐπιποθέω long for, desire
ἐπισκοπή, ῆς, ἡ 1. a. visitation (cf. AG)
ἐπίσκοπος, ου, ὁ overseer
ἐποικοδομέω build on to

ἐποπτεύω observe
εὐπρόσδεκτος, ον acceptable
θαυμαστός, ή, όν wonderful
ἱεράτευμα, ατος, τό priesthood
ἴχνος, ους, τό footprint
κακοποιός, όν *subst.*: evil doer
καταλαλέω speak against, defame
καταλαλιά, ᾶς, ή evil speech, slander
κλέος, ους, τό fame, glory
κολαφίζω strike with the fist, beat
λογικός, ή, όν spiritual, rational
λοιδορέω revile, abuse
μώλωψ, ωπος, ὁ bruise, wound
οἰκέτης, ου, ὁ (house) slave, domestic
παρεπίδημος, ον sojourning, *subst.*:
     sojourner
πάροικος, ον *subst.*: stranger, alien
περιέχω 2. contain
περιποίησις, εως, ἡ 2. possession
πρόσκομμα, ατος, τό stumbling,
     offense
προσκόπτω 2. take offense at
σαρκικός, ή, όν fleshly
σκολιός, ά, όν 2. crooked, dishonest
στρατεύομαι serve (as a soldier)
ὑπερέχω surpass, 2. a. be in authority
     (over)
ὑπογραμμός, οῦ, ὁ model, example
ὑπόκρισις, εως, ἡ hypocrisy, pretense
ὑπολιμπάνω leave (behind)
ὑποφέρω bear (up under), endure
φθόνος, ου, ὁ envy, jealousy
φιμόω 2. (put to) silence
χρηστός, ή, όν good, kind

## Chapter 3
ἀγαθοποιέω do good
ἁγνός, ή, όν pure, holy
ἀεί 1. always
ἄνευ without
ἀντίτυπος, ον corresponding to
ἀπεκδέχομαι wait
ἀπόθεσις, εως, ἡ removal, getting rid of
ἀπολογία, ας, ἡ defense
ἀπονέμω assign, show, pay
ἄφθαρτος, ον imperishable, incorrupti-
     ble, immortal
γυναικεῖος, α, ον feminine, σκεῦος γ.:
     woman
διασῴζω bring safely through
ἐγκόπτω hinder, thwart
ἐκκλίνω turn away
ἐμπλοκή, ῆς, ἡ braiding, braid

ἐναντίον 2. τοὐναντίον on the other
     hand
ἔνδυσις, εως, ἡ 1. putting on
ἐπερώτημα, ατος, τό 2. request, appeal
ἐπηρεάζω mistreat, abuse
ἐποπτεύω observe, see
εὔσπλαγχνος, ον tenderhearted
ζηλωτής, οῦ, ὁ zealot, enthusiast
ἡσύχιος, ον quiet
κακοποιέω 1. do wrong, be an evildoer
κακόω 1. harm, mistreat
καταλαλέω speak against, defame
κιβωτός, οῦ, ἡ ark
λοιδορία, ας, ἡ abuse, reproach
ὀκτώ eight
ὁμόφρων, ον like-minded
περίθεσις, εως, ἡ putting around, on
πολυτελής, ές (very) expensive, pre-
     cious
πραΰς, πραεῖα, πραΰ gentle, humble
προσάγω 1. bring (forward)
πτόησις, εως, ἡ *pass.*: fear, terror
ῥύπος, ου, ὁ dirt
συγκληρονόμος, ον *subst.*: fellow heir
συμπαθής, ές sympathetic
συνοικέω live with
ταπεινόφρων, ον humble
φιλάδελφος, ον loving one's brother
χεῖλος, ους, τό lip

## Chapter 4
ἀγαθοποιΐα, ας, ἡ the doing of good
ἀθέμιτος, ον unlawful, lawless, wanton
αἰσχύνω ashamed
ἀλλοτριεπίσκοπος, ου, ὁ (cf. AG) in-
     former, busybody
ἀνάχυσις, εως, ἡ flood
ἄνευ without
ἀρκετός, ή, όν enough, sufficient, ade-
     quate
ἀσεβής, ές godless, impious
ἀσωτία, ας, ἡ debauchery, dissipation
βιόω live
βούλημα, ατος, τό intention
γογγυσμός, οῦ, ὁ 1. complaint
εἰδωλολατρία, ας, ἡ idolatry
ἐκτενής, ές eager, earnest
ἔννοια, ας, ἡ insight
ἐπίλοιπος, ον left, remaining
ἑτοίμως readily
καθό 2. in so far as
κακοποιός, όν *subst.*: evildoer

καλύπτω cover (up), conceal
κοινωνέω (have a) share
κτίστης, ου, ὁ Creator
κῶμος, ου, ὁ excessive feasting
λόγιον, ου, τό saying
μόλις 1. with difficulty
νήφω be self-controlled
οἰνοφλυγία, ας, ἡ drunkenness
ὁπλίζω mid.: arm oneself
πότος, ου, ὁ drinking (party)
πύρωσις, εως, ἡ 2. fiery
συμβαίνω meet, happen
συντρέχω run (together) with
σωφρονέω 2. be reasonable, sensible
φιλόξενος, ον hospitable
φονεύς, έως, ὁ murderer
χορηγέω defray the expense of, provide
    (in abundance)

**Chapter 5**

ἀδελφότης, ητος, ἡ a brotherhood
αἰσχροκερδῶς in fondness for dishonest
    gain
ἀμαράντινος, η, ον unfading
ἀναγκαστῶς by compulsion
ἀντίδικος, ου, ὁ opponent, enemy
ἀντιτάσσω oppose, resist
ἀρχιποίμην, ενος, ὁ chief shepherd

ἐγκομβόομαι mid.: put, tie on
ἑκουσίως willingly
ἐπιμαρτυρέω bear witness
ἐπιρ(ρ)ίπτω throw, cast on
ἐπισκοπέω care for, oversee
θεμελιόω 2. establish, strengthen
κατακυριεύω be master, rule
καταπίνω devour, swallow
κραταιός, ά, όν powerful, mighty
λέων, οντος, ὁ lion
μέριμνα, ης, ἡ anxiety, worry
νήφω be well balanced
ποίμνιον, ου, τό flock
προθύμως willingly, eagerly
σθενόω strengthen, make strong
στερεός, ά, όν firm, steadfast
συμπρεσβύτερος, ου, ὁ fellow pres-
    byter or elder
συνεκλεκτός, ή, όν chosen together
    with
ταπεινός, ή, όν lowly, humble
ταπεινοφροσύνη, ης, ἡ humility,
    modesty
ὑπερήφανος, ον arrogant, haughty,
    proud
φίλημα, ατος, τό kiss
ὠρύομαι roar

# THE SECOND EPISTLE OF PETER

**Chapter 1**

ἀεί 3. continually, constantly
ἄκαρπος, ον 2. unproductive, fruitless
ἁμάρτημα, ατος, τό sin, transgression
ἀνατέλλω rise, spring up
ἀπόθεσις, εως, ἡ removal, getting rid of
ἀποφεύγω escape (from)
ἀργός, ή, όν 3. useless
ἀρετής, ῆς, ἡ 1. moral excellence,
    virtue (cf. AG)
αὐχμηρός, ά, όν dry, dirty, dark
βέβαιος, α, ον reliable, permanent
δηλόω reveal, show
διαυγάζω 2. dawn, break
διεγείρω arouse, stir up
δωρέομαι bestow
ἐγκράτεια, ας, ἡ self-control
εἴσοδος, ου, ὁ 1. (a way of) entering
ἑκάστοτε at any time, always
ἐκλογή, ῆς, ἡ selection, election

ἐξακολουθέω obey, follow
ἔξοδος, ου, ἡ death, going away
ἐπάγγελμα, ατος, τό thing promised
ἐπίλυσις, εως, ἡ explanation
ἐπιχορηγέω 1. furnish, 2. give
ἐπόπτης, ου, ὁ eyewitness
θεῖος, θεία, θεῖον 1. a. divine
ἰσότιμος, ον of the same kind
καθαρισμός, οῦ, ὁ purification
καίπερ although
λαγχάνω 1. receive, obtain
λήθη, ης, ἡ forgetfulness
μεγαλειότης, ητος, ἡ grandeur, majesty
μεγαλοπρεπής, ές magnificent
μνήμη, ης, ἡ remembrance, memory
μῦθος, ου, ὁ myth, fable
μυωπάζω be short-sighted
πάλαι long ago, formerly
παρεισφέρω an effort
πλεονάζω increase, abound

πλουσίως richly, abundantly
προφητικός, ή, όν prophetic
πταίω stumble, 2. be ruined, lost
σκήνωμα, ατος, τό dwelling place
σοφίζω mid.: reason out, devise craftily
ταχινός, ή, όν 2. coming soon, imminent
τοίοσδε, άδε, όνδε such as this, of this kind
ὑπομιμνήσκω remind
ὑπόμνησις, εως, ἡ : ἐν ὑπ. by a reminder
φθορά, ᾶς, ἡ 3. depravity
φιλαδελφία, ας, ἡ love of the brethren
φωσφόρος, ον masc. subst.: the morning star

## Chapter 2

ἄθεσμος, ον subst.: lawless man
αἵρεσις, εως, ἡ 2. opinion, dogma
ἀκατάπαυστος, ον unceasing, restless
ἄλογος, ον without reason
ἅλωσις, εως, ἡ capture
ἄνομος, ον lawless
ἄνυδρος, ον waterless, dry
ἀπάτη, ης, ἡ 2. lust
ἀποφεύγω escape (from)
ἀργέω be idle, grow weary
ἀσεβέω act impiously
ἀσεβής, ές godless, impious
ἀστήρικτος, ον unstable, weak
αὐθάδης, ες self-willed, stubborn, arrogant
ἄφωνος, ον 2. incapable of speech
βλάσφημος, ον slanderous, blasphemous
βλέμμα, ατος, τό glance, look
βόρβορος, ου, ὁ mud, mire, filth
γυμνάζω train
δελεάζω lure, entice
δουλόω enslave, subject
ἐγκατοικέω live, dwell
ἔκπαλαι (from) long ago, for a long time
ἐλαύνω drive
ἔλεγξις, εως, ἡ rebuke
ἐμπλέκω be involved in
ἐμπορεύομαι 2. exploit
ἐντρυφάω revel, carouse
ἐξακολουθέω obey, follow, pursue
ἐξέραμα, ατος, τό vomit
ἐπάγω bring on
εὐθύς, εῖα, ύ straight
εὐσεβής, ές godly, devout

ζόφος, ου, ὁ darkness, gloom
ἡδονή, ῆς, ἡ 1. pleasure
ἡττάομαι perf. pass.: be defeated, succumb
κατακλυσμός, οῦ, ὁ flood, deluge
καταπονέω subdue, torment
κατάρα, ας, ἡ curse, imprecation
καταστροφή, ῆς, ἡ ruin, destruction
καταφρονέω look down on, despise
κῆρυξ, υκος, ὁ preacher
κολάζω punish
κυλισμός, οῦ, ὁ rolling, wallowing
κυριότης, ητος, ἡ 2. lordship
κύων, κυνός, ὁ dog
λαῖλαψ, απος, ἡ whirlwind, hurricane
λούω bathe
ματαιότης, ητος, ἡ emptiness, empty words
μεστός, ή, όν full
μίασμα, ατος, τό shameful deed
μιασμός, οῦ, ὁ corruption
μοιχαλίς, ίδος, ἡ adulteress
μῶμος, ου, ὁ 2. defect, blemish
νυστάζω 2. fig.: be sleepy, idle
ὄγδοος, η, ον eighth, with seven others
ὀλίγως scarcely, barely
ὀμίχλη, ης, ἡ mist, fog
παρανομία, ας, ἡ evil-doing
παραφρονία, ας, ἡ madness, insanity
παρεισάγω bring in (secretly)
παροιμία, ας, ἡ 1. proverb
πλαστός, ή, όν fabricated, false
σιρός, οῦ, ὁ pit, cave
σπίλος, ου, ὁ stain, blemish
συμβαίνω meet, happen
συνευωχέομαι feast together
ταρταρόω hold captive in Tartarus
ταχινός, ή, όν 2. imminent, swift
τεφρόω cover with, reduce to ashes
τολμητής, οῦ, ὁ bold, audacious man
τρέμω tremble, quiver, fear
τρυφή, ῆς, ἡ 1. indulgence, revelling
ὑπέρογκος, ον haughty, bombastic
ὑπόδειγμα, ατος, τό 1. example, model
ὑποζύγιον, ου, τό donkey, ass
ὗς, ὑός, ἡ sow
φθέγγομαι speak, utter, proclaim
φθείρω destroy, ruin
φθορά, ᾶς, ἡ destruction, 3. depravity
φυσικός, ή, όν natural. neut. subst.: creature of instinct
ψευδοδιδάσκαλος, ου, ὁ false teacher

**Chapter 3**
ἄθεσμος, ον *subst.*: lawless man
ἀμαθής, ές ignorant
ἀμώμητος, ον blameless, unblemished
ἀσεβής, ές godless, impious
ἄσπιλος, ον spotless, without blemish
ἀστήρικτος, ον unstable, weak
βραδύνω hesitate, delay
βραδύτης, ητος, ἡ slowness
διαμένω remain
διεγείρω arouse, stir up
δυσνόητος, ον hard to understand
εἰλικρινής, ές pure
ἔκπαλαι for a long time, long ago
ἐμπαιγμονή, ῆς, ἡ mocking
ἐμπαίκτης, ου, ὁ mocker
ἐπάγγελμα, ατος, τό promise
θησαυρίζω save up, reserve

κατακλύζω flood, inundate
καυσόω burn up
λανθάνω escape notice, be hidden
ποταπός, ή, όν of what kind
προγινώσκω know beforehand, in advance
πυρόω *pass.*: burn (up)
ῥοιζηδόν with a hissing, with great suddenness
σπεύδω 2. hasten, strive for
στηριγμός, οῦ, ὁ firmness
στοιχεῖον, ου, τό 2. *pl.*: elements
στρεβλόω 2. twist, distort
συναπάγω lead away, carry off with
τήκω melt
ὑπόμνησις, εως, ἡ: ἐν ὑπ. by a reminder

## THE FIRST EPISTLE OF JOHN

**Chapter 1**
ἀγγελία, ας, ἡ 1. message
ἡμέτερος, α, ον our
ψηλαφάω feel, touch, handle

**Chapter 2**
αἰσχύνω be put to shame
ἀλαζονεία, ας, ἡ pretension, pride
ἀντίχριστος, ου, ὁ Antichrist
ἡμέτερος, α, ον our
ἱλασμός, οῦ, ὁ expiation, propitiation
παράκλητος, ου, ὁ helper, intercessor
τεκνίον, ου, τό (little) child
τυφλόω blind
χρῖσμα, ατος, τό annointing

**Chapter 3**
ἀγγελία, ας, ἡ 2. command
ἁγνίζω purify
ἁγνός, ή, όν pure, holy

ἀνθρωποκτόνος, ου, ὁ murderer
ἀρεστός, ή, όν pleasing
καταγινώσκω condemn
ποταπός, ή, όν of what sort, how great
τεκνίον, ου, τό (little) child
χάριν on account of

**Chapter 4**
ἀντίχριστος, ου, ὁ Antichrist
ἱλασμός, οῦ, ὁ expiation, propitiation
κόλασις, εως, ἡ punishment
μονογενής, ές only(-begotten), unique
πώποτε ever, at any time
τεκνίον, ου, τό (little) child

**Chapter 5**
αἴτημα, τος, τό request
βαρύς, εῖα, ύ heavy, burdensome
νίκη, ης, ἡ victory
τεκνίον, ου, τό (little) child

## THE SECOND EPISTLE OF JOHN

ἀντίχριστος, ου, ὁ Antichrist
κοινωνέω share, participate
κυρία, ας, ἡ lady, mistress (cf. AG)
μέλας, μέλαινα, μέλαν black,

*neut. subst.*: ink
πλάνος, ον leading astray, *subst.*: imposter
χάρτης, ου, ὁ paper, papyrus roll

# THE THIRD EPISTLE OF JOHN

ἀγαθοποιέω do good
ἀξίως worthily, in a manner worthy of
ἀρκέω pass.: to be satisfied
ἐθνικός, ή, όν Gentile, heathen
ἐπιδέχομαι receive as guest, accept
εὐοδόω get along well, prosper
εὔχομαι pray, wish
κακοποιέω 1. do wrong

μέλας, μέλαινα, μέλαν black,
   neut. subst.: ink
μιμέομαι imitate, emulate, follow
προπέμπω 2. help on one's journey
ὑπολαμβάνω take up, receive as guest
ὑπομιμνήσκω remind, call to mind
φιλοπρωτεύω wish to be first, leader
φλυαρέω talk nonsense (about), bring
   unjustified charges against

# THE EPISTLE OF JUDE

ἀγαλλίασις, εως, ἡ exultation, joy,
   ἐν ἀ. full of exultation
ἄγριος, ία, ον 2. wild, stormy
ἀΐδιος, ον eternal
αἰσχύνη, ης, ἡ 3. shameful deed
ἄκαρπος, ον unfruitful, fruitless
ἄλογος, ον without reason
ἄμωμος, ον blameless
ἀντιλογία, ας, ἡ 2. hostility, rebellion
ἄνυδρος, ον waterless
ἀποδιορίζω divide, separate
ἀπολείπω 1. leave behind, 3. desert
ἄπταιστος, ον without stumbling
ἀρχάγγελος, ου, ὁ archangel
ἀσέβεια, ας, ἡ godlessness, impiety
ἀσεβέω act impiously
ἀσεβής, ές godless, impious
ἀφόβως without fear
γογγυστής, οῦ, ὁ grumbler
δεῖγμα, ατος, τό 2. example
δίκη, ης, ἡ 1. penalty, punishment
δίς twice
ἕβδομος, η, ον seventh
ἐκπορνεύω indulge in immorality
ἐκριζόω uproot, pull out by roots
ἐλεάω have mercy on
ἐμπαίκτης, ου, ὁ mocker
ἐνυπνιάζομαι dream
ἐπαγωνίζομαι fight, contend
ἐπαφρίζω cause to splash up like foam
ἐπιφέρω bring, give, pronounce
ἐποικοδομέω build on (to)
ζόφος, ου, ὁ darkness, gloom
κατενώπιον before, in presence of

κῦμα, ατος, τό wave
κυριότης, ητος, ἡ 2. lordship
μεγαλωσύνη, ης, ἡ majesty, greatness
μεμψίμοιρος, ον fault-finding, com-
   plaining
μέντοι really, but
μετατίθημι change, alter, pervert
μιαίνω stain, defile
μυριάς, άδος, ἡ myriad, a large number
οἰκητήριον, ου, τό dwelling
πάλαι long ago, formerly
παραφέρω 2. carry away
παρεισδύ(ν)ω sneak in
πλάνης, ητος, ὁ wanderer
πλανήτης, ου, ὁ wanderer, adj.:
   wandering
προγράφω 1. write before (hand)
πρόκειμαι be set before, exposed
σκληρός, ά, όν hard, harsh
σπιλάς, άδος, ἡ 1. reef, 2. stain, spot
   (cf. AG)
σπιλόω stain, defile
συνευωχέομαι feast together
ὑπέρογκος, ον puffed up, haughty
ὑπέχω undergo (punishment)
ὑπομιμνήσκω remind
φθείρω destroy, corrupt
φθινοπωρινός, ή, όν belonging to late
   autumn
φυσικῶς naturally, by instinct
χάριν for the sake of
ψυχικός, ή, όν 2. physical, worldly
ὠφέλεια, ας, ἡ use, advantage

# THE APOCALYPSE OF JOHN

## Chapter 1

ἄλφα, τό alpha, first, beginning
δίστομος, ον double-edged
ἐκκεντέω pierce
ἔριον, ου, τό wool
ζώνη, ης, ἡ belt, girdle
κάμινος, ου, ἡ oven, furnace
κλείς, κλειδός, ἡ key
κόπτω 2. mid.: mourn, beat (breast)
κυριακός, ή, όν the lord's
λούω wash, bathe
μαστός, οῦ, ὁ breast
νῆσος, ου, ἡ island
ὀξύς, εῖα, ύ 1. sharp, swift, quick
ὄπισθεν (from) behind
ὄψις, εως, ἡ seeing, appearance, face
περιζώννυμι (-νύω) gird about
ποδήρης, ες reaching to the feet
πρωτότοκος, ον first-born
πυρόω burn, 2. cause to glow (with heat)
ῥομφαία, ας, ἡ sword
σημαίνω make known, report
συγκοινωνός, οῦ, ὁ partner
τάχος, ους, τό speed, haste, ἐν τ. soon
φλόξ, φλογός, ἡ flame
χαλκολίβανον, ου, τό fine brass, bronze (?)
χιών, όνος, ἡ snow
ὦ omega

## Chapter 2

βαθύς, εῖα, ύ deep
βάρος, ους, τό weight, burden
δίστομος, ον double-edged
εἰδωλόθυτος, ον neut. subst.: meat offered an idol
ἐραυνάω search, examine
κεραμικός, ή, όν made of clay, belonging to the potter
κινέω move away, remove
κλίνη, ης, ἡ couch, (sick) bed
μάννα, τό manna
νεφρός, οῦ, ὁ pl.: kidneys, fig.: mind
ὀξύς, εῖα, ύ 1. sharp
παράδεισος, ου, ὁ paradise
πολεμέω make war
πορνεύω practice prostitution (idolatry)
προφῆτις, ιδος, ἡ prophetess
πρωϊνός, ή, όν early, morning

πτωχεία, ας, ἡ (extreme) poverty
ῥομφαία, ας, ἡ (broad) sword
σιδηροῦς, ᾶ, οῦν (made of) iron
συντρίβω shatter, smash
φλόξ, φλογός, ἡ flame
χαλκολίβανον, ου, τό fine brass, bronze (?)
ψευδής, ές false, lying
ψῆφος, ου, ἡ pebble (amulet)

## Chapter 3

αἰσχύνη, ης, ἡ shame, disgrace
γυμνότης, ητος, ἡ nakedness
δειπνέω eat, dine
ἐγχρίω rub on
ἐλεεινός, ή, όν miserable, pitiable
ἐμέω spit out
ἐξαλείφω wipe out, erase
ζεστός, ή, όν hot
ζηλεύω be eager, earnest
κλείς, κλειδός, ἡ key
κολλούριον, ου, τό eye-salve
κρούω strike, knock
μολύνω stain, defile
ὄφελον O that, would that
πυρόω burn, 2. make red-hot
στῦλος, ου, ὁ pillar, column
συμβουλεύω advise
ταλαίπωρος, ον miserable, wretched
χλιαρός, ά, όν lukewarm
ψυχρός, ά, όν cold

## Chapter 4

ἀετός, οῦ, ὁ eagle
ἀνάπαυσις, εως, ἡ 1. stopping
ἀστραπή, ῆς, ἡ lightning
ἴασπις, ιδος, ἡ jasper (cf. AG)
ἶρις, ιδος, ἡ rainbow, halo
κρύσταλλος, ου, ὁ rock-crystal
κυκλόθεν (all) around
κύκλῳ (all) around
λαμπάς, άδος, ἡ 1. torch
λέων, οντος, ὁ lion
μόσχος, ου, ὁ calf, young ox
ὄπισθεν behind
ὅρασις, εως, ἡ 2. a. appearance
πέτομαι fly
πτέρυξ, υγος, ἡ wing
σάρδιον, ου, τό carnelian, sard(ius)
σμαράγδινος, η, ον (of) emerald
ὑάλινος, η, ον of glass

## Chapter 5
ᾄδω sing
θυμίαμα, ατος, τό incense
κατασφραγίζω seal (up)
κιθάρα, ας, ἡ lyre, harp
κτίσμα, ατος, τό creature
κύκλῳ (all) around
λέων, οντος, ὁ lion
μυριάς, άδος, ἡ myriad
ὄπισθεν behind, on the back
ᾠδή, ῆς, ἡ song

## Chapter 6
ἀποχωρίζω separate
ἐκδικέω 2. take vengeance, punish
ἑλίσσω roll up
ζυγός, οῦ, ὁ 2. pair of scales
κινέω (re)move
κριθή, ῆς, ἡ barley
μεγιστάν, ᾶνος, ὁ great man
μέλας, μέλαινα, μέλαν black
νῆσος, ου, ἡ island
ὄλυνθος, ου, ὁ late (summer) fig
πέμπτος, η, ον fifth
πυρρός, ά, όν red (as fire)
ῥομφαία, ας, ἡ sword
σάκκος, ου, ὁ sack(cloth)
σείω shake
σελήνη, ης, ἡ moon
σπήλαιον, ου, τό cave, den
στολή, ῆς, ἡ (long) robe
τόξον, ου, τό bow
τρίχινος, η, ον made of hair
ὑποκάτω under, below
χλωρός, ά, όν (light) green
χοῖνιξ, ικος, ἡ choenix, quart

## Chapter 7
ἀριθμέω count
γωνία, ας, ἡ corner
ἐξαλείφω wipe away
καῦμα, ατος, τό burning, heat
κύκλῳ (all) around
λευκαίνω make white
μέτωπον, ου, τό forehead
ὁδηγέω lead, guide
πλύνω wash
πνέω blow
σκηνόω live, dwell
στολή, ῆς, ἡ (long) robe
φοῖνιξ, ικος, ὁ 1. 2. palm leaf

## Chapter 8
ἀετός, οῦ, ὁ eagle
ἀστραπή, ῆς, ἡ lightning
ἄψινθος, ου, ἡ wormwood
γεμίζω fill
διαφθείρω destroy
ἕβδομος, η, ον seventh
ἡμίωρον, ου, τό half-hour
θυμίαμα, ατος, τό incense
κτίσμα, ατος, τό creature
λαμπάς, άδος, ἡ 1. torch
λιβανωτός, οῦ, ὁ 2. censer
μείγνυμι (-νύω) mix
μεσουράνημα, ατος, τό midheaven
πέτομαι fly
πικραίνω make bitter
πλήσσω strike
σελήνη, ης, ἡ moon
σιγή, ῆς, ἡ silence, quiet
σκοτίζω pass.: be(come) dark
χάλαζα, ης, ἡ hail
χλωρός, ά, όν (light) green

## Chapter 9
ἄβυσσος, ου, ἡ abyss, underworld
ἀήρ, έρος, ὁ air
ἀκρίς, ίδος, ἡ grasshopper, locus
ἀργυροῦς, ᾶ, οῦν (made of) silver
ἅρμα, ατος, τό war chariot
βασανισμός, οῦ, ὁ torture, torment
δισμυριάς, άδος, ἡ double myriad
θεῖον, ου, τό sulphur
θειώδης, ες sulphurous
θώραξ, ακος, ὁ 1. breastplate, 2. chest
ἱππικός, ή, όν neut. subst.: cavalry
κάμινος, ου, ἡ oven, furnace
κέντρον, ου, τό 1. sting
κλείς, κλειδός, ἡ key
κλέμμα, ατος, τό stealing, theft
λέων, οντος, ὁ lion
λίθινος, η, ον (made of) stone
μέτωπον, ου, τό forehead
μυριάς, άδος, ἡ myriad
ξύλινος, η, ον wooden
ὁμοίωμα, ατος, τό likeness, form
ὅρασις, εως, ἡ 3. vision
οὐρά, ᾶς, ἡ tail
παίω strike, sting
πέμπτος, η, ον fifth
πτέρυξ, υγος, ἡ wing
πύρινος, η, ον fiery
σιδηροῦς, ᾶ, οῦν (made of) iron

σκορπίος, ου, ὁ scorpion
σκοτόω darken
στράτευμα, ατος, τό army, pl.: troops
ὑακίνθινος, η, ον hyacinth-colored
φαρμακεία, ας, ἡ pl.: magic arts
φάρμακον, ου, τό 2. magic, charm, potion
φόνος, ου, ὁ murder, pl.: bloody deeds
φρέαρ, ατος, τό well, shaft, pit
χαλκοῦς, ῆ, οῦν made of copper, brass, bronze
χλωρός, ά, όν (light) green

## Chapter 10

βιβλαρίδιον, ου, τό little book
γλυκύς, εῖα, ύ sweet
ἕβδομος, η, ον seventh
εὐώνυμος, ον left
ἶρις, ιδος, ἡ rainbow, halo
λέων, οντος, ὁ lion
μέλι, ιτος, τό honey
μυκάομαι roar
πικραίνω make bitter
στῦλος, ου, ὁ pillar, column

## Chapter 11

ἄβυσσος, ου, ἡ abyss, underworld
ἀστραπή, ῆς, ἡ lightning
βρέχω wet, ὑετός β. to rain
δέκατος, η, ον tenth
διακόσιοι, αι, α two hundred
διαφθείρω spoil, destroy, ruin
ἕβδομος, η, ον seventh
ἔμφοβος, ον afraid
ἑξήκοντα sixty
ἥμισυς, εια, υ half
κιβωτός, οῦ, ἡ chest, ark
ὀργίζω pass.: be angry
ὁσάκις as often as
πατέω tread, 1. a. trample (plunder)
πνευματικῶς spiritually
πτῶμα, ατος, τό (dead) body, corpse
σάκκος, ου, ὁ sack(cloth)
ὑετός, οῦ, ὁ rain
χάλαζα, ης, ἡ hail

## Chapter 12

ἀετός, οῦ, ὁ eagle
ἄμμος, ου, ἡ sand
ἄρσην, εν male
βοηθέω help, come to the aid of

γαστήρ, τρός, ἡ belly, womb, ἐν γ. ἔχειν be pregnant
διάδημα, ατος, τό diadem
διακόσιοι, αι, α two hundred
ἑξήκοντα sixty
ἥμισυς, εια, υ half
καταπίνω swallow (up)
κατήγωρ, ορος, ὁ accuser
ὀργίζω pass.: be angry
οὐρά, ᾶς, ἡ tail
πέτομαι fly
πολεμέω make war
ποταμοφόρητος, ον swept away by stream
πτέρυξ, υγος, ἡ wing
πυρρός, ά, όν red (as fire)
σελήνη, ης, ἡ moon
σιδηροῦς, ᾶ, οῦν (made of) iron
σκηνόω live, dwell
σύρω drag, sweep
τρέφω feed, nourish
ὠδίνω have birth-pains

## Chapter 13

αἰχμαλωσία, ας, ἡ captivity
ἄρκος, ου, ὁ bear
διάδημα, ατος, τό diadem
ἑξακόσιοι, αι, α six hundred
ἑξήκοντα sixty
λέων, οντος, ὁ lion
μέτωπον, ου, τό forehead
πάρδαλις, εως, ἡ leopard
πολεμέω make war
σκηνόω live, dwell
χάραγμα, ατος, τό mark, stamp
ψηφίζω count (up), reckon

## Chapter 14

ᾄδω sing
ἀκμάζω be ripe
ἄκρατος, ον unmixed
ἄμπελος, ου, ἡ (grape)vine
ἄμωμος, ον unblemished, blameless
ἀνάπαυσις, εως, ἡ 1. ceasing
ἀπαρτί exactly, certainly
ἀπαρχή, ῆς, ἡ first-fruits
βασανισμός, οῦ, ὁ torture, torment
βότρυς, υος, ὁ bunch of grapes
δρέπανον, ου, τό sickle
ἑξακόσιοι, αι, α six hundred
θεῖον, ου, τό sulphur

κεράννυμι mix, 1. pour (in)
κιθάρα, ας, ἡ lyre, harp
κιθαρίζω play the lyre, harp
κιθαρῳδός, οῦ, ὁ harpist
ληνός, οῦ, ἡ winepress
μεσουράνημα, ατος, τό midheaven
μέτωπον, ου, τό forehead
μολύνω defile, stain
ὀξύς, εῖα, ύ 1. sharp
πατέω tread (on)
πέτομαι fly
στάδιον, ου, τό stade (c. 607 ft.)
σταφυλή, ῆς, ἡ (bunch of) grapes
τρυγάω pick (grapes)
χαλινός, οῦ, ὁ bit, bridle
χάραγμα, ατος, τό mark, stamp
ᾠδή, ῆς, ἡ song

Chapter 15
ᾄδω sing
γεμίζω fill
ζώνη, ης, ἡ belt, girdle
θαυμαστός, ή, όν wonderful
κιθάρα, ας, ἡ lyre, harp
λαμπρός, ά, όν bright, shining
λίνον, ου, τό linen (garment)
μείγνυμι (-νύω) mix
ὅσιος, ία, ον 1. b. holy, devout
περιζώννυμι (-νύω) gird about
στῆθος, ους, τό chest, breast
ὑάλινος, η, ον transparent as glass
ᾠδή, ῆς, ἡ song

Chapter 16
ἀήρ, έρος, ὁ air
ἀστραπή, ῆς, ἡ lightning
ἀσχημοσύνη, ης, ἡ shame
βάτραχος, ου, ὁ frog
ἕβδομος, η, ον seventh
ἕλκος, ους, τό sore, abscess
καῦμα, ατος, τό burning, heat
καυματίζω burn (up)
μασάομαι bite
νῆσος, ου, ἡ island
ὅσιος, ία, ον 1. b. devout, holy
πέμπτος, η, ον fifth
πόνος, ου, ὁ 2. pain, distress
σκοτόω darken
ταλαντιαῖος, α, ον weighing a talent
τηλικοῦτος, αύτη, οῦτο so great
χάλαζα, ης, ἡ hail
χάραγμα, ατος, τό mark, stamp

Chapter 17
ἄβυσσος, ου, ἡ abyss, underworld
ἀποφέρω carry away
βδέλυγμα, ατος, τό abomination
γνώμη, ης, ἡ 1. purpose, intention,
   3. decision
δεῦρο come (here)
ἐρημόω lay waste
θαῦμα, ατος, τό wonder
κόκκινος, η, ον red, scarlet
μαργαρίτης, ου, ὁ pearl
μεθύσκω be drunk
μεθύω be drunk
μέτωπον, ου, τό forehead
ὄγδοος, η, ον eighth
πολεμέω make war, fight
πορνεύω practice prostitution (idolatry)
πορφυροῦς, ᾶ, οῦν purple
χρυσόω gild, adorn with gold

Chapter 18
ἀδίκημα, ατος, τό wrong, crime
ἄμωμον, ου, τό amomum
ἄργυρος, ου, ὁ silver
αὐλητής, οῦ, ὁ flute-player
βασανισμός, οῦ, ὁ torture, torment
βασίλισσα, ης, ἡ queen
βύσσινος, η, ον neut. subst.: fine linen
γόμος, ου, ὁ load, cargo
διπλοῦς, ῆ, οῦν double
διπλόω double, pay back double
ἐλεφάντινος, η, ον made of ivory
ἔμπορος, ου, ὁ merchant
ἐρημόω lay waste, ruin
θύϊνος, η, ον citron
θυμίαμα, ατος, τό incense
κατοικητήριον, ου, τό dwelling(-place)
κεράννυμι mix
κιθαρῳδός, οῦ, ὁ harpist
κιννάμωμον, ου, τό cinnamon
κόκκινος, η, ον red, scarlet
κόπτω 2. mid.: beat (breast), mourn
κτῆνος, ους, τό animal, cattle
κυβερνήτης, ου, ὁ steersman, pilot
λιπαρός, ά, όν 2. rich, neut. subst.:
   splendor
λίβανος, ου, ὁ frankincense
λιπαρός, ά, όν 2. rich, neut. subst.:
   luxury
μαργαρίτης, ου, ὁ pearl
μάρμαρος, ου, ὁ marble
μεγιστάν, ᾶνος, ὁ great man

μουσικός, ή, όν subst.: musician
μύλινος, η, ον belonging to a mill
μύλος, ου, ὁ mill
ναύτης, ου, ὁ sailor
νύμφη, ης, ἡ 1. bride
ὀπώρα, ας, ἡ fruit
ὅρμημα, ατος, τό violent rush
ὄρνεον, ου, τό bird
πένθος, ους, τό grief
πλέω sail
πορνεύω practice prostitution (idolatry)
πορφύρα, ας, ἡ purple
πορφυροῦς, ᾶ, οῦν purple
πύρωσις, εως, ἡ burning
ῥέδη, ης, ἡ (four-wheeled) carriage
σαλπιστής, οῦ, ὁ trumpeter
σεμίδαλις, εως, ἡ fine flour
σίδηρος, ου, ὁ iron
σιρικός, ή, όν neut. subst.: silk
στρηνιόω live in luxury, sensually
στρῆνος, ους, τό sensuality
συγκοινωνέω be connected with
τέχνη, ης, ἡ skill, trade
τεχνίτης, ου, ὁ craftsman, artisan
τιμιότης, ητος, ἡ costliness, wealth
φαρμακεία, ας, ἡ sorcery, magic
χαλκός, οῦ, ὁ copper, brass, bronze
χοῦς, χοός, ὁ soil, dust
χρυσόω gild, adorn with gold

## Chapter 19
αἰνέω praise
ἀλληλουϊά hallelujah, praise Yahweh
βάπτω 1. dip (cf. AG)
βύσσινος, η, ον neut. subst.: fine linen
διάδημα, ατος, τό diadem, crown
ἐκδικέω 2. avenge
θεῖον, ου, τό sulphur
λαμπρός, ά, όν bright, shining
λευκοβύσσινος, η, ον neut. subst.:
    white linen garment
ληνός, οῦ, ἡ winepress
μεσουράνημα, ατος, τό midheaven
μηρός, οῦ, ὁ thigh
ὀξύς, εῖα, ύ 1. sharp
ὄρνεον, ου, τό bird
πατέω tread
περι(ρ)ραίνω sprinkle (around)
πέτομαι fly
πολεμέω make war, fight
ῥαντίζω sprinkle
ῥομφαία, ας, ἡ (broad) sword

σιδηροῦς, ᾶ, οῦν (made of) iron
στράτευμα, ατος, τό army, pl.: troops
φθείρω destroy, ruin, corrupt
φλόξ, φλογός, ἡ flame
χάραγμα, ατος, τό mark, stamp

## Chapter 20
ἄβυσσος, ου, ἡ abyss, underworld
ἄμμος, ου, ἡ sand
γωνία, ας, ἡ corner
θεῖον, ου, τό sulphur
κλείς, κλειδός, ἡ key
κυκλεύω surround
μέτωπον, ου, τό forehead
πελεκίζω behead (with an ax)
πλάτος, ους, τό breadth (cf. AG)
χάραγμα, ατος, τό mark, stamp

## Chapter 21
ἄλφα, τό alpha, beginning
ἀμέθυστος, ου, ὁ, ἡ amethyst
ἀποφέρω carry away
βδέλυγμα, ατος, τό abomination
βδελύσσομαι abhor, detest
βήρυλλος, ου, ὁ, ἡ beryl
βορρᾶς, ᾶ, ὁ north
δειλός, ή, όν cowardly, timid
δέκατος, η, ον tenth
δεῦρο come (here)
διαυγής, ές transparent, pure
δυσμή, ῆς, ἡ west
δωδέκατος, η, ον twelfth
δωρεάν 1. as a gift, without payment
ἕβδομος, η, ον seventh
εἰδωλολάτρης, ου, ὁ idolater
ἑνδέκατος, η, ον eleventh
ἐνδώμησις, εως, ἡ material (cf. AG)
ἐξαλείφω wipe away
ἐπιγράφω write on
θεῖον, ου, τό sulphur
ἴασπις, ιδος, ἡ jasper (cf. AG)
ἴσος, η, ον equal, same
κραυγή, ῆς, ἡ 1. shout, clamor
κρυσταλλίζω shine, be transparent
    like crystal
μαργαρίτης, ου, ὁ pearl
μῆκος, ους, τό length
νότος, ου, ὁ 2. south
νύμφη, ης, ἡ 1. bride
ὄγδοος, η, ον eighth
πέμπτος, η, ον fifth
πένθος, ους, τό grief

πῆχυς, εως, ὁ cubit
πλάτος, ους, τό breadth
πόνος, ου, ὁ toil, distress
σάπφιρος, ου, ἡ sapphire
σάρδιον, ου, τό carnelian, sard(ius)
σαρδόνυξ, υχος, ὁ sardonyx
σελήνη, ης, ἡ moon
σκηνόω live, dwell
σμάραγδος, ου, ὁ emerald
στάδιον, ου, τό stade (c. 607 ft.)
τεῖχος, ους, τό (city) wall
τετράγωνος, ον (four) square (cf. AG)
τοπάζιον, ου, τό topaz
ὑάκινθος, ου, ὁ jacinth or hyacinth
ὕαλος, ου, ἡ glass, crystal
ὕψος, ους, τό height
φάρμακος, ου, ὁ magician
φονεύς, έως, ὁ murderer
φωστήρ, ῆρος, ὁ 2. splendor
χαλκηδών, όνος, ὁ chalcedony (?)
χρυσόλιθος, ου, ὁ chrysolite
χρυσόπρασος, ου, ὁ chrysoprase
ψευδής, ές false, subst.: liar
ὦ omega

**Chapter 22**

ἄλφα, τό alpha, first, beginning
δωρεάν 1. as a gift, without payment
εἰδωλολάτρης, ου, ὁ idolater
ἐντεῦθεν from here
θεραπεία, ας, ἡ care, 1. healing
κατάθεμα, ατος, τό accursed thing
κρύσταλλος, ου, ὁ rock-crystal
κύων, κυνός, ὁ dog
λαμπρός, ά, όν bright, clear
μέτωπον, ου, τό forehead
νύμφη, ης, ἡ 1. bride
πλύνω wash
πρωϊνός, ή, όν early, morning
ῥυπαίνω defile, make dirty
ῥυπαρεύω befoul, defile
ῥυπαρός, ά, όν dirty
στολή, ῆς, ἡ (long) robe
τάχος, ους, τό speed, ἐν τ. soon
φάρμακος, ου, ὁ magician
φονεύς, έως, ὁ murderer
φύλλον, ου, τό leaf, foliage
ὦ omega

APPENDICES

# APPENDIX I

## BASIC NEW TESTAMENT VOCABULARY

This check list contains all the words used ten or more times in the New
Testament. The principal parts of verbs marked * are given in Appendix II.
The principal parts of the simple form of verbs marked ° are also given in
Appendix II. See the Introduction concerning the use of these lists.

ἀγαθός, ή, όν
ἀγαλλιάω
ἀγαπάω
ἀγάπη, ης, ἡ
ἀγαπητός, ή, όν
ἄγγελος, ου, ὁ
ἁγιάζω
ἁγιασμός, οῦ, ὁ
ἅγιος, ία, ον
ἀγνοέω
ἀγορά, ᾶς, ἡ
ἀγοράζω
ἀγρός, οῦ, ὁ
ἄγω *
ἀδελφή, ῆς, ἡ
ἀδελφός, οῦ, ὁ
ᾅδης, ου, ὁ
ἀδικέω
ἀδικία, ας, ἡ
ἄδικος, ον
ἀδύνατος, ον
ἀθετέω
αἷμα, ατος, τό
αἴρω *
αἰτέω
αἰτία, ας, ἡ
αἰών, ῶνος, ὁ
αἰώνιος, (ία), ον
ἀκαθαρσία, ας, ἡ
ἀκάθαρτος, ον
ἄκανθα, ης, ἡ
ἀκοή, ῆς, ἡ
ἀκολουθέω
ἀκούω *
ἀκροβυστία, ας, ἡ
ἀλέκτωρ, ορος, ὁ
ἀλήθεια, ας, ἡ
ἀληθής, ές
ἀληθινός, ή, όν

ἀληθῶς
ἀλλά
ἀλλήλων
ἄλλος, η, ο
ἀλλότριος, ία, ον
ἄλυσις, εως, ἡ
ἅμα
ἁμαρτάνω *
ἁμαρτία, ίας, ἡ
ἁμαρτωλός, όν
ἀμήν
ἀμπελών, ῶνος, ὁ
ἀμφότεροι, αι, α
ἄν
ἀνά
ἀναβαίνω °
ἀναβλέπω
ἀναγγέλλω °
ἀναγινώσκω °
ἀνάγκη, ης, ἡ
ἀνάγω °
ἀναιρέω °
ἀνάκειμαι
ἀνακρίνω °
ἀναλαμβάνω °
ἀναπαύω °
ἀναπίπτω °
ἀνάστασις, εως, ἡ
ἀναστρέφω °
ἀναστροφή, ῆς, ἡ
ἀνατολή, ῆς, ἡ
ἀναφέρω °
ἀναχωρέω
ἄνεμος, ου, ὁ
ἀνέχομαι °
ἀνήρ, ἀνδρός, ὁ
ἀνθίστημι °
ἄνθρωπος, ου, ὁ
ἀνίστημι °

ἀνοίγω *
ἀνομία, ας, ἡ
ἄνομος, ον
ἀντί
ἄνωθεν
ἄξιος, ία, ον
ἀπαγγέλλω °
ἀπάγω °
ἅπαξ
ἀπαρνέομαι
ἅπας, ασα, αν
ἀπειθέω °
ἀπέρχομαι °
ἀπέχω °
ἀπιστία, ας, ἡ
ἄπιστος, ον
ἀπό
ἀποδίδωμι °
ἀποθνῄσκω °
ἀποκαλύπτω
ἀποκάλυψις, εως, ἡ
ἀποκρίνομαι °
ἀποκτείνω °
ἀπολαμβάνω °
ἀπόλλυμι °
ἀπολογέομαι
ἀπολύτρωσις, εως, ἡ
ἀπολύω
ἀποστέλλω °
ἀπόστολος, ου, ὁ
ἅπτω
ἀπώλεια, ας, ἡ
ἄρα
ἀργύριον, ου, τό
ἀρέσκω *
ἀριθμός, οῦ, ὁ
ἀρνέομαι
ἀρνίον, ου, τό
ἁρπάζω *

109

ἄρτι
ἄρτος, ου, ὁ
ἀρχαῖος, αία, αῖον
ἀρχή, ῆς, ἡ
ἀρχιερεύς, έως, ὁ
ἄρχω
ἄρχων, οντος, ὁ
ἀσέλγεια, ας, ἡ
ἀσθένεια, ας, ἡ
ἀσθενέω
ἀσθενής, ές
ἀσκός, οῦ, ὁ
ἀσπάζομαι
ἀσπασμός, οῦ, ὁ
ἀστήρ, έρος, ὁ
ἀτενίζω
αὐλή, ῆς, ἡ
αὐξάνω (αὔξω) *
αὔριον
αὐτός, ή, ὁ
ἀφαιρέω °
ἄφεσις, εως, ἡ
ἀφίημι °
ἀφίστημι °
ἀφορίζω °
ἄφρων, ον, (ονος)
ἄχρι

βάλλω *
βαπτίζω
βάπτισμα, ατος, τό
βαπτιστής, οῦ, ὁ
βασανίζω
βασιλεία, ας, ἡ
βασιλεύς, έως, ὁ
βασιλεύω
βαστάζω
βῆμα, ατος, τό
βιβλίον, ου, τό
βίβλος, ου, ἡ
βίος, ου, ὁ
βλασφημέω
βλασφημία, ας, ἡ
βλέπω
βοάω
βουλή, ῆς, ἡ
βούλομαι
βροντή, ῆς, ἡ
βρῶμα, ατος, τό
βρῶσις, εως, ἡ

γαμέω

γάμος, ου, ὁ
γάρ
γέ
γέεννα, ης, ἡ
γέμω
γενεά, ᾶς, ἡ
γεννάω
γένος, ους, τό
γεύομαι
γεωργός, οῦ, ὁ
γῆ, γῆς, ἡ
γίνομαι *
γινώσκω *
γλῶσσα, ης, ἡ
γνωρίζω
γνῶσις, εως, ἡ
γνωστός, ή, όν
γονεύς, έως, ὁ
γόνυ, ατος, τό
γράμμα, ατος, τό
γραμματεύς, έως, ὁ
γραφή, ῆς, ἡ
γράφω
γρηγορέω
γυμνός, ή, όν
γυνή, αικός, ἡ

δαιμονίζομαι
δαιμόνιον, ου, τό
δάκρυον, ου, τό
δέ
δέησις, εως, ἡ
δεῖ
δείκνυμι *
δεῖπνον, ου, τό
δέκα
δένδρον, ου, τό
δεξιός, ά, όν
δέομαι *
δέρω *
δέσμιος, ου, ὁ
δεσμός, οῦ, ὁ
δεσπότης, ου, ὁ
δεῦτε
δεύτερος, α, ον
δέχομαι *
δέω *
δηνάριον, ου, τό
διάβολος, ον
διά
διαθήκη, ης, ἡ
διακονέω

διακονία, ας, ἡ
διάκονος, ου, ὁ, ἡ
διακρίνω °
διαλέγομαι °
διαλογίζομαι
διαλογισμός, οῦ, ὁ
διαμαρτύρομαι
διαμερίζω
διάνοια, ας, ἡ
διατάσσω °
διατρίβω
διαφέρω °
διδασκαλία, ας, ἡ
διδάσκαλος, ου, ὁ
διδάσκω
διδαχή, ῆς, ἡ
δίδωμι *
διέρχομαι °
δίκαιος, αία, ον
δικαιοσύνη, ης, ἡ
δικαιόω
δικαίωμα, ατος, τό
δίκτυον, ου, τό
διό
διότι
διψάω
διωγμός, οῦ, ὁ
διώκω
δοκέω
δοκιμάζω
δόλος, ου, ὁ
δόξα, ης, ἡ
δοξάζω
δουλεύω
δοῦλος, ου, ὁ
δράκων, οντος, ὁ
δύναμαι *
δύναμις, εως, ἡ
δυνατός, ή, όν
δύο
δώδεκα
δωρεά, ᾶς, ἡ
δῶρον, ου, τό

ἐάν
ἑαυτοῦ, ῆς, οῦ
ἐάω *
ἐγγίζω *
ἐγγύς
ἐγείρω *
ἐγκαταλείπω
ἐγώ

ἔθνος, ους, τό
ἔθος, ους, τό
εἰ
εἶδον (* εἴδω)
εἴδωλον, ου, τό
εἴκοσι
εἰκών, όνος, ἡ
εἰμί *
εἶπον (* λέγω)
εἰρήνη, ης, ἡ
εἰς
εἷς
εἰσάγω °
εἰσέρχομαι °
εἰσπορεύομαι
εἶτα
ἐκ, ἐξ
ἕκαστος, η, ον
ἑκατόν
ἑκατοντάρχης, ου, ὁ
ἐκβάλλω °
ἐκεῖ
ἐκεῖθεν
ἐκεῖνος, η, ο
ἐκκλησία, ας, ἡ
ἐκκόπτω °
ἐκλέγομαι °
ἐκλεκτός, ή, όν
ἐκπίπτω °
ἐκλήσσομαι °
ἐκπορεύομαι
ἐκτείνω °
ἕκτος, η, ον
ἐκχέω (ἐκχύννω) °
ἐλαία, ας, ἡ
ἔλαιον, ου, τό
ἐλάχιστος, ίστη, ον
ἐλέγχω
ἐλεέω
ἐλεημοσύνη, ης, ἡ
ἔλεος, ους, τό
ἐλευθερία, ας, ἡ
ἐλεύθερος, έρα, ον
ἐλπίζω *
ἐλπίς, ίδος, ἡ
ἐμαυτοῦ, ῆς
ἐμβαίνω °
ἐμβλέπω
ἐμός, ή, όν
ἐμπαίζω
ἔμπροσθεν
ἐμφανίζω

ἐν
ἔνατος, η, ον
ἐνδείκνυμι °
ἐνδύω
ἕ(ι)νεκα (κεν)
ἐνεργέω
ἐνιαυτός, οῦ, ὁ
ἔνοχος, ον
ἐντέλλομαι °
ἐντολή, ῆς, ἡ
ἐνώπιον
ἔξ
ἐξάγω °
ἐξαποστέλλω °
ἐξέρχομαι °
ἔξεστι(ν)
ἐξίστημι (ἐξιστάνω) °
ἐξομολογέω
ἐξουθενέω
ἐξουσία, ας, ἡ
ἔξω
ἔξωθεν
ἑορτή, ῆς, ἡ
ἐπαγγελία, ας, ἡ
ἐπαγγέλλομαι °
ἔπαινος, ου, ὁ
ἐπαίρω °
ἐπαισχύνομαι
ἐπάνω
ἐπαύριον
ἐπεί
ἐπειδή
ἔπειτα
ἐπερωτάω
ἐπί
ἐπιβάλλω °
ἐπιγινώσκω °
ἐπίγνωσις, εως, ἡ
ἐπιδίδωμι °
ἐπιζητέω
ἐπιθυμέω
ἐπιθυμία, ας, ἡ
ἐπικαλέω °
ἐπιλαμβάνομαι °
ἐπιμένω °
ἐπιπίπτω °
ἐπισκέπτομαι
ἐπίσταμαι °
ἐπιστολή, ῆς, ἡ
ἐπιστρέφω °
ἐπιτάσσω °
ἐπιτελέω

ἐπιτίθημι °
ἐπιτιμάω
ἐπιτρέπω °
ἐπουράνιος, ον
ἑπτά
ἐργάζομαι
ἐργάτης, ου, ὁ
ἔργον, ου, τό
ἔρημος, ον
ἔρχομαι *
ἐρωτάω
ἐσθίω (ἔσθω) *
ἔσχατος, η, ον
ἔσωθεν
ἕτερος, α, ον
ἔτι
ἑτοιμάζω
ἕτοιμος, η, ον
ἔτος, ους, τό
εὐαγγελίζω
εὐαγγέλιον ου, τό
εὐδοκέω
εὐθέως
εὐθύς
εὐλογέω
εὐλογία, ας, ἡ
εὑρίσκω *
εὐσέβεια, ας, ἡ
εὐφραίνω °
εὐχαριστέω
εὐχαριστία, ας, ἡ
ἐφίστημι °
ἐχθρός, ά, όν
ἔχω *
ἕως

ζάω
ζῆλος, ου, ὁ (ους, τό)
ζηλόω
ζητέω
ζύμη, ης, ἡ
ζωή, ῆς, ἡ
ζῷον, ου, τό
ζῳοποιέω

ἤ
ἡγεμών, όνος, ὁ
ἡγέομαι
ἤδη
ἥκω
ἥλιος, ου, ὁ
ἡμέρα, ας, ἡ

111

θάλασσα, ης, ἡ
θάνατος, ου, ὁ
θανατόω
θάπτω *
θαυμάζω
θεάομαι
θέλημα, ατος, τό
θέλω *
θεμέλιος, ου, ὁ
θεός, οῦ, ὁ, ἡ
θεραπεύω
θερίζω
θερισμός, οῦ, ὁ
θεωρέω
θηρίον, ου, τό
θησαυρός, οῦ, ὁ
θλίβω *
θλῖψις, εως, ἡ
θρίξ, τριχός, ἡ
θρόνος, ου, ὁ
θυγάτηρ, τρός, ἡ
θυμός, οῦ, ὁ
θύρα, ας, ἡ
θυσία, ας, ἡ
θυσιαστήριον, ου, τό
θύω *

ἰάομαι *
ἴδε
ἴδιος, ία, ον
ἰδού
ἱερεύς, έως, ὁ
ἱερόν, οῦ, τό
ἱκανός, ή, όν
ἱμάτιον, ου, τό
ἵνα
ἵππος, ου, ὁ
ἵστημι, ἱστάνω *
ἰσχυρός, ά, όν
ἰσχύς, ύος, ἡ
ἰσχύω
ἰχθύς, ύος, ὁ

κἀγώ
καθάπερ
καθαρίζω *
καθαρός, ά, όν
καθεύδω
κάθημαι
καθίζω
καθίστημι,
    καθιστάνω °

καθώς
καί
καινός, ή, όν
καιρός, οῦ, ὁ
καίω *
κἀκεῖ
κἀκεῖθεν
κἀκεῖνος
κακία, ας, ἡ
κακός, ή, όν
κακῶς
κάλαμος, ου, ὁ
καλέω *
καλός, ή, όν
καλῶς
κἄν
καπνός, οῦ, ὁ
καρδία, ας, ἡ
καρπός, οῦ, ὁ
κατά
καταβαίνω °
καταβολή, ῆς, ἡ
καταγγέλλω °
καταισχύνω
κατακαίω °
κατάκειμαι
κατακρίνω °
καταλαμβάνω °
καταλείπω
καταλύω
κατανοέω
καταντάω
καταργέω
καταρτίζω
κατασκευάζω
κατεργάζομαι
κατέρχομαι °
κατεσθίω
    (κατέσθω) °
κατέχω °
κατηγορέω
κατοικέω
κάτω
καυχάομαι
καύχημα, ατος, τό
καύχησις, εως, ἡ
κεῖμαι
κελεύω
κενός, ή, όν
κέρας, ατος, τό
κερδαίνω *
κεφαλή, ῆς, ἡ

κηρύσσω
κλάδος, ου, ὁ
κλαίω *
κλάω
κλείω *
κλέπτης, ου, ὁ
κλέπτω
κληρονομέω
κληρονομία, ας, ἡ
κληρονόμος, ου, ὁ
κλῆρος, ου, ὁ
κλῆσις, εως, ἡ
κλητός, ή, όν
κοιλία, ας, ἡ
κοιμάω
κοινός, ή, όν
κοινόω
κοινωνία, ας, ἡ
κοινωνός, οῦ, ὁ, ἡ
κολλάω
κομίζω
κοπιάω
κόπος, ου, ὁ
κοσμέω
κόσμος, ου, ὁ
κράβαττος, ου, ὁ
κράζω *
κρατέω
κράτος, ους, τό
κρείττων, ον (ονος)
κρίμα, ατος, τό
κρίνω *
κρίσις, εως, ἡ
κριτής, οῦ, ὁ
κρυπτός, ή, όν
κρύπτω *
κτίζω *
κτίσις, εως, ἡ
κύριος, ου, ὁ
κωλύω
κώμη, ης, ἡ
κωφός, ή, όν

λαλέω
λαμβάνω *
λαός, οῦ, ὁ
λατρεύω
λέγω *
λευκός, ή, όν
λῃστής, οῦ, ὁ
λίαν
λίθος, ου, ὁ

λίμνη, ης, ἡ
λιμός, οῦ, ὁ, ἡ
λογίζομαι
λόγος, ου, ὁ
λοιπός, ἡ, όν
λυπέω
λύπη, ης, ἡ
λυχνία, ας, ἡ
λύχνος, ου, ὁ
λύω

μαθητής, οῦ, ὁ
μακάριος, ία, ιον
μακράν
μακρόθεν
μακροθυμέω
μακροθυμία, ας, ἡ
μάλιστα
μᾶλλον
μανθάνω *
μαρτυρέω
μαρτυρία, ας, ἡ
μαρτύριον, ου, τό
μάρτυς, μάρτυρος, ὁ
μάχαιρα, ης, ἡ
μέγας, μεγάλη, μέγα
μέλει
μέλλω *
μέλος, ους, τό
μέν
μένω *
μερίζω
μεριμνάω
μέρος, ους, τό
μέσος, η, ον
μετά
μεταβαίνω °
μετανοέω
μετάνοια, ας, ἡ
μετρέω
μέτρον, ου, τό
μέχρι(ς)
μή
μηδέ
μηδείς, μηδεμία,
    μηδέν
μηκέτι
μήν, μηνός, ὁ
μήποτε
μήτε
μήτηρ, τρός, ἡ
μήτι

μικρός, ά, όν
μιμνῄσκομαι *
μισέω
μισθός, οῦ, ὁ
μνημεῖον, ου, τό
μνημονεύω
μοιχεύω
μόνος, η, ον
μύρον, ου, τό
μυστήριον, ου, τό
μωρός, ά, όν

ναί
ναός, οῦ, ὁ
νεανίσκος, ου, ὁ
νεκρός, ά, όν
νέος, α, ον
νεφέλη, ης, ἡ
νήπιος, ία, ιον
νηστεύω
νικάω
νίπτω
νοέω
νομίζω
νομικός, ή, όν
νόμος, ου, ὁ
νόσος, ου, ἡ
νοῦς, νοός, νοΐ,
    νοῦν, ὁ
νυμφίος, ου, ὁ
νῦν
νυνί
νύξ, νυκτός, ἡ

ξενίζω
ξένος, η, ον
ξηραίνω *
ξύλον, ου, τό

ὁ, ἡ, τό
ὅδε, ἥδε, τόδε
ὁδός, οῦ, ἡ
ὀδούς, ὀδόντος, ὁ
ὅθεν
οἶδα *
οἰκία, ας, ἡ
οἰκοδεσπότης, ου, ὁ
οἰκοδομέω
οἰκοδομή, ῆς, ἡ
οἰκονόμος, ου, ὁ
οἶκος, ου, ὁ
οἰκουμένη, ης, ἡ

οἶνος, ου, ὁ
οἷος, α, ον
ὀκτώ
ὀλίγος, η, ον
ὅλος, η, ον
ὀμνύω, ὄμνυμι *
ὁμοθυμαδόν
ὅμοιος, οία, οιον
ὁμοιόω
ὁμοίως
ὁμολογέω
ὀνειδίζω
ὄνομα, ατος, τό
ὀνομάζω
ὄντως
ὀπίσω
ὅπου
ὅπως
ὅραμα, ατος, τό
ὁράω *
ὀργή, ῆς, ἡ
ὅριον, ου, τό
ὅρκος, ου, ὁ
ὅρος, ους, τό
ὅς, ἥ, ὅ
ὅσος, η, ον
ὅστις, ἥτις, ὅ τι
ὅταν
ὅτε
ὅτι
οὗ
οὐ
οὐαί
οὐδέ
οὐδείς, οὐδεμία, οὐδέν
οὐδέποτε
οὐκέτι
οὖν
οὔπω
οὐρανός, οῦ, ὁ
οὖς, ὠτός, τό
οὔτε
οὗτος, αὕτη, τοῦτο
οὕτω(ς)
οὐχί
ὀφείλω
ὀφθαλμός, οῦ, ὁ
ὄφις, εως, ὁ
ὄχλος, ου, ὁ
ὄψιος, α, ον

πάθημα, ατος, τό

παιδεύω
παιδίον, ου, τό
παιδίσκη, ης, ἡ
παῖς, παιδός, ὁ, ἡ
παλαιός, ά, όν
πάλιν
παντοκράτωρ,
    ορος, ὁ
πάντοτε
παρά
παραβολή, ῆς, ἡ
παραγγέλλω °
παραγίνομαι °
παράγω °
παραδίδωμι °
παράδοσις, εως, ἡ
παραιτέομαι
παρακαλέω °
παράκλησις, εως, ἡ
παραλαμβάνω °
παραλυτικός, ή, όν
παράπτωμα, ατος, τό
παρατίθημι °
παραχρῆμα
πάρειμι °
παρεμβολή, ῆς, ἡ
παρέρχομαι °
παρέχω °
παρθένος, ου, ἡ
παρίστημι,
    παριστάνω °
παρουσία, ας, ἡ
παρρησία, ας, ἡ
πᾶς, πᾶσα, πᾶν
πάσχα, τό
πάσχω *
πατάσσω
πατήρ, πατρός, ὁ
παύω *
πείθω *
πεινάω
πειράζω
πειρασμός, οῦ, ὁ
πέμπω
πενθέω
πέντε
πέραν
περί
περιβάλλω °
περιπατέω
περισσεύω
περισσός, ή, όν

περισσότερος,
    τέρα, ον
περισσοτέρως
περιστερά, ᾶς, ἡ
περιτέμνω °
περιτομή, ῆς, ἡ
πετεινόν, οῦ, τό
πέτρα, ας, ἡ
πηγή, ῆς, ἡ
πιάζω
πίμπλημι *
πίνω *
πίπτω *
πιστεύω
πίστις, εως, ἡ
πιστός, ή, όν
πλανάω
πλάνη, ης, ἡ
πλατεῖα, ας, ἡ
πλεονεξία, ας, ἡ
πληγή, ῆς, ἡ
πλῆθος, ους, τό
πληθύνω
πλήν
πλήρης, ες
πληρόω
πλήρωμα, ατος, τό
πλησίον
πλοῖον, ου, τό
πλούσιος, ία, ιον
πλουτέω
πλοῦτος, ου, ὁ
πνεῦμα, ατος, τό
πνευματικός, ή, όν
πόθεν
ποιέω
ποικίλος, η, ον
ποιμαίνω
ποιμήν, ένος, ὁ
ποῖος, α, ον
πόλεμος, ου, ὁ
πόλις, εως, ἡ
πολλάκις
πολύς, πολλή, πολύ
    πολλοῦ, ῆς, οῦ
πονηρός, ά, όν
πορεύομαι
πορνεία, ας, ἡ
πόρνη, ης, ἡ
πόρνος, ου, ὁ
πόσος, η, ον
ποταμός, οῦ, ὁ

πότε
ποτέ
ποτήριον, ου, τό
ποτίζω
ποῦ
πούς, ποδός, ὁ
πρᾶγμα, ατος, τό
πράσσω
πραΰτης, ητος, ἡ
πρεσβύτερος, α, ον
πρίν
πρό
προάγω °
πρόβατον, ου, τό
προεῖπον ° (λέγω)
προέρχομαι °
πρόθεσις, εως, ἡ
πρός
προσδέχομαι °
προσδοκάω
προσέρχομαι °
προσευχή, ῆς, ἡ
προσεύχομαι
προσέχω °
προσκαλέω °
προσκαρτερέω
προσκυνέω
προσλαμβάνω °
προστίθημι °
προσφέρω °
πρόσωπον, ου, τό
πρότερος, α, ον
προφητεία, ας, ἡ
προφητεύω
προφήτης, ου, ὁ
πρωΐ
πρῶτος, η, ον
πτωχός, ή, όν
πύλη, ης, ἡ
πυλών, ῶνος, ὁ
πυνθάνομαι *
πῦρ, ός, τό
πωλέω
πῶλος, ου, ὁ
πῶς
πώς

ῥαββί
ῥάβδος, ου, ἡ
ῥῆμα, ατος, τό
ῥίζα, ης, ἡ
ῥύομαι

σάββατον, ου, τό
σαλεύω
σάλπιγξ, ιγγος, ἡ
σαλπίζω
σάρξ, σαρκός, ἡ
σεαυτοῦ
σέβομαι
σεισμός, οῦ, ὁ
σημεῖον, ου, τό
σήμερον
σῖτος, ου, ὁ
σιωπάω
σκανδαλίζω
σκάνδαλον, ου, τό
σκεῦος, ους, τό
σκηνή, ῆς, ἡ
σκοτία, ας, ἡ
σκότος, ους, τό
σός, σή, σόν
σοφία, ας, ἡ
σοφός, ή, όν
σπείρω *
σπέρμα, ατος, τό
σπλαγχνίζομαι
σπλάγχνον, ου, τό
σπουδάζω
σπουδή, ῆς, ἡ
σταυρός, οῦ, ὁ
σταυρόω
στέφανος, ου, ὁ
στήκω
στηρίζω *
στόμα, ατος, τό
στρατηγός, οῦ, ὁ
στρατιώτης, ου, ὁ
στρέφω *
σύ
συγγενής, ές
συκῆ, ῆς, ἡ
συλλαμβάνω °
συμφέρω °
σύν
συνάγω °
συναγωγή, ῆς, ἡ
σύνδουλος, ου, ὁ
συνέδριον, ου, τό
συνείδησις, εως, ἡ
συνεργός, όν
συνέρχομαι °
συνέχω °
συ(ν)ζητέω
συνίημι °

συνίστημι,
   συνιστάνω °
σφάζω *
σφόδρα
σφραγίζω
σφραγίς, ῖδος, ἡ
σχίζω
σῴζω *
σῶμα, ατος, τό
σωτήρ, ῆρος, ὁ
σωτηρία, ας, ἡ

τάλαντον, ου, τό
ταπεινόω
ταράσσω
τάσσω *
ταχέως
ταχύς, εῖα, ύ
τέ
τέκνον, ου, τό
τέλειος, α, ον
τελειόω
τελευτάω
τελέω
τέλος, ους, τό
τελώνης, ου, ὁ
τέρας, ατος, τό
τεσσαράκοντα
τέσσαρες
τέταρτος, η, ον
τηρέω
τίθημι *
τίκτω *
τιμάω
τιμή, ῆς, ἡ
τίμιος, α, ον
τίς, τί
τις, τι
τοιοῦτος, αύτη, οῦτον
τολμάω
τόπος, ου, ὁ
τοσοῦτος, αύτη, οῦτον
τότε
τράπεζα, ης, ἡ
τρεῖς, τρία
τρέχω *
τριάκοντα
τρίς
τρίτος, η, ον
τρόπος, ου, ὁ.
τροφή, ῆς, ἡ
τυγχάνω *

τύπος, ου, ὁ
τύπτω
τυφλός, ή, όν

ὑγιαίνω
ὑγιής, ές
ὕδωρ, ατος, τό
υἱός, οῦ, ὁ
ὑμέτερος, α, ον
ὑπάγω °
ὑπακοή, ῆς, ἡ
ὑπακούω °
ὑπαντάω
ὑπάρχω °
ὑπέρ
ὑπηρέτης, ου, ὁ
ὑπό
ὑπόδημα, ατος, τό
ὑποκάτω
ὑποκριτής, οῦ, ὁ
ὑπομένω °
ὑπομονή, ῆς, ἡ
ὑποστρέφω °
ὑποτάσσω °
ὑστερέω
ὕστερος, α, ον
ὑψηλός, ή, όν
ὕψιστος, η, ον
ὑψόω

φαίνω *
φανερός, ά, όν
φανερόω
φείδομαι
φέρω *
φεύγω *
φημί
φιάλη, ης, ἡ
φιλέω
φίλος, η, ον
φοβέομαι
φόβος, ου, ὁ
φονεύω
φρονέω
φρόνιμος,. ον
φυλακή, ῆς, ἡ
φυλάσσω
φυλή, ῆς, ἡ
φύσις, εως, ἡ
φυτεύω
φωνέω
φωνή, ῆς, ἡ

φῶς, φωτός, τό
φωτίζω

χαίρω *
χαρά, ᾶς, ἡ
χαρίζομαι
χάρις, ιτος, ἡ
χάρισμα, ατος, τό
χείρ, χειρός, ἡ
χείρων, ον, (ονος)
χήρα, ας, ἡ
χιλίαρχος, ου, ὁ
χιλιάς, άδος, ἡ
χίλιοι, αι, α
χιτών, ῶνος, ὁ
χοῖρος, ου, ὁ

χορτάζω
χόρτος, ου, ὁ
χράομαι *
χρεία, ας, ἡ
χρηστότης, ητος, ἡ
χρόνος, ου, ὁ
χρυσίον, ου, τό
χρυσός, οῦ, ὁ
χρυσοῦς, ῆ, οῦν
χωλός, ή, όν
χώρα, ας, ἡ
χωρέω
χωρίζω
χωρίον, ου, τό
χωρίς

ψεύδομαι
ψευδοπροφήτης, ου, ὁ
ψεῦδος, ους, τό
ψεύστης, ου, ὁ
ψυχή, ῆς, ἡ

ὦ
ὧδε
ὥρα, ας, ἡ
ὡς
ὡσαύτως
ὡσεί
ὥσπερ
ὥστε
ὠφελέω

# APPENDIX II

See the Introduction on the use of the list of principal parts and the following index. Three hypothetical principal parts presupposed by actual forms are marked •. Certain verb forms or stem fragments that are not actually principal parts are included in the index to provide help that could not otherwise easily be briefly indicated. These are marked †.

## A. THE PRINCIPAL PARTS OF COMMON VERBS

| | Present | Future | Aorist | Perfect | Perfect-P | Aorist-P |
|---|---|---|---|---|---|---|
| 1. | ἀγγέλλω | ἀγγελῶ | ἤγγειλα | ἤγγελκα | ἤγγελμαι | ἠγγέλην |
| 2. | ἄγω | ἄξω | ἤγαγον ἦξα | | ἦγμαι | ἤχθην |
| 3. | αἱρέω | αἱρήσω ἑλῶ | εἷλον | | ᾕρημαι | ᾑρέθην |
| 4. | αἴρω | ἀρῶ | ἦρα | ἦρκα | ἦρμαι | ἤρθην |
| 5. | ἀκούω | ἀκούσω | ἤκουσα | ἀκήκοα | | ἠκούσθην |
| 6. | ἁμαρτάνω | ἁμαρτήσω | ἥμαρτον ἡμάρτησα | ἡμάρτηκα | | |
| 7. | ἀνοίγω | ἀνοίξω ἀνοιγή- σομαι | ἤνοιξα ἀνέῳξα ἠνέῳξα | ἀνέῳγα | ἠνέῳγμαι ἀνέῳγμαι ἤνοιγμαι | ἀνεῴχθην ἠνεῴχθην ἠνοίχθην ἠνοίγην |
| 8. | ἀρέσκω | ἀρέσω | ἤρεσα | | | |
| 9. | ἁρπάζω | ἁρπάσω | ἥρπασα | ἥρπακα | | ἡρπάσθην ἡρπάγην |
| 10. | αὐξάνω αὔξω | αὐξήσω | ηὔξησα | | | ηὐξήθην |
| 11. | βαίνω | βήσομαι | ἔβην | βέβηκα | | |
| 12. | βάλλω | βαλῶ | ἔβαλον | βέβληκα | βέβλημαι | ἐβλήθην |
| 13. | γίνομαι | γενήσομαι | ἐγενόμην | γέγονα | γεγένημαι | ἐγενήθην |
| 14. | γινώσκω | γνώσομαι | ἔγνων | ἔγνωκα | ἔγνωσμαι | ἐγνώσθην |
| 15. | δείκνυμι δεικνύω | δείξω | ἔδειξα | δέδειχα | δέδειγμαι | ἐδείχθην |
| 16. | δέομαι | | | | | ἐδεήθην |
| 17. | δέρω | | ἔδειρα | | | ἐδάρην |
| 18. | δέχομαι | δέξομαι | ἐδεξάμην | | δέδεγμαι | ἐδέχθην |
| 19. | δέω | δήσω | ἔδησα | δέδεκα | δέδεμαι | ἐδέθην |

117

APP. II A

| | Present | Future | Aorist | Perfect | Perfect-P | Aorist-P |
|---|---|---|---|---|---|---|
| 20. | δίδωμι<br>διδῶ | δώσω | ἔδωκα<br>ἔδωσα<br>ἔδων | δέδωκα | δέδομαι | ἐδόθην |
| 21. | δύναμαι | δυνήσομαι | | | | ἠδυνήθην<br>ἠδυνάσθην |
| 22. | ἐάω | ἐάσω | εἴασα | | | εἰάθην |
| 23. | ἐγγίζω | ἐγγιῶ | ἤγγισα | ἤγγικα | | |
| 24. | ἐγείρω | ἐγερῶ | ἤγειρα | | ἐγήγερμαι | ἠγέρθην |
| 25. | *εἴδω | | | | | |
| | | a. ἰδησῶ | εἶδον<br>(cf. 62) | | | |
| | | b. εἰδήσω<br>εἴσομαι | | οἶδα | | |
| 26. | εἰμί | ἔσομαι | | | | |
| 27. | ἐλπίζω | ἐλπιῶ | ἤλπισα | ἤλπικα | | |
| 28. | ἔρχομαι | ἐλεύσομαι | ἦλθον | ἐλήλυθα | | |
| 29. | ἐσθίω<br>ἔσθω | φάγομαι | ἔφαγον | | | |
| 30. | εὑρίσκω | εὑρήσω | εὗρον<br>εὕρησα | εὕρηκα | | εὑρέθην |
| 31. | ἔχω | ἕξω | ἔσχον | ἔσχηκα | | |
| 32. | θάπτω | | ἔθαψα | | | ἐτάφην |
| 33. | θέλω | θελήσω | ἠθέλησα | | | |
| 34. | θλίβω | | | | τέθλιμμαι | ἐθλίβην |
| 35. | θνήσκω | θανοῦμαι | ἔθανον | τέθνηκα | | |
| 36. | θύω | | ἔθυσα | | τέθυμαι | ἐτύθην |
| 37. | ἰάομαι | ἰάσομαι | ἰασάμην | | ἴαμαι | ἰάθην |
| 38. | ἵημι<br>*ἵω | ἥσω | ἧκα | | ἕωμαι<br>εἶμαι | ε(ἵ)θην |
| 39. | ἵστημι<br>ἱστάνω<br>ἱστάω | στήσω | ἔστησα<br>ἔστην | ἔστηκα<br>ἔστακα | | ἐστάθην |
| 40. | καθαρίζω | καθαριῶ | ἐκαθάρισα | | κεκαθά-<br>ρισμαι | ἐκαθα-<br>ρίσθην |
| 41. | καίω | καύσω | ἔκαυσα | | κέκαυμαι | ἐκαύθην<br>ἐκάην |
| 42. | καλέω | καλέσω | ἐκάλεσα | κέκληκα | κέκλημαι | ἐκλήθην |
| 43. | κερδαίνω | κερδανῶ<br>κερδήσω | ἐκέρδανα<br>ἐκέρδησα | | | |
| 44. | κλαίω | κλαύσω | ἔκλαυσα | | | |
| 45. | κλείω | κλείσω | ἔκλεισα | | κέκλεισμαι | ἐκλείσθην |
| 46. | κόπτω | κόψω | ἔκοψα | | κέκομμαι | ἐκόπην |
| 47. | κράζω | κράξω<br>κεκρά-<br>ξομαι | ἔκραξα<br>ἐκέκραξα<br>ἔκραγον | κέκραγα | | |

118

| Present | Future | Aorist | Perfect | Perfect-P | Aorist-P |
|---------|--------|--------|---------|-----------|----------|
| 48. κρίνω | κρινῶ | ἔκρινα | κέκρικα | κέκριμαι | ἐκρίθην |
| 49. κρύπτω | κρύψω | ἔκρυψα | κέκρυφα | κέκρυμμαι | ἐκρύβην |
| 50. κτείνω κτέννω | κτενῶ | ἔκτεινα | | | ἐκτάνθην |
| 51. κτίζω | | ἔκτισα | | ἔκτισμαι | ἐκτίσθην |
| 52. λαμβάνω | λή(μ)ψο-μαι | ἔλαβον | εἴληφα | εἴλημμαι | ἐλήμφθην |
| 53. λέγω | | | | | |
| | a. ἐρῶ | εἶπον | εἴρηκα | εἴρημαι | ἐρρέθην ἐρρήθην |
| | b. λέξω | ἔλεξα | | λέλεγμαι | |
| 54. μανθάνω | | ἔμαθον | μεμάθηκα | | |
| 55. μέλλω | μελλήσω | | | | |
| 56. μένω | μενῶ | ἔμεινα | μεμένηκα | | |
| 57. μιμνήσκω | μνήσω | ἔμνησα | | μέμνημαι | ἐμνήσθην |
| 58. ξηραίνω | | ἐξήρανα | | ἐξήραμμαι | ἐξηράνθην |
| 59. οἶδα | (cf. 25) | | | | |
| 60. ὄλλυμι | ὀλέσω ὀλῶ | ὤλεσα ὠλόμην | ὄλωλα ὀλώλεκα | | |
| 61. ὀμνύω ὄμνυμι | | ὤμοσα | | | |
| 62. ὁράω | ὄψομαι | εἶδον (cf. 25) | ἑώρακα ἑόρακα | | ὤφθην |
| 63. ὁρίζω | ὁριῶ | ὥρισα | | ὥρισμαι | ὡρίσθην |
| 64. πάσχω | πείσομαι | ἔπαθον | πέπονθα | | |
| 65. παύω | παύσω | ἔπαυσα | | πέπαυμαι | ἐπαύθην ἐπάην |
| 66. πείθω | πείσω | ἔπεισα | πέποιθα | πέπεισμαι | ἐπείσθην |
| 67. πί(μ)πλημι πι(μ)πλάω | | ἔπλησα | | πέπλησμαι | ἐπλήσθην |
| 68. πίνω | πίομαι | ἔπιον | πέπωκα | | ἐπόθην |
| 69. πίπτω | πεσοῦμαι | ἔπεσον ἔπεσα | πέπτωκα | | |
| 70. πλήσσω | | ἔπληξα | | | ἐπλήγην |
| 71. πυνθά-νομαι | | ἐπυθόμην | | | |
| 72. σπείρω | | ἔσπειρα | | ἔσπαρμαι | ἐσπάρην |
| 73. στέλλω | στελῶ | ἔστειλα | ἔσταλκα | ἔσταλμαι | ἐστάλην |
| 74. στηρίζω | στηρίξω στηρίσω στηριῶ | ἐστήριξα ἐστήρισα | | ἐστήριγμαι | ἐστηρίχθην |
| 75. στρέφω | στρέψω | ἔστρεψα | | ἔστραμμαι | ἐστράφην |
| 76. σφάζω σφάττω | σφάξω | ἔσφαξα | | ἔσφαγμαι | ἐσφάγην |

119

| | Present | Future | Aorist | Perfect | Perfect-P | Aorist-P |
|----|---------|--------|--------|---------|-----------|----------|
| 77. | σῴζω | σώσω | ἔσωσα | σέσωκα | σέσωσμαι σέσωμαι | ἐσώθην |
| 78. | τάσσω | τάξομαι | ἔταξα | τέταχα | τέταγμαι | ἐτάχθην ἐτάγην |
| 79. | τείνω | τενῶ | ἔτεινα | | | |
| 80. | τέλλομαι | τελοῦμαι | ἔτειλα | τέταλκα | τέταλμαι | |
| 81. | τέμνω | | ἔτεμον | τέτμηκα | τέτμημαι | ἐτμήθην |
| 82. | τίθημι τιθέω | θήσω | ἔθηκα •ἔθην ἐθέμην | τέθεικα | τέθειμαι | ἐτέθην |
| 83. | τίκτω | τέξομαι | ἔτεκον | | | ἐτέχθην |
| 84. | τρέπω | | ἔτρεψα | | τέτραμμαι | ἐτράπην |
| 85. | τρέχω | | ἔδραμον | | | |
| 86. | τυγχάνω | τεύξομαι | ἔτυχον | τέτυχα τέτευχα | | |
| 87. | φαίνω | φανήσομαι φανοῦμαι | ἔφανα | | | ἐφάνην |
| 88. | φέρω | οἴσω | ἤνεγκα ἤνεγκον | ἐνήνοχα | ἐνήνεγμαι | ἠνέχθην |
| 89. | φεύγω | φεύξομαι | ἔφυγον | πέφευγα | | |
| 90. | χαίρω | χαρήσομαι | | | | ἐχάρην |
| 91. | χέω χύν(ν)ω | χεῶ | ἔχεα | | κέχυμαι | ἐχύθην |
| 92. | χράομαι | | ἐχρησάμην | | κέχρημαι | |

## B. INDEX TO THE PRINCIPAL PARTS OF COMMON VERBS

ἔδων 20
ἔδωσα 20
ἔθανον 35
ἔθαψα 32
ἐθέμην 82
ἔθηκα 82
•ἔθην 82
ἔθην 38
ἐθλίβην 34
ἔθυσα 36
εἰάθην 22
εἴασα 22
†εἰδ-/ἠδ- (25)
εἰδήσω 25b
εἶδον 25a, 62
εἴθην 38
εἴλημμαι 52
εἴληφα 52
εἶλον 3
εἶμαι 3
εἶπον 53a
εἴρημαι 53a
εἴρηκα 53a
εἴσομαι 25a
†εἰχ- (31)
ἐκάην 41
ἐκαθάρισα 40
ἐκαθαρίσθην 40
ἐκάλεσα 42
ἐκαύθην 41
ἔκαυσα 41
ἐκέκραξα 47
ἐκέρδανα 43
ἐκέρδησα 43
ἔκλαυσα 44
ἔκλεισα 45
ἐκλείσθην 45
ἐκλήθην 42
ἐκόπην 46
ἔκοψα 46
ἔκραγον 47
ἔκραξα 47
ἐκρίθην 48
ἔκρινα 48
ἐκρύβην 49
ἔκρυψα 49
ἐκτάνθην 50
ἔκτεινα 50
ἔκτισα 51
ἐκτίσθην 51
ἔκτισμαι 51
ἔλαβον 52
ἔλεξα 53b

ἐλεύσομαι 28
ἐλήλυθα 28
ἐλήμφθην 52
ἐλπιῶ 27
ἐλῶ 3
ἔμαθον 60
ἔμεινα 56
ἔμνησα 57
ἐμνήσθην 57
ἐνήνεγμαι 88
ἐνήνοχα 88
ἐξήραμμαι 58
ἐξήρανα 58
ἐξηράνθην 58
ἔξω 31
ἑόρακα 62
ἐπάην 65
ἔπαθον 64
ἐπαύθην 65
ἔπαυσα 65
ἔπεισα 66
ἐπείσθην 66
ἔπεσα 69
ἔπεσον 69
ἔπιον 68
ἐπλήγην 70
ἔπληξα 70
ἔπλησα 67
ἐπλήσθην 67
ἐπόθην 68
ἐπυθόμην 71
ἐρρέθην 53a
ἐρρήθην 53a
ἐρῶ 53a
ἔσομαι 26
ἐσπάρην 72
ἔσπαρμαι 72
ἔσπειρα 72
ἐστάθην 39
ἔστακα 39
ἐστάλην 73
ἔσταλκα 73
ἔσταλμαι 73
ἔστειλα 73
ἔστηκα 39
ἔστην 39
ἐστήριγμαι 74
ἐστήριξα 74
ἐστήρισα 74
ἐστηρίχθην 74
ἔστησα 39
ἔστραμμαι 75
ἐστράφην 75

ἔστρεψα 75
ἐσφάγην 76
ἔσφαγμαι 76
ἔσφαξα 76
ἔσχηκα 31
ἔσχον 31
ἐσώθην 77
ἔσωσα 77
ἐτάγην 78
ἔταξα 78
ἐτάφην 32
ἐτάχθην 78
ἐτέθην 82
ἔτειλα 80
ἔτεινα 79
ἔτεκον 83
ἔτεμον 81
ἐτέχθην 83
ἐτμήθην 81
ἐτράπην 84
ἔτρεψα 84
ἐτύθην 36
ἔτυχον 86
εὑρέθην 30
εὕρηκα 30
εὕρησα 30
εὑρήσω 30
εὗρον 30
ἔφαγον 29
ἔφανα 87
ἐφάνην 87
ἔφυγον 89
ἐχάρην 90
ἔχεα 91
ἐχρησάμην 92
ἐχύθην 91
ἕωμαι 38
ἑώρακα 62

ἤγαγον 2
ἤγγειλα 1
ἠγγέλην 1
ἤγγελκα 1
ἤγγελμαι 1
ἤγγικα 23
ἤγγισα 23
ἤγειρα 24
ἠγέρθην 24
ἦγμαι 2
ἠδυνάσθην 21
ἠδυνήθην 21
ἠθέλησα 33
ἧκα 38

121

ἤκουσα 5
ἠκούσθην 5
ἦλθον 28
ἤλπικα 27
ἤλπισα 27
ἡμάρτηκα 6
ἡμάρτησα 6
ἥμαρτον 6
†ἤμήν/ην (26)
ἤνεγκα 88
ἤνεγκον 88
ἠνέχθην 88
ἠνέῳγμαι 7
ἠνέῳξα 7
ἠνεῴχθην 7
ἠνοίγην 7
ἤνοιγμαι 7
ἤνοιξα 7
ἠνοίχθην 7
ἦξα 2
ἦρα 4
ἠρέθην 3
ἤρεσα 8
ἤρημαι 3
ἤρθην 4
ἦρκα 4
ἦρμαι 4
ἡρπάγην 9
ἥρπακα 9
ἥρπασα 9
ἡρπάσθην 9
ἤσω 38
ηὐξήθην 10
ηὔξησα 10
†ἤφι- (38)
ἤχθην 2

θανοῦμαι 35
†θε- (82)
θελήσω 33
θήσω 82

†τι-/η-/ε- (38)
ἰάθην 37
ἴαμαι 37
ἰασάμην 37
ἰάσομαι 37
†ἰδ- (25)
ἰδησῶ 25a
†ἰσ-/ἐσ-/η- (26)
†ἰσ-/εἰσ- (25)

καθαριῶ 40
καλέσω 42

καύσω 41
κεκαθάρισμαι 40
κέκαυμαι 41
κέκλεισμαι 45
κέκληκα 42
κέκλημαι 42
κέκομμαι 46
κέκραγα 47
κεκράξομαι 47
κέκρικα 48
κέκριμαι 48
κέκρυμμαι 49
κέκρυφα 49
κερδανῶ 43
κερδήσω 43
κέχρημαι 92
κέχυμαι 91
κλαύσω 44
κλείσω 45
κόψω 46
κράξω 47
κρινῶ 48
κρύψω 49
κτενῶ 50

λέλεγμαι 53b
λέξω 53b
λή(μ)ψομαι 52

μελλήσω 55
μεμάθηκα 54
μεμένηκα 56
μέμνημαι 57
μενῶ 56
μνήσω 57

οἶδα 25b
οἴσω 88
ὀλέσω 60
ὀλῶ 60
ὄλωλα 60
ὀλώλεκα 60
ὁριῶ 63
ὄψομαι 62

παύσω 65
πείσομαι 64
πείσω 66
πέπαυμαι 65
πέπεισμαι 66
πέπλησμαι 67
πέποιθα 66
πέπονθα 64
πέπτωκα 69

πέπωκα 68
πεσοῦμαι 69
πέφευγα 89
πίομαι 68

σέσωκα 77
σέσωμαι 77
σέσωσμαι 77
στελῶ 73
στηρίξω 74
στηρίσω 74
στηριῶ 74
στήσω 39
στρέψω 75
σφάξω 76
σώσω 77

τάξομαι 78
τέθεικα 82
τέθειμαι 82
τέθλιμμαι 34
τέθνηκα 35
τέθυμαι 36
τελοῦμαι 80
τενῶ 79
τέξομαι 83
τέταγμαι 78
τέταλκα 80
τέταλμαι 80
τέταχα 78
τέτευχα 86
τέτμηκα 81
τέτμημαι 81
τέτραμμαι 84
τέτυχα 86
τεύξομαι 86

φάγομαι 29
φανήσομαι 87
φανοῦμαι 87
φεύξομαι 89

χαρήσομαι 90
χεῶ 91

ὤλεσα 60
ὠλόμην 60
ὤμοσα 61
†ὠπ-/ὠμ- (62)
ὤφθην 62
ὥρισα 63
ὡρίσθην 63
ὥρισμαι 63
ὤφθην 62

# APPENDIX III

## ALAND-HUCK TABLE
### Providing references for users of the
### Synopsis Quattuor Evangeliorum

| Aland Section | Vocabulary (Huck) Section | Aland Section | Vocabulary (Huck) Section | Aland Section | Vocabulary (Huck) Section |
|---|---|---|---|---|---|
| 1 | A, B, C | 38 | 14 | 75 | 43 |
| 2 | B | 39 | 15 | 76 | 44 |
| 3 | B | 40 | 16 | 77 | 71 |
| 4 | B | 41 | 17 | 78 | 19 |
| 5 | B | 42 | 45 | 79 | 74 |
| 6 | A, B | 43 | 52 | 80 | 75 |
| 7 | A, B | 44 | 53 | 81 | 76 |
| 8 | A, B | 45 | 54 | 82 | 41 |
| 9 | B | 46 | 69 | 83 | 42-43 |
| 10 | A | 47 | 70 | 84 | 45 |
| 11 | A, B | 48 | 71 | 85 | 46 |
| 12 | B | 49 | 72 | 86 | 80 |
| 13 | 1 | 50 | 71 | 87 | 13 |
| 14 | 2 | 51 | 19 | 88 | 14 |
| 15 | 3 | 52 | 20 | 89 | 138 |
| 16 | 4 | 53 | 20 | 90 | 105 |
| 17 | 5 | 54 | 176 | 91 | 106 |
| 18 | 6 | 55 | 22 | 92 | 52 |
| 19 | A | 56 | 23-24 | 93 | 53 |
| 20 | 8 | 57 | 25 | 94 | 54 |
| 21 | Jn. | 58 | 26 | 95 | 107 |
| 22 | ,, | 59 | 27 | 96 | 193 |
| 23 | ,, | 60 | 28 | 97 | 57 |
| 24 | ,, | 61 | 29 | 98 | 58 |
| 25 | ,, | 62 | 29-30 | 99 | 58 |
| 26 | ,, | 63 | 31 | 100 | 59 |
| 27 | ,, | 64 | 32 | 101 | 60 |
| 28 | ,, | 65 | 33 | 102 | 61 |
| 29 | ,, | 66 | 34 | 103 | 62 |
| 30 | 9 | 67 | 35 | 104 | 63 |
| 31 | Jn. | 68 | 76 | 105 | 63 |
| 32 | 9 | 69 | 37 | 106 | 64 |
| 33 | 10 | 70 | 38 | 107 | 65 |
| 34 | 11 | 71 | 39 | 108 | 139 |
| 35 | 12 | 72 | 40 | 109 | 67 |
| 36 | 12 | 73 | 41 | 110 | 68 |
| 37 | 13 | 74 | 165 | 111 | 69 |

| Aland Section | Vocabulary (Huck) Section | Aland Section | Vocabulary (Huck) Section | Aland Section | Vocabulary (Huck) Section |
|---|---|---|---|---|---|
| 112 | 70 | 162 | 124-125 | 212 | 166 |
| 113 | 71 | 163 | 126 | 213 | 167 |
| 114 | 83, 232 | 164 | 127 | 214 | 168 |
| 115 | 84 | 165 | 128 | 215 | 169 |
| 116 | 85 | 166 | 129 | 216 | 205 |
| 117 | 85-86 | 167 | 130 | 217 | 171 |
| 118 | 85-86 | 168 | 131-132 | 218 | 132 |
| 119 | 87 | 169 | 133 | 219 | 172 |
| 120 | 88 | 170 | 134 | 220 | 172 |
| 121 | 89 | 171 | 134 | 221 | 173 |
| 122 | 90 | 172 | 135 | 222 | 174 |
| 123 | 91-92 | 173 | 136 | 223 | 174 |
| 124 | 93 | 174 | 137 | 224 | 174 |
| 125 | 94 | 175 | 137 | 225 | 175 |
| 126 | 95 | 176 | 138 | 226 | 176 |
| 127 | 96 | 177 | 139 | 227 | 187 |
| 128 | 97 | 178 | 139 | 228 | 177 |
| 129 | 98 | 179 | 139 | 229 | 178 |
| 130 | 99 | 180 | 140 | 230 | 179 |
| 131 | 100 | 181 | 141-142 | 231 | 126 |
| 132 | 101 | 182 | 143 | 232 | 181 |
| 133 | 102 | 183 | 144 | 233 | 182 |
| 134 | 103 | 184 | 145 | 234 | 183 |
| 135 | 89 | 185 | 146 | 235 | 184, 216-217 |
| 136 | 105 | 186 | 147 | 236 | 185 |
| 137 | 106 | 187 | 148 | 237 | 186 |
| 138 | 107 | 188 | 149 | 238 | Jn. |
| 139 | 10 | 189 | 150 | 239 | ,, |
| 140 | Jn. | 190 | 151 | 240 | ,, |
| 141 | ,, | 191 | 152 | 241 | ,, |
| 142 | 109 | 192 | 153 | 242 | ,, |
| 143 | 110 | 193 | 153 | 243 | ,, |
| 144 | 111 | 194 | 115, 154 | 244 | ,, |
| 145 | 112 | 195 | 120 | 245 | ,, |
| 146 | 112 | 196 | 155 | 246 | ,, |
| 147 | 113 | 197 | 155 | 247 | ,, |
| 148 | 114 | 198 | 155 | 248 | ,, |
| 149 | Jn. | 199 | 156 | 249 | ,, |
| 150 | 115 | 200 | 156 | 250 | ,, |
| 151 | 116 | 201 | 157 | 251 | 137 |
| 152 | 117 | 202 | 157 | 252 | 187 |
| 153 | 118 | 203 | 158-159 | 253 | 188 |
| 154 | 119 | 204 | 160 | 254 | 189 |
| 155 | 120 | 205 | 160 | 255 | 189 |
| 156 | 121 | 206 | 161 | 256 | 190 |
| 157 | Jn. | 207 | 162 | 257 | Jn. |
| 158 | 122 | 208 | 163 | 258 | ,, |
| 159 | 122 | 209 | 164 | 259 | ,, |
| 160 | 123 | 210 | 164 | 260 | ,, |
| 161 | 124-125 | 211 | 165 | 261 | ,, |

| Aland Section | Vocabulary (Huck) Section | Aland Section | Vocabulary (Huck) Section | Aland Section | Vocabulary (Huck) Section |
|---|---|---|---|---|---|
| 262 | 191 | 298 | 227 | 334 | 242 |
| 263 | 192 | 299 | 195 | 335 | 243 |
| 264 | 193 | 300 | 229 | 336 | 244 |
| 265 | 194 | 301 | 230 | 337 | 245 |
| 266 | 195 | 302 | Jn. | 338 | 245 |
| 267 | Jn. | 303 | ,, | 339 | 246 |
| 268 | ,, | 304 | ,, | 340 | Jn. |
| 269 | 196-197 | 305 | 231 | 341 | 246 |
| 270 | 196-197 | 306 | 232, 83 | 342 | 247 |
| 271 | 198 | 307 | 233 | 343 | 248 |
| 272 | 199 | 308 | 234-235 | 344 | 249 |
| 273 | 200 | 309 | Jn. | 345 | 249 |
| 274 | 200 | 310 | 235 | 346 | 249 |
| 275 | 201 | 311 | 236 | 347 | 250 |
| 276 | 202 | 312 | 235 | 348 | 250 |
| 277 | 203 | 313 | 237b | 349 | Jn. |
| 278 | 204 | 314 | Jn. | 350 | 251 |
| 279 | 205 | 315 | 238 | 351 | 252 |
| 280 | 206 | 316 | 237d | 352 | 253 |
| 281 | 207 | 317 | Jn. | 353 | 253, C |
| 282 | 208 | 318 | ,, | 354 | A |
| 283 | 209 | 319 | ,, | 355 | B, C |
| 284 | 210 | 320 | ,, | 356 | B |
| 285 | 211 | 321 | ,, | 357 | Jn. |
| 286 | 212 | 322 | ,, | 358 | C |
| 287 | 213 | 323 | ,, | 359 | A |
| 288 | 213-214 | 324 | ,, | 360 | Jn. |
| 289 | 215 | 325 | ,, | 361 | 1 Cor. |
| 290 | 216 | 326 | ,, | 362 | C |
| 291 | 217-218 | 327 | ,, | 363 | D |
| 292 | 219 | 328 | ,, | 364 | A |
| 293 | 220-221 | 329 | ,, | 365 | B, C |
| 294 | 222 | 330 | 239 | 366 | Jn. |
| 295 | 223 | 331 | 240 | 367 | ,, |
| 296 | 184 | 332 | 241 | | |
| 297 | 226 | 333 | 241 | | |